仅以此书献给江苏建筑职业技术学院建工 2010 级的同学们

特别感谢建工 2010-4 班的郝梦琳同学

感谢在我的课堂与我相遇过的所有学生

远 见 幸 福

实践视阈中的思想道德修养与法律基础课程理解

赵 炜 著

中国矿业大学出版社

图书在版编目(CIP)数据

远见幸福:实践视阈中的思想道德修养与法律基础课程
理解/赵炜著. 一徐州 :中国矿业大学出版社,2013.12

ISBN 978 - 7 - 5646 - 2151 - 3

Ⅰ.①远… Ⅱ.①赵… Ⅲ.①思想修养一课堂教学一
教学研究一高等职业教育 ②法律一中国一课堂教学一教学
研究一高等职业教育 Ⅳ.①G711 ②D920.4

中国版本图书馆 CIP 数据核字(2013)第 286180 号

书　　名	远见幸福:实践视阈中的思想道德修养与法律基础课程理解	
著　　者	赵　炜	
责任编辑	史凤萍　孙　浩	
出版发行	中国矿业大学出版社有限责任公司	
	(江苏省徐州市解放南路　邮编 221008)	
营销热线	(0516)83885307　83884995	
出版服务	(0516)83885767　83884920	
网　　址	http://www.cumtp.com　E-mail:cumtpvip@cumtp.com	
印　　刷	江苏徐州新华印刷厂	
开　　本	880×1230　1/32　印张 8.25　插页 2　字数 228 千字	
版次印次	2013 年 12 月第 1 版　2013 年 12 月第 1 次印刷	
定　　价	28.00 元	

(图书出现印装质量问题,本社负责调换)

目　录

第一章 远见幸福:关怀视角下的课程理解

在一个清澈凉爽的午后,在差不多做了二十年的"政治老师"的时候,我突然领悟了"政治老师"及"政治课"于学生而言的价值之所在。尽管,在此前的教学生涯中,我对于我所教授的课程的教学目标早已了然于胸。毫无疑问,我也能够在自己的教学中努力达成这些目标;同时,从学生的反应上我能确信他们对于我所教授的课程的认同以及对于授课教师的喜爱。

无论是政治理性的确立、道德自律的形成,还是在纷繁复杂的现实境遇中确立起一种面向法律的信仰和忠诚,如此等等,被表述为课程教学目标的这些表达,可以归结为一种极其质朴的诉求,即能够给予学生一种可以于复杂的现实中借以安身立命的智慧,这种智慧是一种可以超越"近忧"的"远见",使之因为"远见"而能够安然以自处、从容以处世,以一种透观的态度而可以获得此生平实的幸福。

"领悟"与"知道"显然是不同的认知境界,我很庆幸能够领悟我的课程、我的职业,以及我的课程和我的职业的价值,这种领悟对于一个普通的教师而言十分重要。

幸福,是一种责任。

幸福,是一种宽容。

幸福,是一种智慧。

幸福,是一种远见。

预见幸福，是我希望与我的学生能够分享并确立的一种态度。

　　相信幸福，是我希望与我的学生能够分享并确立的一种信念。

　　创造幸福，是我希望我的学生能够具有的一种成人达己的行动能力。

2012 年秋季学期授课手记

一、我是谁：他者想象中的"政治老师"①的自我意识

我是谁？在这里面对这个问题，不是将它作为一个哲学的命题来面对。面对、思考、领悟、回答这个看上去不成问题的问题，是为了更加确切地确定我的职业感而不是要在终极关怀的层面上观照自我。即便我的职业十分普通，甚至微不足道，但它却是我十分珍惜、敬畏并在少年时代就由衷向往过的一种生活样式，我希望自己能够像自己高中时代的一位"政治老师"一样，把并不令人期待的"政治课"上得行云流水、非同凡响。

我是谁？我是一名大学政治老师。

话只讲到这里，应该还是一个相当模糊的表述。如何在职业的角度给自己、给政治老师画出一幅白描肖像，让自己的职业形象在众人先验的想象与直觉的判断中，能够面貌清晰、轮廓清楚，至少使自己的职业情感建立在清醒的职业认知基础之上，自知而明以为良师。

在我国，高等教育有着不同的办学层次和类型。一定要说清楚自己在什么层次或者类型的大学任教，"大学政治老师"的内涵才是确定的。不同层次的大学，办学目标、培养方式是有所不同的。当然，不同的类型、层次的大学，教师所面对的学生也是有所不同或者大不相同的。所以，即便所有的大学都开设同样的被笼统地叫做"政治课"的课程，也需要用各不相同、甚至完全不同的教学模式来面对不同的学生。因此，不同层次的"大学"对于教师的职业能力的具体

---

① 习惯上，学生将所有的思想政治理论课称为"政治课"，将讲授"思想政治理论课"的老师称为"政治老师"。

要求也是有所区别的。需要指出的是,虽然不同类型或办学层次的学生在知识背景、个体素质上有所差别或者大不相同,但是,基于"思政理论课"自身的特点,无论面对什么样的学生,其教学目标的价值诉求是没有区别的,都需要培养具备良好的政治理性、思想能力、道德素质和法律素养的社会主义"四有"新人。因此,教师在教学模式、教学方法上要适应教学对象的特点,采取不同的方法和手段,以提升教学效果,以期培养大学生非技术性的思想道德素质,在终极教学目标是没有学校类型、层次,以及生源类型、层次的差别存在的。

目前,在我国的大学里,作为国家供给型的思政理论课的必修课共有四门,专科层次开设其中的"思想道德修养与法律基础"、"毛泽东思想和中国特色社会主义理论体系概论"两门课程。另外,本、专科学生都要学习"形势与政策"课。不同的课程,除了兼具思想政治教育的共性诉求之外,还有着自身的特质和课程化的教学目标。确切地讲,我是一名高职院校的、主讲"思想道德修养与法律基础"课的"政治老师"。

"政治老师",是人们习惯上对教授思想政治理论课的教师的统称。"课程"或者"老师"的前面加上"政治"这个定语,会使这些课程或者老师不是那么讨人喜欢。政治课往往被贴上"意识形态灌输"的标签。很多人甚至很多高校的教师,会在中外比较、尤其是中西比较的框架下来否定学习此类课程的价值,否定的根据是往往是建立在臆想、或者道听途说基础上,即认为西方国家的大学中并不开设此类的课程。在这种言说逻辑里,西方的做法被作为不言而喻正当性的前提,似乎西方不做的事情我们做了就没有了合理性的前提。尽管这样的认知是经不起推敲的,但却是很有影响的。"老师"的前面贴上"政治"的标签,教授这些课程的老师则往往被先验地想象为一副迂腐、刻板的模样，不是向学生重复老生常谈的东西、就是言不由衷地夸夸其谈、空洞说教。

鉴于如此的"声名"，学生们一般会直觉地不待见"政治课"，先验地不喜欢"政治老师"。但是，也有这样或者那样的调查宣称，"政治课"受到相当数量的学生的喜欢，"政治课"被相当数量的学生认为是令其受益终生的课程。事实上，要使自己的"政治课"达到这样的教学效果以获得学生如此的评价，"政治老师"一般要付出超越常规的努力，因为他们教授的学生，对于"教师"和"课程"往往怀有双重成见。改变一个人的成见，绝非易事。

现今的大学，逃课已经不是什么稀奇的事情，甚至应该说是"当代大学生的一大特色，在整个大学阶段能够理直气壮地说自己从没旷过课、逃过课的同学，已经寥寥无几了，应该说能够找得出来就算是奇迹了。"①不逃课或者从来没有逃过课倒像是不太体面的事情，逃课、经常性的逃课、经常性的不上课，反而不是一件什么不正常、不光彩的事情。

我们经常会在各类媒体上看到，许多大学为了遏止学生逃课，发明了五花八门的点名方式，有拍照的，有刷指纹的，有固定座位的，有听课领票的，还有要求学生在试卷上写出自己授课教师的名字。这些方法是否能够从根本上改变大学生逃课的现状，依旧是一个值得探讨的问题。如果百度一下"大学生逃课"，百度就会出现搜索高频的"大学生怎么逃课"、"逃课检讨"、"逃课保证书"等固定词条。可见，即便逃课被教师发现，写检讨也已经没有丝毫的教育效果，不过是"百度"一下的事情，逃课者并不会反思观照自己的问题，甚至在相

---

① 梁思影：《成功读大学》，甘肃人民出版社 2006 年版，第 38 页。

当多的时候,逃课者会将责任推卸到教师和课程的身上,并不会认为那是自己的主观过错。逃课成为一种习惯的时候,涣散的学风则像一种病菌一样在大学校园中蔓延。

大学生习惯性逃课的原因,无疑是复杂的。究其根本,是现实中以考试为基本导向的功利主义色彩浓厚的教育生态不断强化的必然后果之一。在整个前大学教育阶段的初高中教育中,学生、家长以及教师、学校真实和现实的目标,无非是使学生可以进入"好"大学或者"大学"。提升成绩的主观愿望,使中小学生被作为一个巨大的市场资源来开发、挖掘,各种指向升学成绩提升的辅导机构及教辅图书,构成了中小学生课外生活的重心。绝大多数中小学生基本上是从学校出来,再到各种各样的辅导班接受层出不穷、名目繁多的"辅导"。学生在近乎全程的保姆式的过载的校内和课外辅导的课堂上,度过了自己宝贵的少年时代。可能一个孩子的考试成绩不错,但是绝大多数孩子不能独立地学会如何独立地学习,除了好成绩可以带来一些内心的快感之外,很难真正感受到学习的快乐。

进入大学,就个体的认知能力而言,无论是从宏大还是狭隘的角度,绝大多数学生是可以认识到学习的重要性的。令人遗憾的是,相当一部分大学生对于学习的重要性仅仅停留在"认知"的层面上,在全程近乎保姆式的中小学教育中,学生原本不高的自觉行为能力在"严进宽出"的大学教育体制下,形式上的严格、完善的制度建构与事实上的宽容甚至纵容,有着直接的联系。比如不能严格执行考试制度,上不上课、逃不逃课与能否毕业事实上没有多大的因果关系。在一定的意义上说,教师讲的好还是坏,并不是造成大学生逃课的主要原因。缺乏理想主义、湮没在功利主义漩涡中的大学教育,连课堂、考试的尊严都不能维护的话,用什么样高科技的手段、或者费尽心机地设计点名的方法，都不能从根本上遏止学生逃课，以维持学生对于大学课堂起码的敬畏。

即便"显性"的逃课在严格的制度约束下被有效遏止了，"隐性"的逃课依然普遍存在。比如，不断更新换代的手机，使学生身在课堂，而心在手机里。所以，"大学生逃课的发生率是相当高的，对于大多数学生来说，问题不是'是否有过逃课现象'，而是'曾经有过多少次逃课'"；甚至有的学生谈到大学生活的感受时，坦言"大学最大的特点就是自由，学生想干什么干什么，想不上课就不上课。"①大学生如此理解"自由"，是对"大学生"这个称谓的恶俗理解，也是当下大学教育的一种苍凉。

"没有逃过课的大学生涯是不完整的"，这样的说法在大学生中是极具说服力和杀伤力的。极其功利主义的学习态度在高校校园中像流感一样蔓延，加上各种"成功人士"各色姿态的现身说法，逃课似乎就具有了无可厚非的正当理由。什么"必修课选逃，选修课必逃"，"逃课成了必修课，必修课成了选修课，选修课相当于没课"。在大学生的眼中，大学只有两类课程——有用的、没用的，"没用的"课程，当然坚决逃掉。"据一项权威调查显示，目前全国各大高校，专业课的平均逃课率在 20％ 左右，基础课的逃课率在 25％ 以上，至于哲学等公共课逃课率高达 50％"。②"哲学等公共课"，应该就是思政理论课，就是通常所说的"政治课"。在现实中，"政治课"逃课率不一定有如此之高。但是，在逃课成为一种普遍现象的情况下，其状况应该不会好到哪里。大学生从课堂上"逃"到哪里去了呢，据统计，"15％ 的'逃课族'在图书馆自习，20％ 的在上网或者打游戏，10％ 的在外兼

---

① 周作斌：《教学理论与实践研究》，陕西人民出版社 2007 年版，第 502 页。
② 李芷萱：《大学四年要记住的 101 个忠告》，武汉出版社 2008 年版，第 72 页。

职,在宿舍睡觉的占 35%。"①就学生而言,逃课,总要有一定的理由,总要有一定的动机,以找到"逃课"的合理性,给别人一个解释,给自己一个借口。"政治课",无论哪门"政治课",一般都会被逃课的学生归类为"没有用"的课程因而逃起来理直气壮。"学生对于'思政课'的重视程度比专业课低,学生认为'思政课'与专业学习并无直接联系,'思政课'是'必需的多余',很多学生提到思政'互动少、收获小、没意思、无用处'。"②也就是说,无论逃课干什么去了,不管是去图书馆学习其他"有用"的课程,还是打游戏、上网,学生对于为何逃掉"政治课"基本上是可以达成共识的:政治课被归类到"无用"的课程中。同时因为自己的作为,与某些成功人士的做法、至少说法是相一致的在逃课、逃掉"政治课"这件事情上找到了自己与成功人士之所以成功的契合点,似乎这样的所作所为应该是自己走向成功的人生前传。遗憾的是,除了"逃课"与某些成功人士所标榜的成功的大学生涯相似外,在相当数量的学生身上,再难找出其他可以与成功者之所以有所作为的相似之处了。

　　大多数时候,逃课的学生,不过以成功者的逃课经历作为一个论据,为自己的放纵找到一个看上去似乎有说服力的理由罢了。当然,坐在课堂上,也不代表学生就在"上课"。我的一个学生在其期终考核作业中,就直率地说,"对于此类公共课(即政治课),我基本上都习惯不听。觉得太大觉得太空没什么意思。"③这代表相当一部分大学生的观点。即便具有相当认知水平的学生,对于"政治课"也普遍性

---

① 殷兴利:《大学新生入学适应研究》,甘肃民族出版社 2006 年版,第 327 页。
② 胡涵锦:《上海高校思想政治理论课教师队伍建设研究报告》,复旦大学出版社 2009 年版,第 284 页。
③ 贺阳:《2012 思想道德修养与法律基础期终考核作业》,江苏建筑职业技术学院,建工 2010-3 班。

地存在着误解，"我虽身为党员，但是说实话，在这门课程（《马克思主义基本原理》）之前对马克思主义的理解和解读多流于泛泛，虽不至于以讹传讹，但的确有些道听途说的意味。"[1]如何使抽象的理论呈现出理性的魅力而吸引学生，而不将之肤浅以流俗；如何将老生常谈的内容变得纵横捭阖、仪态万千，给学生以人生的启迪；如何将学生关于人生、关于社会、关于历史、关于政治的碎片化的知识，经由教学变成思想、智慧以及宝贵的理性，对于一个大学的"政治老师"而言，确实是一件极具挑战的事情。

作为一个大学教师，你可能接受过完整的专业教育和训练，满腹经纶。但是，作为一个"政治"老师，仅有这些还远远不够，他不仅需要具有丰富的知识，同时必须具备思想而能够理性的思考；仅仅有思想还是远远不够的，还必须拥有智慧——教育的智慧、教学的智慧以及人生的智慧，在智慧的高度上以一种富于理性的浪漫主义情怀来对待自己的课程，对待自己的学生，并能知行统一地对待自己的人生。

做一个合格以致优秀的"政治老师"，并非是一件轻而易举的事情。如果没有对于自身职业的敬畏，如果没有过硬的专业素质和人格能力，很难成为一个优秀的高校"政治课"教师，也很难获得学生的认同以及良好的社会认同。其他学科的教师，对于"思政课"教师的评价（表一），"从某种程度上说，也是社会对'思政课'教师的评价，或是'思政课'教师社会形象的体现。"[2]

---

[1] 韦正翔：《有清华学生这样学习马克思主义》，中国社会科学出版社2011年版，第139页。

[2] 胡涵锦：《上海高校思想政治理论课教师队伍建设研究报告》，复旦大学出版社2009年版，第17页。

表一

评价	思想政治素质(%)	敬业态度(%)	教学能力(%)
A(很好)	9	20	8
B(较好)	51	48	44
C(一般)	39	29	46
D(较差)	1	3	2
E(很差)	0	0	0
小计	100	100	100

就表格所透露的信息而言,表面上看无论是"思想政治素质",还是"敬业态度"、"教学能力",在其他学科的教师同行看来,"思政理论课"教师都处于中等偏上的水平。但是,换一个角度来看这个统计结果,"思政课"教师的整体形象并不尽如人意,比如,将"C"、"D"两项合计,"思想政治素质"、"一般及较差"的比例高达40%,"思政理论课"不仅是德育教育的显性方式,其最为重要的一个目标是通过相关课程的开设以使学生具备坚定的信仰及政治理性。如果"思政理论课"教师本身的"思想政治素质"是这样一个状况的话,何以给学生以坚定的社会主义信仰以及完善的政治理性呢?"敬业态度"调查中"C"、"D"合计占到32%,"教学能力"调查中"C"、"D"合计高达48%。如此说来,如果说"思政理论课"被大学生直观先验地定性为"没有用"的课程而逃掉是功利主义的学习观造成的,那么"思政理论课"教师在"教学能力"上的欠缺、作为"思政理论课"教师在"思想政治素质"上的一般平庸、在职业道德上的"敬业态度"的匮乏,一定是"政治课"、"政治老师"不受欢迎的主体原因。当然,我们没有对于其他学科的老师的教学情况进行调查,因而不能横向比较。但是,专业课至少还有一个"有用"的功利判断吸引着学生,"政治老师"要付出

远远高于"专业课教师"的努力,才能使"政治课"的教学目标得以实现,以兑现课程对于学生的承诺:究竟要教会学生什么,在"政治课"的课堂上,学生究竟可以学到什么。

麦克斯研究院基于其调查数据的研究表明,高职教育的价值还体现在对于学生价值观的有效提升上。"麦克斯调查显示,过半数的高职学生认为自己在校期间在人生的乐观态度(59%)、积极上进(58%)、关注社会(55%)、包容精神(50%)方面得到了提升,在人文美学和健康卫生方面也有超过四分之一的高职学生认为自己在校期间有所提升。"对于价值观有效提升的原因,麦克斯公司将之归结为"需要从校内方方面面去营造品德的养成环境,把德育自然而然地贯穿在传授知识和技能的教学过程中。"[1]对于德育教育的极具中国特色的做法,也是德育教育最为重要的显性教育——思想政治理论课——的德育绩效,却没有提及,至少在麦克斯公司已经日益成熟的高职人才质量调查中,尚未见到对于此类课程的教育绩效的评价。在其2012年发布的高职教育人才质量年度报告中,将学生价值观的有效提升的原因,归结为高职院校营造的"品德养成环境"以及"传授知识和技能的教学过程"。注重调查与实证、具有科学主义导向的麦克斯公司,举出如下个案以印证其观点与结论之间的合理性与可信性。

　　南宁职业技术学院营销与策划专业聘请企业管理人员担任专业课教师,要求学生每天专业课开始前开展十分钟的"做人与成才"的人生观和价值观教育。上海电影艺术职业技术学院开展每堂课前的"五分钟德育"活动,让学生唱主角,把培养学生良

---

① 上海市教育科学研究院/麦克斯研究院:《2012中国高等职业教育人才培养质量年度报告》,外语教学与研究出版社2012年版,第13页。

好的道德素养和健康的心理素质有机结合。

……

湖北职业技术学院建立了"在职业技能实训中提升思想道德、在思想道德实践中提高专业技能"的感恩教育模式。学校义工社有注册会员 8355 人,是全国高校最大的义工组织之一,已经形成了"义务家教"、"科技下乡"、"老年护理"、"结对帮扶困难家庭"、"家电维修"、"节约资源"、"环境保护"、"心理咨询"、"义务导游"和"文化进社区"十个工作品牌。四川国际标榜职业技术学院入学教育的一项重要任务就是教新生怎么排队、不浪费、放回碗具,由老生担任戴袖章的"文明督导员"进行提醒,通过对校园生活中的不良行为进行纠正来塑造校风,新生进校一周后都养成了良好的就餐和节约习惯。①

麦克斯公司将上述做法总结为"注重课堂内外提升学生的价值观"的做法。在德育教育众多方法中,一般性的一种区分是显性课堂教学和以隐性的方式(即课外活动及环境育人等潜移默化的方式)对学生进行德育教育。不过这里显性的课堂教学的方式,显然与麦克斯研究院对于以"课堂内"的方式对学生进行德育教育、以提升学生的价值观的"课堂"有着不同。在我国大学教育的课程体系中,进行显性的德育教育的课程主要是指思想政治教育理论课,而不是麦克斯公司研究报告中所说的在"专业课"授课的过程中,专门拿出时间来做诸如"做人与成才"的人生观和价值观教育,尽管在专业课教学中加入相关职业伦理的教育,在各国的高等教育中是一个一般性的做法。高职学生在校时间本来只有三年,专业课课堂上的分分秒秒

---

① 上海市教育科学研究院/麦克斯研究院:《2012 中国高等职业教育人才培养质量年度报告》,外语教学与研究出版社 2012 年版,第 14 页。

的时间都是极其宝贵的,再在每堂课中做"五分钟德育",让专职、专业、"专门"进行德育教育的思政理论课教师情何以堪。

不能否认,相当数量的政治老师凭着自我扎实而广博的学识功底、秉持着对国家民族的责任意识以及对教师职业的敬畏与热爱,将"政治课"讲得纵横捭阖、仪态万千,将理想主义的浪漫和现实主义的理性有机融合,使"政治课"成为学生大学生涯中最为精彩的课程之一,并使大学生获得非专业、非技术性的政治理性、道德悟性以及信仰能力。这不仅仅是个体自身成长立业安身立命的主观需要,也是一个国家、民族永续发展的不竭动力。

当然,在一个日益宽容个性、尊重多元的时代,"政治老师",一个几乎令人尴尬的称谓。大多数学生在面向这门课程的时候,一般都会持经验主义的观点,对这类课程抱有要么拒斥、要么无所谓的态度,学生对于课程所持有的如此态度会直接影响其对于"政治老师"的评价。大学生对于专业课教师的认识,一般是基于教师的实际教学能力形成的。对于"政治老师"而言,首先要改变的是学生对于其课程非理性的经验性的判断。一般而言,"政治老师"需要超乎寻常的优秀,才能获得学生对于课程和教师的承认。

"政治老师"的自我职业认同感,其实没有想象的那么高,从前文引用的"上海高校思想政治理论课教师队伍建设研究报告"的有关调查统计(表一),就可以看出这样的问题的存在。客观上,在行政层面,从顶层设计的角度对"政治老师"的要求是非常高的,对"政治老师"的期望也是很高的。高职层面的思政理论课,仅仅一门"思想道德修养与法律基础",就涉及政治学、伦理学、道德哲学、法学等众多学科,在具体的内容上涉及国家的核心价值观、个人道德、职业品质、婚姻爱情、公德素质、理想、爱国、法律基础等众多方面,教师不仅要博学善思,而且在合班授课的情况下、在课时有限的情况下,要具备超常的教育智慧和教学能力,以驾驭课堂完成教学任务,以实现教学目标。从表一来看,这部分教师不超过 8%,对于已上升到民族、国家高度,上升到学生一生、人生高度的"思政理论课"而言,这个比例显然是不够的。遗憾的是,在"思政理论课"教师中,在相当的范围内,能够达到这种层次的教师,应该是低于 8%这个比例的。值得的注意的是,快速且有效地提升这个比例,应该是很有难度的。因为,一个优秀的高校"政治课"教师,仅有学历的整体性快速提升是远远不够的,是否敬畏自己的职业而身怀面向国家、民族以及学生的责任意识,是否能够对于国家的发展道路及发展模式执著不疑,是否对于我们的国家、我们的政党所走过的道路,有着全面、深刻、理性的认知,是否对于发展进程中我们必须直面的纷繁复杂的社会问题能够理性洞察、对待,是否有基于职业要求的持续不断的学习能力、思考能力,以及在以专业教学、科研工作为核心指标的高校常态的评价机制中,以教学、教研为核心工作的思政理论课教师,面向教学是否能够保持一以贯之的敬畏与执著,如此等等,均是影响思政理论课教师的敬业态度、影响思政理论课教学绩效的重要因素。

《思想道德修养与法律基础》课所涉及的内容,与现实有着非常密切的相关性。在网络技术不断进步的情况下,知识与信息的获得与传统的获取方式相比发生了革命性的变革。学生获得资讯的能力并不比教师差,大学生对于网络信息的获取与依赖程度,甚至要强于许多教师。在当下,学生获取信息的速度与广度有可能是超越教师的。一个政治老师,仅仅知道或者简单了解各种社会新闻和热点问题是远远不够的,要获得学生的认可和尊重,必须能够深入地分析问题并能提供或者深刻、或者独到、或者全面的观点来为学生进行透彻的解析。不仅要分析事件，还要对于形形色色五花八门的有关事件的观点进行分析，并教会学生如何面对和分析各种信息与观点，不盲目，不冲动，以形成自己的认知理性、道德理性、政治理性。不仅在事实的层面上告诉学生怎么做，还要在理性的高度上告诉学生为什么，促使学生在良好的认知理性的基础上形成行动理性以达到知行一致的效果，这无疑是一个非常高的教学目标。而能够达到这一目标的关键，是思政理论课教师自身是否具备"尊德性"、"道问学"、"致良知"以为"良师"的职业良知与素养。

　　作为一个普通的高校思政理论课教师，我主讲的一门主要课程是《思想道德修养与法律基础》。在学生普遍秉持的经验主义式的直觉认识中，这并不是一门被期待的课程，而是会被直觉地贴上标签的课程。要将这样一门十分不讨喜的课程上好，需要清醒的职业认知及责任意识，需要付出巨大的努力，在严谨的职业理性的背后还需要一点浪漫主义的气息。需要将"思政教育"作为自己的专业方向，而这个方向的背后一定要坐得住板凳、长时间的平心静气深入到相关学科的学习、思考、研究之中，然后将自己这种长时间的学习、思考、研究，凝聚为自己的专业能力——思政教育专业的专业能力。若非如此，如果有意回避自己的思政理论课教师的身份，有意无意地淡化自己的"思政教育"专业，而有意强调和强化自己的哲学、伦理学、政治学、法学的专业教育背景的话，一定是一个貌合神离的思政课老师。也当然不能在课堂上显示出来因为博学而超越于学科的狭隘的学术的说服力、理论的说服力，以及教学中因为学术能力磅礴大气而给课堂教学带来的具有震撼力的美。

　　对于思政理论课教师而言，教学语言的运用要精炼、准确，不能似是而非、含糊其辞，要幽默但是不能哗众取宠；要深刻富于哲理但是又不能执迷于学术语言、专业词汇,把课程搞得十分经院化而不接地气。甚至,对于思政理论教师的衣着选择,都要超过对于高校一般教师的要求,不能太过时尚,因为"政治老师"这个身份;又不能太过大众甚至不修边幅,也是因为"政治老师"这个身份。如果你的衣着过于平淡或者邋遢,学生当然会认为这就是"政治老师"天生的样子、必然的样子,而成为笑柄或者被更加的不屑一顾。所以,在衣着上既要呈现一个高校"政治老师"的质感,也要有符合职业身份的时尚,甚至在衣着上也要有自己独立的品位和审美的原则,都是对于学生的一种胜似言传的"身教"。职业活动中得体的衣妆,不仅是其个人审美趣味恰到好处地表达,首先体现的是面向职业的一种用心的态度,或者说是一种面向学生的职业激情于细微处的体现。

在成就卓越大学教师的共性因素中,美国北卡莱罗纳大学的彼得·法林教授认为,"优秀教师会满怀激情地对待他们所教的学科,并且乐于把这种激情传递给他人",且"教学激情"被排在了优秀教师五个共性品质的首位。① 当一个教师一直有意无意地回避自己的"政治老师"的身份,在课堂教学中只按照自己的偏好、或者学生的兴趣来选择自己熟悉或者精通的内容来置换"思政理论课"的内容时,不仅不是一个合格的思政理论课教师,甚至不能算是一个合格的教师。哪怕你具有良好的教学能力,失去灵魂的技术卓越、能力卓越,其实是一种危险的堕落。

彼得·法林教授,提到过一位54岁的中学历史课教师:

秋天是罗斯契尔德先生最喜欢的季节,因为每到秋天,他就开始了新一轮的授课。去年秋天,他成功地使学生激烈争论美

---

① [美]彼得·法林:《教学的乐趣:大学新教师实用指南》,华东师范大学出版社 2009 年版,第 7 页。

国的独立运动。在课堂上，这位 54 岁、衣着整洁、头发灰白的老师奔去跑来，看上去好像回到了中学时代，他又一次担任学校足球队的后卫，奔跑在球场上。他神情激昂，对着学生的观点和质疑，特别是质疑，挥舞着手臂。

……①

　　仅仅看到"秋天是罗斯契尔德先生最喜欢的季节，因为每到秋天，他就开始了新一轮的授课"这一句，我就十分感动。仅此一句，就令许多自以为是教师的人愧对教师这个职业：秋天是罗斯契尔德先生最喜欢的季节，因为每到秋天，他就开始了新一轮的授课：那是多么美好的一种向往，是对于循环往复的教学生涯的一种常新不老持久不衰的热爱，这种向往的背后是一种可以触摸到温度的有良知的教育。这种"喜欢"也是做好教师这个职业的不涸不竭的动力，即便年过半百，依旧爱之如初。如果一个老师，在做好了一切准备之后，都有罗斯契尔德先生的这种对于课堂的期待，学生应该是幸福的。学生该是多么幸福啊。

　　虽然，我做老师、做高职院校的"政治老师"（思政理论课老师）差不多快二十年了。每每新学期开学之前，做好了所有的上课准备，内心还是非常紧张。这种紧张的情绪会在梦中变成具体的事件，比如找不到课表、找不到教室、找到了教室却没有学生，或者找到教室学生也都在——而准备好的课件却突然打不开……我的很多同事，都有过相似的梦境。之所以如此，原因大概有两个，其一，我所在的学校对于教学、教师的管理非常严格。教师的失误或者非主观性的过错，都可能构成"教学事故"，受到相应的处分。其二，教师对于自己

---

① [美] 彼得·法林：《教学的乐趣：大学新教师实用指南》，华东师范大学出版社 2009 年版，第 7 页。

职业的一种近乎苛刻的在意，哪怕是做好了万全准备，还是不能确定自己的教学是否可以获得学生的认可，为此会经常性的惴惴不安。这种不安会在授课行将开始的时候达到极致。

每到秋季学期来临，我也开始上新一轮的"思想道德修养与法律基础"课的教学。当秋天越来越像秋天的时候，各种植物在秋天变换着颜色，那些温暖且迷人的颜色越来越动人的时候，我所上的课程也渐入佳境。最初不确定的、极其忐忑的心情，在开始上课之后变得越来越美好，以至于每个秋天，我都觉得幸福异常。学生可以被自己所上的课程打动，并单纯地将这种感动通过语言、眼神、笑容以及因为进步呈现出的变化，表现出来。这让我看到了做教师、做政治课教师的价值。某门专业课，可能给予学生以一种技术或者技能，而我影响的可能是你的心灵，你的情感，你对自己以及人生、以及那些令你纠结的人世间的这个或者那个问题的认知。至少，我要为你再推开一扇窗，让你可以看到真实的世界，依旧向往并能创造美丽的人生。

学生的变化，会让我在秋天变得自信，内心充满因为职业而带来的喜悦。当然，学生在学习的过程出现的一些一时无法解决的、非我个人能力所能解决的问题，也会令我十分纠结，甚至沮丧，最严重的时候，甚至动摇了我一直以来非常坚定的职业理想，甚至对于是否要继续从事这个职业深表怀疑。

"感谢老师一个学期以来的付出，让本学期的马克思主义基本原理，成为我一生中最重要的 16 堂课程，能够影响我一辈子的 16 堂课……"①

清华的一位同学这样评价韦正翔老师的"马克思主义基本原理

①韦正翔：《有清华学生这样学习马克思主义》，中国社会科学出版社 2011 年版，第 7 页。

概论"课,所带给他的巨大的影响。在一个学生的学习生涯中,遇到的老师应该数十上百,学过的课程也更多。能够使其提升到人生的高度上来评价一门课程、记住某个老师的并不多。思政理论课由于其超越于技术技能的层面、与其对于人生的领悟力直接相关,思政理论课教师(俗称泛称"政治课""政治老师")往往会被大学生记住,如果一个"政治老师"深刻理解并敬畏自己的职业和课程,往往可以成为被学生记住的少数其喜爱或者敬佩的老师中的一个。

所幸,绝大多数秋天都是美好的。大多数时候,从开始的时候,学生对于我所教授的课程以及我的教学基本上没有多少学习期待,慢慢地被吸引,慢慢地主动学习,从而开启了一次深刻的内心和情感的历练历程,并能体验这个过程中变化所带来的快乐,一切都变得那么令人向往和值得期待。这是一个富于挑战的过程,同时也是一个教学相长的过程,成长的层面不一样,但是在教和学的过程中,学生和老师确实会各自成长、成熟。这当然是一个十分奇妙的过程。

二、我教谁:教学对象的群像症候

仅仅将自己的职业理解为"我是一名大学政治老师",是一个相当模糊的认知而需进一步地思考定位自己的职业。同样,我教授什么样的大学生,也要有一个清晰的认知,这是"教学"能够"教"的有目的、有效能的不容忽视的前提条件。

在 2012 年的秋季学期,我要为建筑工程专业 2010 级的 10 个班级、共计 418 名同学讲授"思想道德修养与法律基础"。其中,从其他专业转到建工专业的 34 位同学,在大一的第一学期已经修过,按照规定办理了免修手续,实际上课人数为 384 人。由于专业的特点,上课的学生中只有 43 位女同学,女生的比例大致为 10%。其中,生源为中职的两个班女生的比例比较高,分别占班级总人数的 39.5%、34.2%,其他班级一般只有 1～2 名女生,建筑安全专业的一个班全部为男生。大多数班级,女生比例极低,是"面向毕业生而非大一新生"来讲授这门课程的另外一个重要特点。这两个特点,是在备课的过程中必须予以充分关注的因素,也是决定教学绩效高低的决定性因素。课程授课时间总计 11 周,每周两次课 4 学时,共计 44 学时,以两个班级为单位合班授课,合班的人数多为 88 人,少的为 76 人。由于免修的原因,其中一个合班授课的人数仅为 46 人,相当于单班授课的人数。对于思政理论课而言,上课人数的多寡一直是对教学效果产生影响的一个非常重要的客观因素。

每个学生在成为你的学生来学习某门课程的时候,都是一个丰富的个体,带着他既往的生活经历及其对于未来的设想。对于个体的差异化特征的了解程度,以及在整个教学过程中对于这个因素的关注程度,在相当的程度上表现了一个教师敬业意识。无论古今,无论中外,伟大的教育家都非常重视教师对于学生作为个体的个性存在的尊重和重视,强调成功的教学要尽量做到因材而施教。在文化传统上,我国是一个深具考试信仰的民族。我们有世界历史上最为完备的考试制度以选拔人才治理国家。当代社会,人们对于一考定终身的考试制度往往抱有这样或者那样的看法和期待。但是,就一个人口大国而言,考试,尤其高考,堪称迄今为止,最能显示公平、也能保证公平的制度设计,对此我们需要保持清醒的认知。经过层层的考试选拔,学生可以进入不同的学校学习。进入不同层次、不同类型的学校的学生,客观上有着很大的差别。同时,学生聚集在一起,比如在某种层次和类型的学校,往往又因为同质的因素而呈现出共性的特质。作为以合班、大班为主要授课形式的"思想道德修养与法律基础"课的教师,了解教学对象的共性因素至关重要。在教学中做到直面每个个体的"因材施教"是非常困难的,在把握学生的共性特质的基础上有针对性、目的性的设计教学,是保证教学绩效的又一个重要条件,或者说,基于共性特质的"因材施教",在今天的思政理论课教学实践中更具现实价值。

高职院校的大多数学生来自于乡村。这些来自于乡土世界的孩子中的绝大多数是其家庭的第一代大学生。"88.1%的2011届高等职业学校毕业生为家庭第一代大学生,并且连续三届稳定在这一比例。按照此比例推算,近三年的高等职业教育为全国850万家庭实现了高等教育的'零'突破,"而这一突破的价值在于"实现了教育代际向上流动,对于国家和民族的未来有着重要的意义。"①这份数据来自于麦克斯研究院发布的"2012中国高等职业教育人才培养质量年度报告",它反映了高职院校的学生最为重要的共性特征。我们不能否认高职教育取得的普遍的成绩,也不能无视在高职教育中存在的问题。否则,这种"零"的"突破"会"形式"的体现大于"实质内容"。换而言之,高职教育必须是可以真正使学生实现"增值"的教育,这种"零"的突破于学生、于其家庭才具有现实的价值,这样,对于国家和民族的未来而言,高职教育功不可没。

慎重地讲,家庭背景不决定一个人最终成为什么样的人,"事在人为"让人的命运在个体主观状态的作用下充满了变数。但是,"家庭背景无论在哪个时代对个体的发展都具有强大的影响力。现在之所以'富二代'、'穷二代'这些词经常出现在社会新闻中,是因为大众关注的不仅仅是他们的个体特点,更关注的是他们原生家庭的经济

①上海市教育科学研究院/麦克斯研究院:《2012中国高等职业教育人才培养质量年度报告》,外语教学与研究出版社2012年版,前言。

状况、社会阶层、文化水平等家庭背景、特征为其提供的发展平台和机遇。"①"农村家庭"、"第一代大学生",这些反映高职学生共性特征的关键词,对于从事高职教育的教师而言,事实上带来的是压力,是来自于良心而并非单纯的职业责任感的一种道义压力。如果你正视这个数据,你更加知道自己的工作效果对于学生以及学生的家庭意味着什么,就应该付出加倍的努力使自己的教学成为有效的教育,成为学生安身立命、健康成长、成就自我、支撑家庭的生命能力。

为了确切地了解学生,我做了一个相对简单的调查表(表二)。按照教学设计,这份表格应该在第二次上课的时候,发给学生填写。由于建工 10-1、2 班的教学进程基于授课的实际情况做了具体微调,第二次课未能按计划如期填写,此后的教学进程中亦没有适合的时间,因此,有 88 名同学没有做这个调查,同时减去免修的同学,实际受调查人数为 296 位同学。在发放这些调查表的同时,我简单地阐明初衷,并告诉学生可以在思考之后,决定自己是否填写这份表格以及愿意填写哪些项目,因此,实际回收的表格为 258 份,表明有 87.2% 的同学愿意接受这项调查。学生完全有权利选择填还是不填,填写多少,如果某些项目使学生为难,学生完全有权利选择不填,我认为这是对学生的一种尊重。同时,我也恳请学生们如若决定填写,请尊重真实。因此,在具体的调查条目上有效问卷的数量是有所不同的。

这些行将毕业的年轻人,90% 的学生年龄主要分布在 20～22 岁,年龄最大的一位同学 25 岁,最小的一位 19 岁。从调查表中可以看到,年龄最大的 25 岁的同学,来自农村,其父母的受教育程度均是

①卢勤:《个人成长与社会化》,四川大学出版社 2010 年版,第 108 页。

"初中",没有值得珍惜的个人奖励,没有最想获得的荣誉,家庭年收入为 3 万元,在校生活费每月 1 000 元,每年大约 1 万元,加上学费,其花费占家庭年收入的一半左右。

表二

学生基本情况调查表(需要选择的请在你选定的项目后打"√")

1. 性 别　男(　)　　　　女(　)

2. 年 龄 _____周岁

3. 来自于乡村(　)/ 城市(　)

4. 家庭人口数 _____　　家庭成员 _____

5. 父亲的受教育情况 _____

6. 母亲的受教育情况 _____

7. 你的家庭中最高学历是 _____

8. 父亲的职业 _____　　年收入 _____

　　母亲的职业 _____　　年收入 _____

9. 你的学费及生活费 _____元/年

10. 你是否喜欢你的专业 _____

11. 你认为值得珍惜的个人获得的奖励是 _____

12. 你最想获得的荣誉是 _____

13. 你觉得自己是个幸福的人吗 _____

说明:这份调查表是你的第二次作业。无需写出姓名。务请各位同学认真填写。

让我了解你,让我知道你,让我懂得你,以便让我更加清楚你需要我教会你什么。

谢谢!

赵炜老师

2012 年 9 月

从有效答卷的统计情况来看,83.40%的学生来自乡村,城市生源所占的比例为16%。有相当数量的同学,在关于"父母职业"这一栏没有填写。就职业分布而言,其父母多为农民、工人或者进城务工的农民工,学生在父母职业一栏中填写最多的词汇是"打工",比较具体的表述是"农民"、"乡村小学校长"、"乡村小学教师"、"司机"、"货车司机"、"水电工"、"厨师"、"个体户"、"电焊工"、"纺织工"、"会计"(农村/初中毕业)、"私营业主"、"项目经理"、"质检员"、"服装厂杂工"(年收入在2万左右)、"技术工人"、"施工员"(一般为初中毕业、年收入在10万左右)、"裁缝"、"木工"、"电焊工"、"包工头"、"货船船长"(乡村/小学学历),"部门主管"(高中毕业/城市)、"保险经理"(城市/大学毕业)、干部(城市/大专),工程师(城市/大学毕业)、"医生"(城市/大学毕业)。

来自于城市的学生中,其父母接受高等教育的数量也是极少的,大多数为高中毕业。根据具体的职业分布情况,大致可以判断学生的家庭背景及其基本的社会阶层。结合生源分布(学生来自于乡村、城市)和具体的职业分布情况,除了一部分父母在家务农之外,还有相当数量的学生的父母在城市务工,从事非农的职业,但是作为归宿含义上的"家"依旧在农村。

从整个家庭的教育背景来看,从父母双方的状况来看,父亲的受教育程度要远远高于母亲。父亲曾经接受初中教育的人占到有效答卷的55.36%,父亲接受过高中教育的人数占24%,接受过小学教育的比例为12.9%,以上三项与其他没有受过教育的以及拥有中专学历的相加,有96.3%的学生,超越了其父母的受教育水平,接受了高等教育。

研究表明,"父母的职业、社会地位等因素将决定家庭拥有的经济资源、文化资源、组织资源及社会资源，这些资源都将通过不同形式影响个体接受教育和就业的情况，从而一代代地'复制'出家庭社会地位的差异。"[1]96.3％，这是一个很可观的数字，这个数字不仅说明了我所教的这些学生，无论来自于乡村还是城市，他们的受教育程度都超越了父辈，这种超越对其个人的成长和发展，无疑是至关重要的，更为重要的是对其家庭也是一个非常大的改观。我第一次见到我的学生们的时候，就非常喜欢他们，我在这些行将毕业的学生身上看到了"教育"的印记，这些年轻而富有朝气的年轻人，面貌干净而俊朗，衣着朴素而得体，言谈流畅，虽然尚未毕业身上还带着浓厚的学生气息，但举手投足之间已然散发着专业技术人员所特有的严谨务实的气质。在男孩子占绝大多数的建工专业，整个氛围又充满着豁达、开朗的气息。

在高等教育的序列中，高职院校的学生，戴着的这顶"大学生"的帽子多少有些尴尬。高职意味着什么？意味它不是"985"、不是"211"，不是"一本"、不是"二本"、不是"三本"，是只有专科学历而无学位的"大专生"。但是，我们必须认识到这些孩子、多数出身农家的学生们的卓越，他们在家庭条件、成长环境当然包括教育环境极其普通、甚至不好的情况下，能够依靠自己的努力走进大学校园，接受更好的教育，他们和他们的家庭都付出超常的努力。96.3％的学生超过了其父母的受教育程度，这是值得敬佩的，这些学生以及其家庭付出的努力，理应因为获得更好的教育而得到回报。

个性的生成与其家庭的结构、经济条件、居住环境以及家庭氛围，有着重要的关联。经济条件是决定一个家庭基本状态的重要因

---

[1] 卢勤：《个人成长与社会化》，四川大学出版社2010年版，第110页。

素。对于父母收入情况的了解,是了解学生基本状况非常重要的一个指标。但是,这个调查项目不仅涉及家庭隐私,同时对于收入较低的学生来讲,在心理上也会产生不快甚至抵触的情绪,而这种情绪一旦产生,事实上会影响其对于课程学习的积极态度的形成。因此,要充分尊重并信任学生,填与不填都是态度的表达,学生有完全的自主权。

就统计结果来看,确实有 117 位同学没有填写家庭收入的具体情况,占愿意接受调查的 258 位同学的 45.3%。家庭年收入在 1 万元以下(包括无固定收入)的有 15 位学生,占受调查人数的 5.8%;家庭年收入在 1 万~3 万元的同学有 24 位,占受调查人数的 9.3%;家庭年收入在 3 万~5 万元的同学有 27 人,占受调查人数的 10.5%;家庭年收入在 5 万~10 万元的有 34 份,占受调查人数的 13.2%;家庭年收入在 10 万元以上的同学有 21 人,占受调查人数的 8.2%。从事技术工种、个体经营以及管理工作的家庭的收入要明显高于务农、普通的工人。个人收入一般与父母的受教育程度呈正向比例关系,当受教育程度达到高中及高中以上水平时,家庭收入整体比较高。

在"你是否喜欢自己的专业"的调查中,没有填写的有 6 位同学,占受调查人数的 2.3%;明确表示"不喜欢的"有 45 位同学,占受调查人数的 17.4%;表示"一般"、"尚可"的同学有 76 人,占受调查人数的 29.5%;有一半的同学表示"喜欢"自己的专业。

在"你认为最值得珍惜的个人奖励"的调查中,有 120 位同学填写了"无",也就是说 46.5%的同学,在过往的生活及学习生涯中,没有值得珍惜的奖励。其余同学对于自己最为珍惜的个人奖励,可以做如下概括:① 与学习、学校生活有关的奖学金、三好学生、优秀干部、文体比赛、奥赛获奖、通过英语四级、"青年马克思主义者培养工程"证书,等等。② 希望得到认可和赞许,比如获得父母的认可,或者更大范围上的"他人"、"别人"的认可,以致"国家"和"社会"的承认。其中有两个的同学的回答让我印象深刻,一个同学在自己最为珍惜的个人奖励中的表述是"老师的口头表扬",这让我很是震惊,以致让我反思自己的教师生涯中是否太过忽略或者吝啬对于学生的表扬;另一位同学则将之表达为"扶一个老奶奶过街时,奶奶夸我是个好孩子",这个年轻人对于最后一个调查"你认为自己是个幸福的人吗"回答是"不幸福",在"家庭收入"、"父母受教育情况"均没有填写任何内容。当然,还有学生对于"你认为最值得珍惜的个人奖励"的回答仅使用了一个字来表达自己的看法:钱。这是一个极其直接的表达,毫不遮掩没有任何包装,由于不能针对这样的个案做具体的了解,因而不能做出任何推断。但是,它提醒我在日后讲授涉及金钱观的内容的时候,要注意从更加丰富的层次和角度来阐释金钱在人的生命中的价值。

在"最想获得的荣誉"这个有关个体"愿景"的调查中,有 108 位同学没有填写,或者填写了"都是浮云"一类的观点,占有效答卷的41.9%。其他的愿望表述呈现出丰富的个体特征,这些愿景在相当程度上把他们的过去、现在以及未来连接起来,虽然很多表述严格地讲不能属于"荣誉"的范围,却透露了他们对于自己未来生活的一种期待。比如:

第一,即便行将毕业,离开学校,还是有相当的学生希望获得优秀学生干部、三好学生、奖学金等与学生生涯、学习相关的荣誉和奖励;

第二,获得更高的学位;

第三,希望能够站在演讲台上;(一位同学)

第四,获得"建造师"、监理员的资格证书;

第五,在自己的专业领域获得最高的成就;

第六,站在行业的顶尖层面,为其他人颁奖;(一位)

第七,建筑工程方面的权威;

第八,茅盾文学奖;(一位)

第九,成为游戏测试员;(一位)

第十,世界轮滑冠军;(一位)

第十一,毕业后有个好工作,挣很多的钱,让父母有面子;

第十二,有钱、有个漂亮的知书达理的老婆;(一位)

第十三,入党;

第十四,烈士;(一位)

第十五,感动中国;(一位)

第十六,有人尊敬;(一位)

第十七,别人的夸奖和认可;(一位)

······

关于是否"幸福"这个问题,有 194 位同学认为自己是"幸福"、"非常幸福",占有效问卷的 75.2%;认为"还可以"、"一般"的同学有 32 份,占 12.4%;1 位认为自己有时幸福、有时不幸福;认为自己不幸福的有 19 人,占 7.4%;在这一项上没有填写的空白问卷是 12 份,占 4.7%。在表示自己"不幸福"的 19 位同学中,有两位同学的家庭年收入超过 10 万,在来自农村的同学中为高收入家庭,在受调查的所有同学中也是高收入家庭,2 个家庭均为三代同堂的四口之家,第三代为独生子。其他认为自己不幸福的 17 位同学中,1 名同学为母子两人的单亲家庭(来自城市,母亲小学毕业),1 个两代五口之家,4 个两代四口之家,1 个母子三人的单亲家庭,1 个母子及祖父的三口单亲之家,19 位学生中有 1 位女中学、18 位男同学,家庭的年收入大多在 1 万到 2 万之间。可见,钱太多或者钱太少,都是一个问题。有时候,钱不多,但是幸福却不少;有时候,钱不少,但是也正因为钱不少,幸福反倒成了一种极其稀缺、弥足珍贵的东西,问卷的统计情况恰恰可以验证这一点。

　　客观地讲,关于"学生的基本情况"的调查并不十分规范,也不细致,但是,据此我已经能够大致了解我的学生们的过往、当下的状态,还有他们对于自己未来的设想。更为重要的是,在面对这个简单调查的结果的时候,我希望于我而言是一种心灵重演,而不是作为一个他者来观照他们的过往及未来。基于自身个性的敏感以及对生活、人生经验主义的理解,我大致能够想象他们内心世界的柔软与坚硬。面对这些行将毕业的学生,我的内心充满对他们的敬意,我非常希望自己的课程能够让他们有更多的自信来面对生活,创造生活。我知道自己的课程讲得不赖,但是我希望他们能够记住我,至少有那么一些、甚至一点内容让他铭记,使之能够在复杂的生活中可以坚持"美好地"生活。这里的"美好",不是结果的定性,不是对于性状的描述,而是一种状态,一种人生的状态,包含着伦理与美学的双重品质。

　　按照课程内容设计,按照课程基本的教学目标,"思想道德修养与法律基础"课一般在新生入校、第一学期就开设。可是,我要在第五学期,也就是毕业班来讲授这门课程。很多同事不愿意给老生或者毕业生上思政理论课,尤其是"思想道德修养与法律基础",开篇的绪论部分就叫做"适应大学生活、开拓人生境界",这让很多老师会觉得为难。当然,这样的标题,也让学生会有些许抵触的情绪产生。我,也觉得有压力。

客观地讲,大一新生,无论是从学校的管理,还是学生自身,对于大学生活都十分重视,课相对好上,教学效果也可以有更好的保证。给毕业班上"政治课",具体地讲是给毕业生上"思想道德修养与法律基础"课,确实有一定的挑战性。无论听与不听,能让学生待在课堂上,已经十分不易,这对新生而言,一般不是一个问题;如果能让学生听进去——不睡觉、不玩手机、跟上老师的教学环节,教师确实要通过精彩的教学来呈现教学及课程的魅力,赢得学生对课程及教师的尊重。

我其实不知道,自己行不行。整个课程上下来,我坚信"思想道德修养与法律基础"课在大三与学生相遇,是件不错的事情。于我而言,我要调整自己的教学方式,转换教学的角度,从一个行将毕业的学生的内心状态来建构自己的课程,在共情的基础上深入的、多角度、多层次的思考自己的课程,完成自己人生历程中非常重要的一个转换,此前的我因为阅读广泛而自以为学养扎实,但是仅仅是知识层面的"知道"。现在,我需要反复思考用什么样的角度、如何阐述那些其实是学生们可能早已知晓的老生常谈、人生常理,何以"传道"以"解惑"。对于一个思政理论课老师而言,渊博深厚的专业功底十分重要,但是,仅限于此远远不够,或者说仅仅限于知识传授的思政理论课老师不过是个传声筒,是个教书匠,即便为了给学生一碗水,我已经储备了一桶水,但是如果不融会贯通,你给学生的水还是水,知识还是知识,教学的价值充其量也就是使其"知道"。思政理论课教师的境界,远远要高于这个层次,不仅要有一桶水,而且还要将这桶水淬炼成思想、淬炼成智慧,才能使学生得到的这碗水不是简单的知识,而是一种领悟人生的智慧。就是在给毕业班的学生开设"思政理论课"的过程中,我终于跨越了"授人以鱼"的阶段,这是一个破茧成蝶的过程,非常美好。

很清晰地记得赵老师在第一堂课时所说的,我们已经大三了,是即将走入社会的人,而这门课放在大三来上,作为一个学生的我已经脱去刚入学来时的稚气以及大二的贪玩,我们已经渐渐地成熟起来。这个课程对我们来说不是被视为一个闲课,而是对于一个即将步入社会的毛头青年循循善诱,她像对一个即将离家的孩子一样,关爱着我们……让我们在远行之后,少吃一些苦头。所以在大三来开这门课——恰到好处![①]

"恰到好处",我很在意这个词,它包含着我的学生对于课程的价值认同。当然,也包含着对于教授这门课程的教师的认可。他没有说"相见恨晚",而是说这个学期、遇到这门课、遇到这个老师,"恰到好处"。这是一种褒奖,它打消了此前我不能确定的种种顾虑,在第五学期,给行将毕业的学生们来开设"思想道德修养与法律基础",也许是一个不错的选择,不见得具有普遍性的价值,但是至少可以尝试。在这个时间,学生遇到这门课程,如果是一次成功的际遇的话,其对学生的影响十分长久,至少超越"大学"这个有限的时间段,而更具人生指导意义。

三、大学生:为什么要学习"思想道德修养与 法律基础"这门课

"思想道德修养与法律基础"究竟讲什么? 为什么大学生要学习这门课程? 看上去,这样的问题似乎并不是个问题。在课程的教学

---

① 王文:《2012 思想道德修养与法律基础期终考核作业》,江苏建筑职业技术学院,建工 2010-2 班。

文件，比如教学大纲、教案上，清楚地写着"思想道德修养与法律基础"这门课的课程性质、教学目标、教学内容，一目了然无需思量，只需将固定的内容复制、粘贴到新的教学文件上。事实上，"思想道德修养与法律基础"以及我国大学教育所开设的所有思政理论课，课程设置的基本诉求，是否能够经由教师的教学活动得到实现，与思政理论课教师对于课程性质、教学目标的认知程度还是有非常大的内在关联的。对于思政理论课而言，其教学需要达到的目标诉求，也对教师本人的政治理性、道德认知、法律信仰有着更高的要求，这是思政理论课教师不同于其他公共课教师和专业课教师的地方。

在思政理论课教师的基本素质中，不仅要具备英雄主义的浪漫气质，还要有实践主义者的理性和勇气。对于思政理论课之教学目标是否有宽阔而深刻的理性认知，在相当程度上决定了其教学的风格、品质，以及其教学是否取得与课程目标诉求一致的教学效果。一门课程、一本教材，经由教师将学生和课程联系起来。如何成功地建立这种联系，以便教师有一个愉快的教学历程，学生有一个愉快的学习经历且有所收获、受益匪浅，一个非常重要的前提是教师对于课程价值的深刻而清晰的认知。教师不仅要从文本、书面的角度把握课程的教学目标，同时需要有切实可行的方法，在每个章节或教学模块中得到有效的应用以实现这些目标。在现实的教学实践中，很多教师关注最多的往往是具体的教学内容的讲授，很少从整体上宏观认知课程或者章节的教学目的或者教学目标，这样往往降低了一个教师在宏观上架构课程的能力。许多课程网站在"思想道德修养与法律基础"课的教学大纲上，一般用如下方式介绍这门课程：

"思想道德修养与法律基础"是面向"大一"新生开设的一门公共基础课，是中宣部、教育部规定的大学生必修的思想政治理论课之一。"思想道德修养与法律基础"从学生面临和关心的实际问题出发，从人生观、价值观、道德观和法制观等方面，对大学生进行多维度、多层面的教育，以期培养并提升大学生非技术性、专业性的政治理性、道德素质以及法律意识和信仰，具有坚定的中国特色社会主义的共同理想，坚定的马克思主义信念，以成长为一个合格的公民，成长为一个有感恩情怀、责任意识、健全人格的有益于家庭、有益于社会的人才。

诸如此类地表述成为这个课程最为鲜明的标志性名片，大同小异地出现在课程介绍或教学大纲等教学文件中。它至少包含着如下两个层面的基本内容：

第一，"思想道德修养与法律基础"是一门国家供给类型的课程，顶着一顶"国字头"的帽子，是以显性的方式进行思想政治教育的一门课程。这一条说明了国家层面对于此类课程的重视，是思政理论课与一般的公共课、专业基础课、专业课的一个重要区别，这个区别的存在，在相当程度上说明思政理论课教师责任重大，其教学的意义和价值超越于一般而上升到国家和民族的高度。当然，正是这样一种属性，使思政理论课面临着相应的误解。比如，即便许多接受过大学教育的人，依然固执甚至粗暴地认为这是我们国家特有的意识形态教育的模式。事实上，任何一个国家的大学教育，意识形态教育都是不可或缺的，并以隐性或者显性的方式存在着。毫无疑问，政治性、思想性，是思政理论课的根本属性，不能动摇，也不容含糊。

第二，"思想道德修养与法律基础"的教学目的，是通过课程的学习使学生具备坚定的政治理性、道德理性、法律素质，能够树立正确的人生观、价值观，并在此基础之上做到"知行统一"。也就是通过学习这门课程，学生不仅仅要具备理性认知能力，最终的目的是使之具备理性的行动能力。

　　"思想道德修养与法律基础",不同于一般的德育课程,不是泛化地将"抽象的人"培养成"现实的人"。这门课程最为本质的教学诉求,是在社会制度、意识形态、历史文化的框架内培养大学生的思想素质、政治素质、道德素质、法律素质等非技术素质,使大学生通过成功的大学生活,开拓人生新境界,成长并成为社会需要的人才。所谓"需要",是指大学生经由大学教育,能够将自身发展与社会发展、国家富强、民族振兴密切结合在一起,成为社会主义建设事业的合格建设者和可靠接班人。

　　无论采取何种教学方法手段实现自己的教学,思政理论课教师必须清醒认知这门课程的本质属性,并以之作为自己所有教学活动的前提。写在教学大纲上的"思想道德修养与法律基础"课的教学目标,包含着上升到国家层面、人生层面的对于教学的期待,是上升到政治高度的对于职业责任的要求。教师,必须立足课程的根本性质和基本的教学目标,透过这个目标来看课程。从"教"与"学"的另外一端,从受众者——学生的角度,看他们是如何看待这门课程,是否期待从这门课程的学习中有所收获,其对于课程的主观期待是否能够与"教"的目的达成一致共识,是需要思考的另一个问题。我的一位学生这样描述他面对这门课程时的想法,他写道:

　　　　"在刚开始上这门课的时候,我就觉得很好奇:'思想道德修养与法律基础'这门课到底会上些什么东西? 因为与这门课程类似的我们从小学到中学到大学就没有中断过,虽说发的每一本书都是不一样的,某位老师讲的、说的也各不相同,但是都是差不多的目的和内容。"

　　接下来,这位同学谈到了学习"思想道德修养与法律基础"这门课程的收获：

> "我在这个学期里，在老师的课程（中）获益匪浅，在这几个月的时间里，我细细地品会（味）我在之前学到的、体会到的，都慢慢地沉淀下来了。……我学到了许多宝贵的知识和想法……我在老师的授业解惑中得到许多难能可贵的东西。"[1]

这是学生对于自己"学得如何"的概括。从学生的相关表述中，可以确信通过"思想道德修养与法律基础"这门课程的学习，学生认为自己确实发生了一些变化。这些变化包括，其一，"沉淀"。我很欣慰学生用"沉淀"这个词来描述其学习的收获，即便这个词汇所表达的学习效果离课程的教学目标还有一定距离，但方向是对的。于学生而言，教学目标是其经由学习需要到达的目的地。学生使用"沉淀"这个词，意味着学生因为与这门课程的际遇，而思考、反思之前的所学、所思、所想，经由这个沉淀的过程，变成一种思想，甚至成为一种人生的智慧。这正是经由教学我要把学生带到的"目的地"的方向。其二，"难能可贵"。学到了许多宝贵的"知识和想法"，并得到许多"难能可贵"的东西，这表明一个建筑工程方向的学生，对于这门完全不同于他所学习的其他课程的非技术、非技能性、非专业性的课程的学习经历，是十分重要的。学生使用"难能可贵"这个词汇描述其学习收获，是让我非常"珍惜"的一种评价，同时，也会因为这样的评价而压力倍增，一方面你可以从结果来确信自己所教授的课程对于大学生持续成长的价值，另一方面，又不能确信自己的工作是否能够完全呈现了课程理应具有的教育价值，那些一年一年地被写在教学大纲上的"教学目标"，究竟可以在多大程度上转化为学生的"学习效

---

[1] 黄佳威：《2012 思想道德修养与法律基础期终考核作业》，江苏建筑职业技术学院，建工 2010-7 班。

果"。

我到底要教给你什么,我的教学目标,被清清楚楚地写在教案之上。可是,这些写在教案之上的教学目标,在更多的时候似乎只是要填上这个表格,完成写教案的任务而不是完成教学任务,完成规范的教学文件而不是指向教学活动。这个教学目标到底有什么样的价值?大多数教师,尤其是大学教师,尤其是大学的"政治老师",大多不会去做太多的思量的,课堂教学往往是一种惯性而非一个清晰的实现教学目标的过程。在我国的高等教育教学中,对于教学方法的研究,以及探讨如何提升教学绩效的研究,一般不会成为教师除教学之外的工作重心。于个人而言,"科研"工作的实际价值远远要超过"教学研究",可以给教师带来更大的收益。

对于教学目标的认识,很多教师一般只是从教师的角度来确认自己的教学活动可以体现什么样的教学效果。"教学目标",一般会被直觉地解释为"教"的目标。其实,"教"的另一面是"学","教"的目标指向一定是"学"有何收获。这一点看似常识,真正理解并能付诸实践,需要教师在其职业生涯中不断地领悟"教学"的实质。

经过了近二十年的教学历练,直到有一天,在翻阅彼得·法林教授所撰写的《教学的乐趣——大学新教师实用指南》一书的时候,才"发现"、认识了"教学目标"的双维视角及其完整的内涵。在这本面向大学"新教师"的指南用书中,将教学目标定性为教师对于学生"承诺",这种说法让我对于"教学目标"这个看上去曾经十分明白、仔细思量又不是十分透彻的问题,有了更加鲜活而深刻的理解。教学目标的完美实现,是教师,通过自己的课程,通过每一次授课,将教给学生的内容与学生可以从教学中学习到的及学会的内容实现二位一体的过程。

教师"教"的目标，在根本上是学生"学"的内容及效果。"承诺"这个词，让我十分震惊，在我自己的教学生涯中从未从这样的角度来认识教学目标。用"承诺"这个词来解读"教学目标"，让"教学"活动有了分量：作为教师首要的任务就是兑现自己对于学生的承诺。于思政理论课教师而言，兑现这个承诺，还意味着完成了一份具有社会"使命"、社会价值的工作。

表面上看，多元化是一个世界性的潮流。事实上，在多元化的潮流中，如何保持公民对于一个国家的核心价值观的认同与坚守，是事关家国命运的问题。尤其是在当下各种潮流与潜流风起云涌的国际生态下，因理性而保持清醒的政治觉悟、文化自觉、民族自信，显得前所未有的重要。如果仅仅为多元化的表象所迷惑而放弃对于核心价值观的坚守与捍卫，是一件极其危险的事情。综观当下世界，强势的文化、强势的国家从来没有在国家的层面上轻视过对于核心价值观的确立、维持与捍卫。"我们美国社会是一个多元化的社会，有许多观念要传播。尽管我们的社会有很大的变化，但是我们的政治价值观念两百年来没有改变。"[1]何以能够？ 在促成这种价值生态形成及维持的众多原因中，教育的作用不容忽视。美国的德育目标被定位培养"责任公民"和"道德上成熟的人"，"美国政府力图通过学校德育，使学生成为具有爱国精神、守法精神、具有健全人格的、有用的、让人满意的社会大家庭的成员之一，成为积极进取的美国公民。"[2]可见，经由教育的渠道保持公民对于生死攸关的核心价值观的认同，是美国教育未曾忽视的事情。

① 刘吉发：《思政理论课教学方法论：10 余种教学方法的设计与实践》，西北大学出版社2009 年版，第 28 页。
② 李霞：《中外德育比较研究》，湖北长江出版集团 2009 年版，第 133 页。

不仅美国，英国亦是如此：

英国教育法中，将学校教育目标定位于促进学生在道德、精神、文化和社会方面的发展。其中道德方面的发展，要求学生理解道德冲突，关心他人，具有采取正确行为的意志；精神方面，要求学生自我成长，发展自己的潜能，认识自身的优缺点，具有实现目标的意志；文化方面的发展要求学生理解文化传统，具有理解和欣赏的能力；社会方面的发展，要求学生理解作为集体和社会一员的权利和责任，具备妥善处理人际关系的能力，以及为了共同的利益与他人合作的能力。①

思政理论课，所具有的价值绝非仅仅塑造具体的个体，而是经由对于个体价值观的生成而促进社会主义核心价值观的生成，在这个层面上的课程价值是否能够实现，最为关键的是思政理论课教学目标是否能够通过教学活动被实现。

思政理论课，具体到"思想道德修养与法律基础"这门课，其核心的内容一定是要讲道理，既要讲每个个体与他人、与社会以及与其自我相处的一般原则，要讲带有民族性的人生之常理、老生之常谈，也要讲清楚跨越文化与民族差异的带有普世性色彩的人之共性；一定要讲大道理，一定要讲清楚"社会主义核心价值观"这样的大道理，不能躲闪以至于顾左右而言他，也不能有意无意地回避，将课程的政治性、意识形态性做淡化处理，凭着自己的专业喜好或者个人兴趣避重就轻，转移主题。

一个合格的"政治老师"，一定是要讲出老生常谈所蕴含的深意，有深意而不故弄玄虚，以此抛砖引玉。一个真正的"政治老师"，一定

---

①李霞：《中外德育比较研究》，湖北长江出版集团2009年版，第134页。

不能出言便是空洞的大道理，一定要讲"大道理"之"大"、"大道理"之"道"、"大道理"之"理"，要厚实而不失深刻，要深刻而不空洞，用理性的魅力、宽阔的视角、温和的心态来吸引学生，澄清他们似是而非的观点，以避免学生在面对具体现实的问题时的偏激与狭隘。所谓，"人们的苦恼不在于他们不懂，而在于他们懂得太多似是而非的东西"[①]，或者只知其一，不知其二。当似是而非的"理"、模棱两可的"道"变成了学生何以自处和处世的行动的时候，片面甚至偏颇的观点便成为其人生发展的束缚。比如，长期以来，大学生的学习乏力，个中原因多元而复杂。但是非常重要的原因，是许多学生在放纵自我的时候，还给自己找一个堂而皇之的借口——很多名人、成功人士，并没有受过很多教育同样获得了极大的成功；很多学习失败的学生会根据自己有限的见识，来否定学习的价值，掩饰或者不能客观认知其学习失败的真正原因。

　　"虽然很多成功人士都没有受过很多教育，但并不等于不用功就一定成功。你学到的知识就是你拥有的武器。人可以白手起家，但是不可以手无寸铁。"

　　就是这样几句话，胜过千般道理万般说教。很多学生，一下子就说服了自己，转过了那道心里的坎，并正视学习、勤奋学习，经由勤奋的学习而改变人生、建树人生。

　　教育，其实是一种唤醒，这句话对于大学教育而言，尤其合适。这句话用来表达"思想道德修养与法律基础"这门课的教育宗旨，很是贴切。无论是外行看热闹还是内行看门道，人们总是习惯给"思政理论课"贴上"灌输"的标签，正是这个标签让此类课程声名大受影

---

①肯·贝恩：《如何成为卓越的大学教师》，北京大学出版社 2007 年版。第 27 页。

响。就此类课程的本质而言,无论中外无论社会制度,课程的核心目标诉求是确立对于政治社会、道德生态赖以建构的核心价值观,灌输仅仅是抵达这个目的地的一条途径。灌输,是一种声名狼藉的路径选择,是缺乏教育智慧的生硬注入。但是,并非经由灌输来实施的教学,就一无是处,关键在于灌输的内容、方法及逻辑。不是生搬硬套牵强附会,能够言之有据逻辑清楚说理充分,"灌输"一样可以呈现教学的魅力。

在现实的教学活动中,"灌输"之所以声名狼藉,往往是教师照本宣科造成的恶果。方法论上生硬的"灌输"在当下的教研话语生态中乏善可陈。比较而言,多年以来流行的价值澄清、养成教育等方法,对于并无扎实宽阔的知识积累、也无足够的阅历支撑其从经验的角度来彻悟大千世界的涉世未深的学生而言,即便是大学生,也有太过浪漫而缺乏可操作性的嫌疑,想象一下十分美好,理论上具有无比的优势,实践起来效果并不如想象的那么乐观,甚至"造成课堂教学本位的严重缺失"。[1] 换而言之,它可以持久地满足理论探讨者关于教学方法论的探究冲动,在教学实践中往往需要教师付出加倍的努力来收集资料、设计教学,并需要熟练而完善的教学技巧以把握、驾驭课堂教学,这往往令许多教师望而生畏,而宁愿按照常规惯性来完成教学。

事实上,我们对于教学方法的探讨,往往具有独断论的倾向而又不自知。其最为鲜明的表现,就是习惯拿一种教学方法的不足与另外一种教学方法的长处、优点做简单比较,得出孰是孰非、孰长孰短的结论。使用常规的教学方法,并不就意味着教学的堕落或者灾难。

---

[1] 叶隽青:《谨防新课改遮蔽下的课堂教学本位缺失》,见于《教育产业化,一个伪命题》,福建教育出版社 2005 年版,第 38 页。

"教师是课程的最大资源，是课堂中最及时最有效的课程的生成者和开发者，教师在课堂的主导地位不容忽视。因此，不能忌讳所谓的传统教学而舍弃教师必要的讲授。"[1]灌输，不一定是照本宣科，有可能是成功的"注入"，其前提是，教师是否能够在备课的过程中，成功地将"教材内容"甚至"教材体系"转化为"教学内容"和"教学体系"，呈现多元的人生和复杂的社会，并能使学生在众多的可能中，建立独立而不偏执的价值理性。

"自从上了思想道德修养与法律基础，我终于知道了什么叫做'听君一席话，胜读十年书'，(更何况)听了老师那么多节课，对我而言真的受益终生。"[2]

这个变化的过程很是奇妙，也十分诱人。达到这样的效果，需要教师付出十倍甚至更多的努力，来讲清楚这"一席话"。对于小学生和中学生而言，启发教学很重要；对于大学生而言，理直气壮雄辩精彩的直接讲授，使课程更有效能，而不是将时间过多地花费在学生形式上、层次不高的参与上。教师在课堂上直接讲授并能使自己的讲授对学生有持续的吸引力，就是一种比语言参与课堂层次更高的"教"与"学"的互动。一定要澄清一个观点，学生被吸引不代表学生就完全认同教师的观点而被说服，学生往往持有不同观点甚至相反看法，这恰恰是思政理论课教学必须面对的情况。教育的本质意味着，一棵树摇动另一棵树，一朵云推动另一朵云，一个灵魂唤醒另一个灵魂。雅斯贝尔斯像一个诗人一般的浪漫表述，令人十分感动。

---

[1] 叶隽青：《谨防新课改遮蔽下的课堂教学本位缺失》，见于《教育产业化，一个伪命题》，福建教育出版社 2005 年版，第 40 页。

[2] 王保骅：《思想道德修养与法律基础期终考核作业》，江苏建筑职业技术学院，建安 2010-1 班。

当学生对于教师的教授有不认同、甚至持有相反的观点的时候,是思想作为思想的一种唤醒,这种唤醒不是目标的达成,而是要引导学生基于问题、分歧、困惑,进一步思考、学习,再思考,再学习,使之经由自主思考、理性思考而通向信仰,回归到主流,认同主流价值观。在认识论的角度,这不是一种常识的回归,而是螺旋上升的理性飞跃。即便是回归了常识,也是一种理性重构。这个过程,在教学目标上跨越了两个阶段,即由知识获取为目标的层面,上升到建构一种思维模式的阶段。这个目标的实现,对于"思想道德修养与法律基础"这门课无疑是非常重要的,在这个过程中,其原有的知识经由课程的促动,而成为一种思想,使原有的思想经由深思、慎思、反思而成为一种观点、觉悟,成为一种把握自己人生的智慧,将学生已有的零散的知识淬炼成他们的思想能力,当其感觉已有的见识、知识无法满足自己认识大千世界和丰富的人性的时候,学生能够基于自身面临的问题主动学习以澄清困扰。虽然这样的认知能力离知行统一的终极课程目标还有相当的距离,但是,作为思政理论课教师,一定要坦诚面对一个现实,即忽略教学目标的层次性、忽略学生认知能力形成的渐进性,而直接将"知行统一"作为课程的基础目标,甚至唯一目标,不仅是对于教育规律的一种粗暴理解,而且在教学实践中往往会流于形式。行为的偏离,往往源于价值观的倾覆。尽管我们力求学生经由课程的学习而变得思想深刻、观点全面、行为符合社会规范,同时,也不能否认即便仅仅在一个关键的地方有所领悟所具有的价值,它往往可以使学生具备积极的状态,面向纷繁复杂的外部生态和多样的人性,在其人生的历程中可以因为态度的审慎而具备自持、自控的能力,以防在诱惑或者压力面前丧失自我,甚至扭曲人性。

理性价值观的确立,无疑是和教与学的良性互动、主动建构相互关联的。在一个信息知识海量增长、技术日新月异的时代，在一个各种观点思潮潜流暗涌或者激流澎湃的时代，独立的思考、辨识能力显得极其重要。这种能力并非天生，而是非经由持续不断的学习而不能获得。这里的学习不仅指在校期间面向各门课程的学习，还有更为广阔的含义，需要人们在人生的历程中不断地提升拓展自己的认知能力，修为砺性以自处而处世。

　　"如果学习不能够对学习者以后的思想、行为或情感方式产生某种长远的影响，这种'学习'就没有什么意义。"[1]

　　对于一个思政理论课教师而言，确立这样的教学观是十分重要的，它非常契合"思想道德修养与法律基础"课程教学的目标诉求。就"思想道德修养与法律基础"的内容设置与目标指向而言，无论是思想教育、道德教育，还是法律基础教育，于个人而言事实上都是对于一种合理合德的个体生活方式、生命方式的思考、确立。教授"思想道德修养与法律基础"这门课的教师，就是要将学生们此前积累的知识点拨成智慧，以成就其人生领悟力，来面对大千世界、万千人生而消弭疑惑、洞察人生、透观人性，从而从容地安身立命、成就人生。如此表述"思想道德修养与法律基础"的课程目标，在相当的意义上拓展了课程价值定位的目标性和层次性，如先哲所言"达则兼济天下，穷则独善其身"，达不离道，穷不失义，以保持清醒的道德人格。

　　对于学生而言，课程目标的达成究竟意味着什么呢？檀传宝先生在谈到德育目标时提出了一个问题"我们是一厢情愿地为儿童提供成人社会认为'好吃'的'营养品'，还是在努力创设情境帮助青少年自己去发现从核心价值到实践智慧的幸福生活的秘诀？"要达到

---

[1]肯·贝恩：《如何成为卓越的大学教师》，北京大学出版社2007年版，第29页。

"消弭疑惑、洞察人生、透观人性，从而从容地安身立命、成就人生"，而非"大学生活"之"一时"，也非"恋爱"、"公德"等等之"微观"之"局部"之"一事"，而是需要教师能够"努力创设情境帮助青少年自己去发现从核心价值到实践智慧的幸福生活的秘诀"，发现可以幸福生活的方法，找到符合社会规范及自我能力与需求的幸福的途径，达成如此的教学目标首先是使学生能够确立关于社会、自我、人生、幸福等问题的认知理性，而非一种基于本能的行为能力的培养。

让我们的学生可以预见自己的幸福、并幸福地生活，应该是"思想道德修养与法律基础"的教学目标得以实现的重要结果之一。"德育的过程就是引导个体合于德性的现实生活展开的过程，德育的根本目的是人的幸福生活。"①把"幸福"与自己所教授的课程联系起来，这是一种职业领悟，我清晰地认识到用一种什么样的方式、持一种什么样的态度、以一种什么样的情绪去面对我的学生，去教授我的课程。传道—授业—解惑，这是我们在表述教师这个职业时习惯到不用思量、甚至一个小学生都会脱口而出的陈述，习惯到不去思量一个教师为什么要做到、何以做到通过教学来传道授业解惑。其实，对于一个思想政治理论课教师来说，先哲的表达应该转述为传道—解惑，传道以解惑，以使学生内心澄澈、温暖、豁达以面对人生，面对世界，因知识的拥有而有见识，因见识而智慧，因智慧而从容，因从容而幸福。幸福——学生幸福的人生状态而非仅将幸福单纯或狭隘地定义为结果，是"政治课"及"政治教师"需要认识到的课程目标及这个目标达成的价值所在。

我们经常将幸福作为一种目标而不是一种状态。我们经常给幸

---

① 刘铁芳：《走向生活的教育哲学》，湖南师范大学出版社 2005 年版，第 142 页。

福开列太多的条件，往往因为目前条件不够完善而觉得幸福是一种稀缺资源而弥足珍贵。这，其实是一种狭隘而有害的看法。在很多时候，幸福的稀缺不是因为拥有的太少，而是占有的太多，或者我们欲望占有的太多。欲望之沙，是聚不成幸福之塔的。当人们为欲望所掌控并不能自拔的时候，人不仅贪婪而且狭隘，狭隘到只见个体的得失，不能将个体的人生得失成败放在自我、他人、社会的框架内定义，甚至不惜损人利己，损公肥私，以至于人性癫狂，在自我、他人、社会之间的关系中，将他者及社会仅仅作为满足个体需求的手段，人生便只剩下唯利是图。人生最为纠结的无非是诸如此类的问题，思想政治理论课尤其是"思品课"（即思想道德修养与法律基础课），恰恰要面对的就是这些看上去是老生常谈的问题。

就"思品课"的内容而言，无论是"适应大学生活"这个具有时效性的主题目，还是爱国、理想、人生价值，或者爱情、亲情，择业就业，人生在本质上是需要在一定的社会关系中定义定性的，都需要尊重道德、法律之社会规范。其全部内容的核心，是培养大学生的人生能力，在个人与自我、与社会、与他人之间，明善恶、是非、成败、荣辱，并能做出何去何从的理性选择，在把持自我的基础上，理解幸福而可以幸福。

幸福，是一个蕴含着所属关系的概念，你的、我的、他的——个体的幸福，你们的、我们的、他们的——群体的幸福，等等。英国哲学家约翰·洛克，在其 1692 年的书中表达的一个观点："良好的教育"关系到"国家的幸福和繁荣"①，当然，在洛克的时代，"国家的幸福和繁荣"之前有一个"资产阶级的"定语。但是，这句话的价值，显然超越

---

① ［英］约翰·洛克：《教育漫话》，人民教育出版社 1985 年版，第 23 页。

时代，在今天依旧具备相当的说服力。在一个重视自我的时代，尤其"只见自我"的时代，确立一种宽阔的幸福观，超越狭隘但是并不破坏底线伦理的个体的幸福，是需要远见和胸怀的，这不仅是个体幸福的基础，也是"国家的幸福和繁荣"的不可或缺的价值观前提。

我将自己写在教学文件上的"思想道德修养与法律基础"的教学目标，具象而感性地理解为，使学生因为远见而可以幸福，可以拥有一种具有宽阔气象、稳定性质的幸福观，并因而看见幸福，相信幸福，实现幸福，并能因为幸福而受人尊重，而不是艳羡，可以使自己或平凡或非凡的人生样式，成为人们由衷认可或向往的一种人生样式。

时间如白驹过隙，转眼就到了大学毕业的"门口"。猛然间想起来快要毕业，大学生活即将过去。大学（生活）的前两年，尽管我学的还可以，但没有让我的心"静下来"。大三学习了"思想道德修养与法律基础"，让我这颗悸动的心，慢慢地沉淀下来。沉淀的是精华，沉淀的是回味，沉淀的是让我有所思想，沉淀的是让我有目标……让我的心不再"跳动"，不再"浮动"，让我的心静下来，考虑我的人生。[①]

先哲坚信，知止而后有定，定而后能安，安而后能虑，虑而后能得。在一个相对浮躁的时代，大学生、尤其是行将毕业的大学生，能够祛除浮躁思考人生观照自我，于其成长而言十分重要。教育，让你看见幸福，而达到"我爱我的生活，爱我的人生"[②]这样一个使然状态。即便是一种以自我为主体的"幸福"，也要将自己的幸福观建立

[①] 姚伟伟：《2012 思想道德修养与法律基础期终考核作业》，江苏建筑职业技术学院，建安 2010-1 班。

[②] 苗泽锟：《2012 思想道德修养与法律基础期终考核作业》，江苏建筑职业技术学院，建工 2010-3 班。

在一定的社会伦理框架之中。即便是一种以自我为主体的幸福诉求，也需要在个人与社会、个人与他人的人际框架中建构自己的幸福，个体诉求的实现要以个体行为是否具有社会价值为前提。这是一个大学生在其还是大学生的时候，需要思考清楚的一个重要问题，也恰恰是一个"思品课"教师，需要通过教学向学生兑现的课程"承诺"，也就是"我要教会你什么"、学生要通过"思品"这门课"学到什么"之双重二维视角中的教学目标的确定内涵。

四、基于案例的讲授：我用什么方法教会你

　　学生，无疑是教学活动的直接评判者。在高校的教学质量考核中，以学生投票来衡量教师教学水平的做法比较普遍。在诸如此类的考核制度的设计中，一般会基于两个基本的前提假设，其一，无论是认知理性还是道德理性，学生完全可以信赖；浪漫的管理者甚至会强调，只有教的不好的教师，没有教不好的学生。其二，教师在其教学活动中一定是不完善的、且需要监控的。无论是对于学生还是教师的前提假设，都背离了对于现实的人性，至少学生并非完全理性，教师也并不一定背离基本的职业要求。但是，基于这样的潜在假想，将教学质量的评判权完全交给学生的时候，教师在十分被动的情况下，反而会在教学上讨好学生，可能会在教学以外降低、放宽对学生的要求，使旨在提升教学质量的教学评价体系事实上可能成为教学质量提升的羁绊。

　　枯燥、空洞、说教、教学水平相对不高，是相当长的时间里人们对于"政治课"的标签式的定性。因此，通过改变教学方法以提升教学质量来获得学生认可的教学改革的呼声此起彼伏，相关文章在数量上用铺天盖地来形容应该毫不夸张。检索一下，确实蔚为壮观，目的

无非是"唱好"这台戏:"唱"得好则学生的上座率就高。[①] 为此,近现代以来几乎所有有关德育的教学方法都在思政理论课借鉴应用之可行性探讨之列,比如:启发式讲授法、上台发言法、相互讨论法、课堂讨论法、演讲法、辩论法、表演法,等等,还有研究式教学法、体验式教学法、"互讲"式教学法、案例教学法、问题教学法、专题教学法,等等,林林总总形形色色。而教学方法极少原创性的研究,更多的是将国外的教学理论进行课程化的探讨或者设计,在这些顶着教学改革名目的探讨或者教学设计中,真正能够应用于教学实践并具备普遍性应用价值的有效实践,事实上并不多见。

就思政理论课改革的目的而言,就是"通过灵活多样的教学模式,调动学生的参与意识和积极性,使教与学的矛盾较好地解决,实现教师主导性与学生主动性的统一,达到思想政治理论课育人实效的目的",教师"自己像演员一样进入角色,以此带动学生的思维随着课堂内容而动,并把知识性和趣味性结合起来,妙趣横生,提高学生的兴趣,增强思想政治理论课教学的有效性。"[②]换而言之,当下思政理论课课堂教学讨论研究的主题,就是重视学生形式上的参与,以增强受教对象的"主体"地位,增强课堂的体验性、生动性、趣味性,这几乎是关于思政理论课提升教学效果、改善教师"说教"的形象,改变"枯燥"的独角戏式的一言堂讲授模式,来填补所谓"空洞"地"灌输"、枯燥地"说教"的制胜法宝。

作为一门思政理论课,需要教会学生的不仅是知识,更为重要的是教会学生如何去拓宽自己的眼界,使其成为一个内心宽阔且执著的人,可以因为智慧而幸福的生活。于一个人而言,这样的教学诉求

---

①马继刚:《课堂教学方法与艺术》,四川大学出版社 2009 年版,第 255 页。
②马继刚:《课堂教学方法与艺术》,四川大学出版社 2009 年版,第 256-259 页。

的有效达成,在一个学习型的社会生态中十分重要,在复杂的社会关系和人际关系中更加重要。学生,甚至可以"不知道"。在信息过载的时代,"不知道"不是稀奇的事情,也不意味着孤陋寡闻。重要的是,如果他想知道就会知道通过什么样的途径来"知道"。

> "我最感兴趣的是马未都先生,后来我查阅相关资料,知道马先生是一位艺术家、收藏家,并且有多部著作,同时又是观复博物馆的创始人和现任馆长。我觉得马先生很了不起,我很佩服他。"[①]

网络时代,技术革命在根本上改变了人们获取知识和信息的途径,破除了必须通过学校、教师、课堂来学习的传统的知识获取方式,知识的传播更具大众化的特征,而学习也更具有自主性的特质。学习,狭义上的以获取信息或者知识为内容的学习,在今天已经不是一件困难的事情。只要百度一下,你几乎可以无所不知。我们现在所面临的最大的问题,恰恰是我们知道的太多,懂得太少;转述得太多,思考得太少。因此,现在的大学教育担负着比传授知识更为重要的任务,即教会学生方法。作为思政理论课的"思品课"而言,比传授给学生方法更重要的是,是使学生能够确立一种人生的态度自处以处世。在一个多元化的时代,个体的行动理性无疑是需要建立在认知理性上的。面对众多的可能与选择,个体能够做出个性而不有悖社会底线的选择,是一件十分重要的事情。教师显然不能穷尽一切知识,但是可以授人以"渔"。

> 如果今后遇到问题,我会想到老师给我讲过的"思想与道德",我会呈现道德的一面……虽然我是一位很差的学生,但是

[①] 黄霄汉:《2012思想道德修养与法律基础期终考核作业》,江苏建筑职业技术学院,建工10-6班。

以后面对问题的时候,我会想到老师这样跟我说过,一切的问题都不是问题。[①]

授人以渔,是教育所追求的终极目标之一。如何授人以渔? 如何保持大学课堂的品质而不流于某种形式? 如何保持理性的魅力而不流于说教与空洞? 如何保持课堂的生动而又不落入哗众取宠的俗套? 如何抛砖引玉让学生将课堂的问题带到课堂之外深入思考并隆重对待? 如此种种,确实是思品课教学中需要解决的现实问题。

无论是广义上的"德育",还是侠义的"思政理论课",在理论的层面上可以使用的教学法并不缺乏,在理论的层面上探讨将各种具备理论上可行性的德育方法本土化、课程化的尝试也不欠缺。但是,缺乏的是有效的实践及对于教学实践的有效性的客观反思,这又是思政理论课教学改革中最为重要的环节。当教学研究仅仅停留在理论的层面,当教学改革成败得失的评判仅仅停留在热闹喧嚣的形式层面,我们不能断定这种改变是否可以达到预期的目的而不是原地踏步,甚至适得其反徒有其名。

新兴的教育技术改变了传统的教学模式,思政理论课也面临着如何运用新技术来改革自身教学的任务。"目前,随着电子、通信和信息处理技术的高度发展,大量的现代教学媒体应运而生,有电视广播、幻灯、投影、计算机、多媒体、互联网等等。但是我们的大学生德育工作还是广泛应用陈旧的德育方法;比如主要还是教师在课堂上进行单纯地说教,德育教师根本不能把以上这些现代化的德育方法利用起来。"[②]教学媒介与教学手段,是两个不同的概念。但是在教学实

---

① 杨倩男:《2012 思想道德修养与法律基础期终考核作业》,江苏建筑职业技术学院,建工 10-7 班。

② 李荣芳:《当代大学德育教程》,云南科技出版社 2012 年版,第 13 页。

践中,这两个概念经常被混淆使用。多媒体、网络媒介等在本质上是一种技术媒介或者平台,使用新的教学媒介并不意味着教学方法的改变,比如,直接将教材内容大纲变身成教学课件、课程网站,这时多媒体所起的作用,依旧是传统的黑板的功能,而不能称为教学方法的革新,不过是穿上新鞋照走老路。同时,需要得到充分尊重和重视的是传统的讲授法,在课时有限的情况下,许多好的想法无法在实践的层面上落到实处,其价值最多是可以写成一篇好文章,可以拓展我们对如何上好"思品课"的理论想象力,但是往往缺少实践理性而流于空谈。

即便是讲授课,如果教师在深刻理解教材的基础上,在全面剖析教学案例的基础上,以问题引导学生思考,在诸多的可能性分析中达成学生自我而符合社会一般规范或者底线的认知,学生不见得发言讨论,但是学生通过深入而广泛的思考同样参与到教学活动中。用心倾听与深入思考,比需要学生简单肤浅的发言讨论,更具教育价值,安静的课堂并不比表面活跃的课堂缺少魅力。若干年来,我们对于打着变革标签的"方法"探究过于迷恋,对于披着变革外衣的形式的追求,超越了对于教学效果本身的关注。事实上,这是一种肤浅而粗暴的教学改革观。最后,需要严肃澄清的一点是,不能应用现代化的方法,并不等于教师的课堂讲授就是"单纯的说教"。

在教师对于教学及教法的众多思考中,清华大学的韦正翔老师的观点非常值得敬畏。韦正翔老师认为,老师要像老师,要有真学问,学生要像学生,要求真本事。基于授课对象以及其自身课程,韦正翔老师这样表述了她对于教学方法的理解:

本课堂不是电影院,不刻意追求娱乐性,不以是否有趣作为衡量课堂是否成功的标准。在读书学习上,中国古代有"十年寒窗"、"头悬梁、锥刺股"、刻苦学习的说法,就因为读书在很长时间是件苦差事,很多关键学习能力的培养不具有娱乐性。人要到学成后,有了出神入化的感觉时,才能体会到读书的乐趣,而大多数人要达到这样的境界还有漫长的枯燥之路要走。人承受枯燥的能力也就是人的毅力。有大志者必须配有坚强的毅力才能达到最后的成功。当然老师要保证让大家听得懂,在保证质量的前提下利用理论本身自然产生的幽默效果来增加趣味性。如果一门课听下来,就记得几个笑话或者几个故事,似乎效果不错,但是背离了教育本身的意义。①

韦正翔老师毫不迂回遮掩、直截了当地向学生亮明了自己所讲授的"马克思主义基本原理概论""不以是否有趣作为衡量课程是否成功的标准",这不仅需要勇气而且需要底气。勇气来自于对于教师职业的敬畏、对于自己的自信,底气来自于扎实宽阔深厚的理论功底。当绝大多数教师将"有趣"作为自己的一个教学诉求时,在绝大多数学生迷恋于这样的课堂和老师的情况下,如果学生评价一个老师的教学"有趣",绝大多数教师会将之作为一种认可甚至褒奖的情况下,韦正翔老师基于自己的课程,基于自己对于教学的认知,旗帜鲜明地亮出自己的教学观,实在难能可贵并令人敬重。

我喜欢"思想品德"老师讲的课,十分幽默,智趣横生,用一个字评定(价)那就是"雅"。②

这是学生对于我所讲授的课程的评价,代表相当一部分学生的观点。我要慎重思考这样的评价,而不至于迷失在这样的"褒奖"声中,而忽略了对于"有效的教学"的清醒认知和执著追求。

---

① 韦正翔:《有清华学生这样学习马克思主义》,中国社会科学出版社 2011 年版,第 337 页。
② 黄越:《2012 思想道德修养与法律基础期终考核作业》,江苏建筑职业技术学院,建工 2010-3 班。

本课堂(也)不是少儿班,不搞寓教于乐的"案例"教学。少儿不具有抽象思维能力,所以需要把抽象的东西具体化,易于让少儿们在这种形象化的乐中学习。但对于需要培养抽象思维的大学生来说,"案例"会大大稀释课堂内容和降低思维难度,而教给大家的是大量的"鱼"而不是"渔"。严谨的推理过程是枯燥的,但是能克服困难,跟上老师思路的人,得到的是终生受益的"渔"。理论把千万种经验浓缩为一个完整的知识体系,把握了这种体系的人自己就能对案例进行深刻的剖析。案例"无限多",理论"有限少",我们就是通过这样的"有限少"来认识"无限多"的。耐枯燥者容易成大学者,耐繁琐者容易成大管理者,不耐枯燥和不耐繁琐者,容易一事无成。而当前,由于有的教师在课堂上过度追求娱乐,解构了学生学成大才的承受枯燥和顽强毅力;由于教师过度采用案例,解构了学生打基础所需要的知识的系统性,学生的抽象思维能力得不到培养……其结果导致了社会处于严重缺乏德才兼备的大才的状况。因此,本课堂将反其道而行之。[1]

韦正翔老师的上述话语,是讲给自己的学生的。但是,通过这些话可以了解韦正翔老师面向课程、教学、学生时所持有的观点与态度,从中可以看到一个"真正的老师"应该具有的不急功不近利、不从流不跟风的师者风骨。这对我有很大的触动,令我深怀敬畏,并豁然开朗——长久以来内心的纠结、游移飘忽一下子烟消云散。当大家在课堂上用大量的时间来给学生放映视频并深得学生欢迎的时候,当大家都在极力将自己的课堂变得更像相声表演让课堂变得十分喜

---

[1] 韦正翔:《有清华学生这样学习马克思主义》,中国社会科学出版社 2011 年版,第 337 页。

感的时候，当大家离开了课件就无法上课的时候，在面临着学生的质量评价的压力的时候，我内心会有迟疑不决，内心一直秉持并为之努力的关于"良师"的自律会有动摇。在以学生为中心的教学质量评估体系中，教师难免会屈从于现实的压力而"讨好"学生。面对种种这样或者那样的形形色色的教学方法的创新与改革的声浪，坚持自己的判断，坚持自己的教学观，一以贯之地秉承作为教师应具有的价值观和职业操守，并非易事。

很多打着教学改革旗号的课堂教学，实质上可能是新瓶装旧酒，形式的包装而已。我们不应拒斥有利于教学质量改进的教学改革，但是仅凭花哨的形式往往不能有效地提升课堂教学的质量，甚至会适得其反，降低了大学课堂的品质。如果诉求内容与形式的二位一体的教学改革实践，很多教师又心有余而力不足。所以，诉诸花哨的形式，不仅不能整合学生已有的知识使之系统化，兑现课程目标对于学生的承诺，反而会使学生在过于轻质甚至轻浮的教学中，其认知能力被表象化、情绪化，甚至碎片化。韦正翔老师的观点，也让我更加谨慎的寻找表象和本质之间、形式与内容之间、具象与一般之间、理性与感性之间、归纳与演绎之间，尤其是案例之"鱼"与方法之"渔"之间的平衡，不至于让课程经由我所选择的案例教学的方法而碎片化、肤浅化，甚至庸俗化。我会更加敬畏我的课堂，小心翼翼地引导并呵护学生对于理性与理论的兴趣，更加小心翼翼地于无尽的生活中寻找案例，研究案例，表现案例，最为重要的是通过基于案例的讲授，使学生能够透过具体看到丰富而广阔的生活，并从中感悟人生。

学生在校的时间很是宝贵。一般大学新生入学在9月上中旬，军训、入学教育结束，正式上课一般是在国庆长假之后。面向新生的形形色色的活动，又占用了学生大量的时间，使之没有相对稳定的时间来从容地阅读、思考、沉淀。某种意义上说，过多的甚至重复的、被赋予了太多意义和价值定位的活动，事实上可能成为学生的一种负担。如何在有限的时间内使学生获得最大的收获，不仅需要教师厚积薄发、博学多才，更为重要的是用什么样的方法提升教学效能。在2012年的秋季学期，我将要授课的学生是在校时间尤为珍贵的毕业生。即便当下社会有多样化的教育形式令专科层次的学生有更多的继续接受教育的机会和选择，但是有相当数量的学生会在专科毕业之后，离开学校直接就业，一般不会再次回到学校接受全日制的教育。"惊讶"，有学生用这个词描述自己在大三的课表上看到这门叫做"思想道德修养与法律基础"的课程时的心理感受。[①] 给大一的新生上好"政治课"并非易事，给大三、第五学期——行将毕业的学生，来上"政治课"、上好"政治课"，就更加不易。换而言之，如何在有限的时间内做一个"有效的教师"，上一门"有效的课程"，进行"有效的教学"，是摆在我面前的必须要很好解决的一个问题。

在众多的德育方法中，案例教学比较适合"思想道德修养与法律基础"这门课程。大多数学者和从事相关教学的教师，或多或少地认同"现代德育的困境在于与生活疏离。摆脱困境的出路是向生活回归，从德育走向生活和从生活走向德育是两条基本的德育途径。"[②]事实上，就我国大学德育的重要组成部分的"思政理论课"而言，并不是所有的课程都适合"回归生活"，德育的途径并非只有狭隘的"从德育走向生活"和"从生活走向德育"两条路径。比如韦正翔老师所说的"马克思主义基本原理概论"，此类课程的真正动人之处在于其所

---

① 陈友芮：《2012 思想道德修养与法律基础期终考核作业》，江苏建筑职业技术学院，建工
　　2010-8 班。
② 刘铁芳：《走向生活的教育哲学》，湖南师范大学出版社 2005 年版，第 142 页 。

蕴含的理性的魅力，如果用案例教学来讲授"马克思主义基本原理概论"的话，不仅会消解课程自身应该具有的理性魅力，也不能实现课程的教学目标。就"思品课"自身的特征而言，它内容庞杂，比较于其他的思政理论课，理论性和逻辑性相对不高，与生活——个体生活、社会生活——更加贴近。同时其内容涵盖的领域和层面比较广泛，就教材内容而言具有高度的概括性，这些内容如若不还原为鲜活的生活和无限可能与多样的人生，教学势必会落入空洞的窘境。檀传宝先生认为，"全世界的德育在技术上的毛病可以归结为两点：要么强制灌输，德育无效，要么价值放任，德育消失"。如何摆脱共性、普世的德育困境呢？檀传宝先生认为需要通过"欣赏型德育模式"来解决问题："如果我们能够在教育过程中成功地展现价值与规范的文化智慧之美，展现道德人生的温暖、道德人格的崇高和优雅，如果全部教育活动的内容与形式都具有'可欣赏性'，则德育、教育活动就必能焕发其本应该具有的无限精神魅力，德育也就可能转变为一个令人愉悦的精神之旅、幸福之旅。"[1]"欣赏型德育模式"，是一个非常具有启发性的理念，让德育可以呈现动人甚至迷人的一面。"如果我们道德教育的调子降低一些，就比较容易被学生认同"[2]，事实确实如此。

　　"说实话，我对'思想''哲学''政治'本是反感的，它令我捉摸不透，给我带来的大多是无法理解的定义和长篇大论的背诵。""但当接触到这门课时，并没有让我有太多的反感，那些令人望而生畏的定义和长篇大论的背诵在老师的耐心讲解与我自己静下心来去阅读之后，变得不再那么尖锐，反而变得生动有

---

① 檀传宝：《浪漫：自由与责任》，华东师范大学出版社 2012 年版，第 9 页。
② 李玢：《关怀教育：关怀伦理视阈下的高校道德教育研究》，吉林人民出版社 2010 年版，第 16 页。

理。我想也许是我长大了，思想变得成熟了吧。"①

但是，学生初始的"认同"，仅仅是一个开始而非终极目标。基于案例的"思品课"教学，从具体典型的个案出发，而不是直接面向从教材抽象出来的纲目原则，使学生从案例中、从教师基于案例的讲授中抽象出对于丰富而深邃的人生与社会的正确的认识。"案例的价值在于提供真实而典型的素材，供人们分析研究，总结普遍规律，从而提高人们的认识能力和实践能力。案例教学就是教师组织和引导学生真正进入通过精选的案例之中，使经历、学生体验或模拟具有一定典型意义的事物的发生和发展过程，从感悟和理解一定的道理，获得一定的知识。"②有时候一个成功的案例，包含着诸多的可能，学生通过自己的思考为一个案例的解读提供了若干的可能。事实上，较之于中小学生，大学生已有一定的知识素养、理论水平及逻辑思维能力，可以使之具备不错的价值澄清"能力"，这里特别强调的是"能力"二字，事实上是价值澄清、案例在道德教育中成败与否的一个关键。

"这门课确实是我上过的所有公共课程中最有感触的一次……这门课程感觉有很大的不同，好像完全脱离课本，可是当我上课翻着玩的时候又感觉好像都是课本上相关的内容都挺熟悉的……"③

对，这就是我的"案例"教学，这就是案例教学与常规的课堂讲授

---

① 苗新宇：《2012 思想道德修养与法律基础期终考核作业》，江苏建筑职业技术学院，建工 2010-3 班。
② 刘吉发：《思政理论课教学方法论：10 余种教学方法的设计与实践》，西北大学出版社 2009 年版，第 159 页。
③ 贺阳：《2012 思想道德修养与法律基础期终考核作业》，江苏建筑职业技术学院，建工 2010-3 班。

的最大不同。传统的课堂教学,以教材的内容提要为授课的基本内容,也是授课的基本思路,学生直面的是书本内容的纲目,教师则是逐条逐目讲解,这种讲授方法逻辑清晰,直接讲授教材。我们不能粗暴地将以教师为主的传统的课堂讲授所具有的当下以及未来的价值作全盘否定,也不能单纯地以讲授法的不足与其他教学方法的长处放在一起作比较,讲授法固然有不足之处,但是也并非一无是处;比较于课堂讲授具备这样或者那样优点的其他教学方法,其长处未必能够在教学实践中具有现实可能性,由于特殊的国情、不同的课程、不同的学生,其优越之处可能仅仅具有抽象的可能性。其实,问题的关键不是课堂讲授过时,而是如何讲授、教师的教学能力和素养的问题。任何一种教学的优点都是一种比较的长处,需要指出的是,在具有比较优势的同时,任何一种教学方法都有其自身的不足。

比较而言,将案例教学应用于“思品课”教学最具现实可能性。当然,由传统的大纲式课堂讲授,转换为基于案例的课堂讲授,是一种教学模式的根本性变革,是否能够成功的关键不仅仅取决于案例的选择,首先取决于教师对于教材的完整透彻的理解。教师“在课程实践过程中不断思考和研究,比较全面和深刻地把握课程改革的思想和理念,根据学校、学生和教师个人特色的不同,灵活地、创造性的实施课程,把原本抽象、概括后具有普遍规范性的课融入到具体的教学情境中,与课程实施者的个人发展和现实生活联系起来。这种课程实施一方面赋予课程生命的活力,使课程改革的目标得到了有效的实现,另一方面教师在课程实践过程中提高和丰富了自己的精神世界,促进了自我的发展。”[①]基于案例教学的思品课“课程实施”能

---

①孙宽宁:《课程理解的理想与现实:一种教师自我关怀的视角》,山东人民出版社 2010 年版,第 4 页。

否成功的首要问题,首先取决于对教材的二度创作。高质量的"二度创作",不仅决定于教师对于学生、教材、教学的理解,还要取决于教师对于教材上那些高度概括、抽象的"知识"的理解,取决于教师对于生活及人生的感悟能力,甚至取决于其自身的生活态度和生命状态。"高质量的教材,需要教师发挥高水平的'二度创作'来进行讲授。但'思政课'教学中的'二度创作',既要联系教学的对象和实际,更要以严格的教学要求和教材为准则。"①"二度创作"是一种很好的说法,是教师的教学绩效高低的决定性因素之一。在以往的教学实践和教学研究中,我把"思想道德修养与法律基础"课"二度创作"的第一步,叫做"教材内容的教学化"。

"教材内容的教学化",是备课阶段的核心环节,能否实现教材内容的教学化,是教学活动成功与否的前提和保证。"二度创作"中,首先需要将涉及广泛的内容提炼为核心问题。这个环节很重要,需要在忠实教材和教学目的的基础上,对教材内容进行提炼,既要提纲挈领,又要防止偏题、跑题。"二度创作"的第二个环节,是围绕核心问题选择具体案例,完成这个过程则意味着教材内容"教学化"的初步完成。"二度创作"的第三个环节,就是如何设计案例使之有效地应用教学,深入研究案例所具备的课程价值,如何建立起案例与教材内容之间的有效关联,这个环节直接决定了案例教学能否成为"有效的教学"。"二度创作"是备课的环节,在课堂上,学生首先面对的是具体的案例,通过教师的分析、讲授,通过课堂讨论的过程,学生可以将隐含在案例中的教材内容自主提炼出来以回归教材,这是一个从具体到抽象的过程,较之于从抽象到具体、具象的讲授过程,就"思品

①胡涵锦：《上海高校思想政治理论课教师队伍建设研究报告》,复旦大学出版社2009年版,第28页。

课"而言,更适合我的学生的是前者。学生首先遇见案例,如贺阳同学所言,教学"好像完全脱离书本",他们看见了社会看见了生活看见了事件看见了微观的人生,鲜活而丰富,"以案例为教学工具,形同把大社会搬进了小课堂,使小课堂成为了社会实践的大场所"[①],可以使学生以虚拟的角色身份进入案例情境及现实生活。但是,案例教学的讲台不是戏剧舞台,其最终目的不是仁者见仁、智者见智的各有所见、各持己见,最终是要学生回归书本、教材,完成从具体到抽象的认知过程。案例是无尽的生活与教材之间的一个桥梁,而不是就案例而案例的就事论事。

案例教学,自身并非完美。比如总是把学生引向具体、现象,往往忽略整体。学生能否在课堂上出色地参与讨论,能够表达出深刻或者独到的见解,需要教师在课外做大量的工作,事实上学生很少会在课外花费大量的时间来弄清楚一个问题。即便在网络技术高度发达的当下,学生"百度"一下就可以轻松收集信息,但是,这样又使其能够掌握到的资料高度趋同。事实上,课堂上高水平的讨论一般不会太多,与其保持一个低水平的讨论的形式,不如教师以案例为抓手深刻剖析,全面讲授,以保证课堂教学的理论深度和高度。

作为理科生的我,平时读的课外书比较少,有些别人认为是作家名人的人物我都不知道。虽然我知道的作家、诗人比较少,但是当老师讲到后,我会用心去听用心去感悟他的精神,当赵老师讲到马未都先生时,我的感触比较大。现实生活中可能还有这样的例子,但是我听到的处理结果,要么赔钱,要么打官司,甚至闹出人命,在这个向"钱"看的社会,还有谁能这么豁达。俗话

---

① 梁周敏:《案例编写与案例教学》,河南人民出版社 2007 年版,第 148 页。

说的"舍得",有舍才有得。马未都先生虽然失去了自己的花瓶,但是得到了大家的敬佩、尊重,仿佛只有马未都先生这样品德高尚的人才配去收藏,也才能从另一面体现古董的价值。……有了马未都先生这样的例子,我的人生就有了榜样。[①]

这就是案例教学的魅力。一个成功的案例,可以成为学生道德认知能力突变的触发点,可以从具体的案例情境上升到理性的一般。在这个过程中,我们看到了案例的"价值引导"作用。经由道德教育的"价值引导"与道德主体的"自主建构"以生成道德自我。马未都先生的案例是一非常成功的教学案例,之所以成功,首先是因为马未都先生超乎寻常的作为所显示的人格魅力。我们的学生可能不是博学多才的学生,但是博学多才只是一种评价的标准。不博学,不见得就不会做人或者做不好人。我们不能将知识的价值绝对化而成为一种独断论。尤其是将来要成为应用型建筑工程技术人员的年轻人,更需要的是在其相对有限的知识背景下凸显课程之价值观引导的作用。我们在宋仁虎同学的阐述中,看到了非常典型的高职院校工科学生的集体气质,对于自己的专业十分热爱,但是对于此外的人文社会科学领域则了解有限,甚至有相当一部分学生对之也十分不感兴趣,没有看过多少教材以外的东西,偶尔看看晨报和晚报,不喜欢大部头的人文作品,但是,这些不应成为课程学习的障碍,也不应成为日后其人生建树的羁绊。

事实上,一种正确的人生态度的确立,一种远大视角的形成,一种宽阔胸怀的历练,更加重要。我如何把你培养得富于激情而不简单轻狂;我如何把你教育得洞察世事而不偏激狭隘;我如何让你有坚

---

① 宋仁虎:《2012 思想道德修养与法律基础期终考核作业》,江苏建筑职业技术学院,建工 2010-6 班。

定的信念信仰而不固执孤傲；我如何让你深怀悲悯之心而不失去理性，我如何教会你如何坦然面对世界的缺憾甚至丑陋而不放弃对于美好的坚持与信仰，如何让你于浮躁功利的世道中见素抱朴从容不迫……如何让你成为一个具有理想的实践主义者又不缺乏浪漫主义者的气象，这是一件太难的事情。但是，我愿意试试为你推开一扇窗，澄清那些似是而非的事情，即便正道沧桑亦要坚持。穷尽一生也许很多人推不开成就非凡的大门，人生可以不非凡，但是一定不能堕落，这是一个底线，也是当下极其缺乏的一种克己以达己的人文器量。

在即将毕业之际，思修（思想道德修养与法律基础）带给我的不仅仅是对于人生的理解，而是一生的回忆，回忆课堂、回忆老师……①

这样的评价令我十分感动。如果能够成为学生关于大学、关于课堂的美好记忆的一部分，教师所有的辛苦与付出，无疑都获得了超值的回报。

和老师一起度过了两个月的课程学习，印象最深的依旧是那简单而又丰富的第一节课，当读完初次见面老师发给我们的一封信之后，我一直保留至今。虽然我没有每天都看，且不说信的内容对每个人的感触（感动），在过去的三年里，好像所有的课程都与专业有关，为以后找工作而准备，学校恨不能做个模型，批量'生产'模范生，虽然这么想可能消极，但是当我们接触到'思想道德修养与法律基础'这门课后，确实眼前一亮，所谓'教育以育人为先'，也就是先学做人再学做事，在这个大家都能感

---

① 李欣：《2012 思想道德修养与法律基础期终考核作业》，江苏建筑职业技术学院，建工
　　2010-3 班。

觉到浮躁的氛围中…愈发显得思想教育的重要性。我……不太善于言辞……（您的课）我一直以一种放松的心态来听您的课，偶尔也神游他处，但是每一个典范的故事和做人的道理，就像您和煦的笑容一样留在我的心中。绅士人前人后都是绅士，君子大事小事都是君子，我对思修课还有一个很重要的印象，那就是老师没有把它当做一个任务按部就班，也没有像圣人那般生硬灌输，而是当成一种责任，在教会我们做人的同时，也教会我们处事，在教给大家善的同时，并没有剥夺我们对于恶的认识的可能或者权利。①

通过对于"道德两难问题的讨论，并不必然地带来道德行为"，但是，在通向"道德"、"美德"的道路上，对于"恶"的认识，显然是不可或缺的。因为，对于芸芸众生而言，恶并不是与生俱来的，当然，善也不是自然而然的。于一往无前的生活中看到，恶如何成为恶行，恶行如何成为一种品性，这是一种"见识"。如果说，善不是唾手可得的自然德性，恶也就不是一蹴而就的凛冽人性。哪怕我们对于德性有清醒的认知，古语讲"修"如切磋琢磨，"养"如涵育熏陶，人生依旧需要修行，人生就是一场修行。基于案例的课堂讲授，就是看见生活，看见真实的生活，执著向往并创造美好的生活，由案例、细节、具体回归教材、理性，再由教材、理性的高度，俯视生活观照于无尽的生活中的具体与自我。

今天是最后一节课。虽然只上了 22 次课，但是每次课都使

---

① 任良刚：《2012 思想道德修养与法律基础期终考核作业》，江苏建筑职业技术学院，建工 2010-3 班。

我印象深刻……希望以后成为像老师一样……的人。[①]

其实，"政治课"教师就应该成为学生的人生典范，即便你也许并不非凡。教给你的学生他们真正需要的。最终他们需要在人间自处处世的不是面向课程的感动，而是面向复杂人生大千世界所持有的理性，以及在此基础上的执著前行的行动能力。

---

① 张培培：《2012 思想道德修养与法律基础期终考核作业》，江苏建筑职业技术学院，建工 2010-8 班。

第二章　我们，从哪里开始我们的课程

在设计一门课程时，你需要明确界定"教与学"这一关系的两面：不仅要明确主题（目标），还要明确你的要求，即你希望学生掌握到什么程度（学习结果）。

彼得·法林：《教学的乐趣：大学新教师实用指南》

一、这是我给你的第一个作业：我们在这里相遇

在暑假里准备秋季学期所主讲的课程的时候，我非常纠结用什么样的方法、用什么样的内容来与这些行将毕业的学生们相遇。我不能确定，什么样的形式和内容，可以令经历了大部分大学教学、且往往对"政治课"持有这样或者那样成见的大学生们，对于这门课程能够"一见钟情"。是的，当时我的脑海里反复出现的一个词汇就是"一见钟情"。这个词汇把我折磨得心神不安，甚至不知所措。

有相对从容的时间，我会慢慢地让学生喜欢、正视"思想道德修养与法律基础"这门"政治课"，可以让学生们十分愉快地学习而不失课程的严谨、深刻、甚至宏大、辽阔的品质。如何让学生"一见倾心"地被课程和教学所吸引，这确实是给我自己出的一个难题：他们已然大三，我们只有 11 周 44 学时的授课时间，节奏十分紧凑，时间对于我和学生都如此宝贵。况且，他们的心态与大一的学生有很大的不同，他们熟悉大学生活，熟悉大学的课堂，对于任何一门行将开设的课程，没有新奇当然也没有多少期待。不仅如此，毕业的氛围，渐趋浓厚，他们关注的重心，开始从学校生活转向行将开始的职业生涯。在就业形势非常严峻的情况下，他们的心思就更难放在课堂上。正因如此，我希望我的学生们在第一时间，就能感觉到这门课程、这个老师的与众不同，感受这门课程的魅力，认识到这门课程并非是可有可无的课程。我要在第一时间，抓住我的学生，尤其是他们可能凭借着经验、直觉，并不喜欢我要将要讲授的课程。

在一个酷热的午后整理书桌时，我看到了一封信："一位父亲给

孩子的信"①,我一直纠结着的难题解决了。这封信,可以打动每个人,最为关键的是信的内容和我的课程直接相关:如何认识有限的人生和复杂的人性。它,语言平实,但是平实的表象下蕴含着一个父亲对于孩子最为真挚深沉的爱;信也不是长篇大论,却浓缩了一个智慧的父亲对于大千世界万千人生的一般性的认识;它不华丽,也不深刻,但是却直指内心,一下子抓住阅读者的内心,因为它的质朴透彻,可以让人生中那些纠结不堪的事情一下子释然,比如爱情:"不要过分憧憬爱情的美,不要过分夸大失恋的悲",这一句想清楚了,胜过万千道理;比如守信:"可以要求自己守信,但不能要求别人守信",在道德人格的生成中,知晓这一点,我们成长的会更加从容。这封信,呈现了生活的本来面目,令人可以举重若轻、舍得自由的同时,无比隆重地珍视、把握生命中理应隆重对待不能儿戏的事情。它,是一个父亲基于生活经验的人生彻悟,未达到哲学高度但是十分哲理,更加贴近人的生命状态,是一种对于人生俯视状态下的观照,而人在年轻的

---

① 注:确切地讲,第一次遇到这封信,是在一本杂志上,感动了一下,但是并没有把它与我的课程和教学联系起来。这是一件令人遗憾的事情。如果当时能够注意到它,也就不会出现下面的失误了。再次遇见它,缘起于一位很敬业的先生,他用这封信作为临别赠言送给大家。这次我意识到了这封信的课程价值。但是,在将这封信用作教学素材的时候,采用了这位先生给我的文本上的说法,把它作为孙运璇先生的作品,网上也有此一说。后来,我检索了孙运璇先生的相关资料,没有发现任何关于这封信的线索。网上还有广为流传的另一个说法则是,这封信是香港电台节目主持人梁继璋先生为自己孩子而写。后经多方查询,最后从凤凰卫视 2012 年策划制作的一档叫做《说给孩子》的节目中,确认此信确实为梁继璋先生所做。这里,我要向那位让我遇到这封信的先生表示感谢,他让我"发现"了这封蕴含着契合于课程而具备教学价值的信。当然,还要向梁继璋先生表示敬意,这封信值得我们每个人一生珍藏。最后,是我自己需要自省,作为教师应该保持更加严谨的态度以将减少教学中的纰漏。令人欣慰的是,这封信几乎被所有的学生收藏。我甚至可以断定,即使经年累月,一定还会有学生记得这封信,记得如何因为这封信,开始了他们大学生涯中的最后一门"政治课"的学习。当然,最重要的是他们可以透过这封信来打量自己的人生。

时候,缺少的恰恰是这种站在平地却能俯视人生的眼界,因为年轻总是与生活正面相遇甚至碰撞而手忙脚乱,因此内心无法从容。年轻的时候,遇到"父亲"给孩子的这封信,很重要。每个父亲或者母亲,看到这封信的时候,都会深有同感,但是,并不是每个父亲或者母亲,都能如此清晰全面的表述。它不仅可以告诉我的学生如何面对人生,甚至还可以影响他们如何作为父亲,去面对自己的孩子。

"思品课"教学面临的挑战很多,其中非常重要的一个方面来自于对于理性、完善完美的德性的必然性的"灌输"与追求,而忽视了"生活的世界"。这使得我们的课程,经常处于用大量的事例论证理论上的完善性、德性的完美性及其必然性、合理性的教学状态之中。事实上,我们的教育需要在现实生态的基础上,与学生一起认识生活以及生命的现实,在此基础上思考何以追求公正、至善并坚贞不渝。这封信,不仅可以为其打开一扇可以"看见""现实"的窗子,更为重要的是可以使之"看见"一个尘世中人——"普通人",在面对现实世界、现实的"人"的时候,应该持有一种什么样的态度。

我确信它可以打动我的学生。事实上,它确实抓住了几乎每一个学生。在学生的终期考核作业中,许多孩子都提到了这封信,提到这封信、或者这封信中的某些段落给予他们的或多或少的"人生"启示。之所以有如此的效果,首先取决于这封信的内容,本身就具有朴实而普适的价值;其次,取决于如何让他们遇到这封信。两者的结合——面向优质的教学案例,同样重要的教学设计才能将案例的价值完美呈现,达到预期的效果。毫无疑问,教学是需要设计的,教学设计不仅体现了一个教师的教学技巧,同时呈现的是一个教师最为基本的敬业精神。但是,在大学教师中,注重教学、教法设计的教师其实并不多,大多数课程建设者将注意力投入到宏观的框架和方法论的研讨中，对于如何落实并没有给予足够的关注。

整个课程开端的第一个教学环节，是学生从我的手中拿到了一封写着他们各自名字的这样一页 A4 的纸：

_____同学：

下面是一封信，是一位父亲给儿子的一封信。这封信流传于各大网站。之所以如此，是因为它道出了人生中我们许多拿不起、放不下的事情的本质。看透这些，不是使自己因为透彻而薄情寡义，而是要学会达观、学会珍惜，学会经营人生、经营幸福的人生。

_____同学，这封信是赵老师给你上的第一节课。认真阅读这封信并思考，是你的第一次作业。

赵炜老师

我儿：写这备忘录给你，基于三个原则：

（1）人生福祸无常，谁也不知可以活多久，有些事情还是早一点说好。

（2）我是你的父亲，我不跟你说，没有人会跟你说。

（3）这备忘录记载的，都是我经过惨痛失败得回来的体验，可以为你的成长省回不少冤枉路。以下，便是你在人生中要好好记住的事：

（一）对你不好的人，你不要太介怀，在你一生中，没有人有义务要对你好，除了我和你妈妈。至于那些对你好的人，你除了要珍惜、感恩外，也请多防备一点，因为，每个人做每件事，总有一个原因，他对你好，未必真的是因为喜欢你，请你必须搞清楚，而不必太快将对方看作真朋友。

（二）没有人是不可代替，没有东西是必须拥有。看透了这一点，将来你身边的人不再要你，或许失去了世间上最爱的一切时，也应该明白，这并不是什么大不了的事。

（三）生命是短暂的，今日你还在浪费着生命，明日会发觉生命已远离你了。因此，愈早珍惜生命，你享受生命的日子也愈多，与其盼望长寿，倒不如早点享受。

（四）世界上并没有最爱这回事，爱情只是一种霎时的感觉，而这感觉绝对会随时日、心境而改变。如果你的所谓最爱离开你，请耐心地等候一下，让时日慢慢冲洗，让心灵慢慢沉淀，你的苦就会慢慢淡化。不要过分憧憬爱情的美，不要过分夸大失恋的悲。

（五）虽然很多有成就的人士都没有受过很多教育，但并不等于不用功读书，就一定可以成功。你学到的知识，就是你拥有的武器，人，可以白手兴家，但不可以手无寸铁，谨记！

（六）我不会要求你供养我下半辈子，同样地我也不会供养你的下半辈子，当你长大到可以独立的时候，我的责任已经完结。以后，你要坐巴士还是 Benz（奔驰），吃鱼翅还是粉丝，都要自己负责。

（七）你可以要求自己守信，但不能要求别人守信，你可以要求自己对人好，但不能期待人家对你好。你怎样对人，并不代表人家就会怎样对你，如果看不透这一点，你只会徒添不必要的烦恼。

（八）我买了十多二十年彩卷（彩票），还是一穷二白，连三奖也没有中，这证明人要发达，还是要努力工作才可以，世界上并没有免费午餐。

（九）亲人只有一次的缘分，无论这辈子我和你会相处多久，也请好好珍惜共聚的时光，下辈子，无论爱与不爱，都不会再见。

教学改革，是当下的一个热门词汇，尤其是近年来高等职业教育的教学模式发生了根本性的变革。教学改革，是当下从事高等职业教育的教师之职业生涯中最重要的关键词。在专业课的层面，应用导向的教学模式的改革，无疑正确地凸显了高等职业教育的本质属性，如果能够有效的执行到位，不仅高等职业教育的跨越式发展，这种改革必将为我们国家的发展提供更加优质的人才，因而意义重大。在高等职业教育教改的大背景下，作为公共基础课的思政理论课，面临着改革教法以适应高等职业教育、提升教学质量的需要。我们不能断然否认建构应用导向的专业课教学模式对于"思政理论课"，就毫无价值可言，但是以一元化课程改革标准推行于所有的课程，以"应用为导向"推动所有的课程的改革，是一件极其冒险的、缺乏教育理性的事情。同时，制约着"思政理论课"改革绩效的另外一个问题是，在教学改革的过程中，我们往往迷恋于各种看上去十分迷人的形式，这不仅占据了教师大量的精力，而且忽略了成就优质的教学活动的最为关键的因素，即用心对待学生，忽视了任何一种具备理论上的优越性的教学方法都会有不完善甚至缺陷和不足，影响其实际教学效果。

除此而外，各种新的技术手段遮蔽了传统教学方法的魅力，使教师过分地依赖于技术。在新技术被广泛地应用于教学活动的当下，我们依旧不能否认，一个真正优秀的老师，一支粉笔，一块黑板，就可以在本质上呈现出教学的魅力、教师的魅力，而不是"PPT"或"FLASH"或者视频的魅力。通过各种技术手段增加课堂教学的信息量，是一件重要的事情，但是如果只有粗糙的信息展示，而无深刻的剖析、阐释，过载的信息量不仅占据了宝贵的课堂时间，甚至干扰学生对于问题的理解。

回到最为简单的地方，使教学在最为质朴的方法中闪烁出教师最为朴素的教学智慧。用这样一封信，完成了和我的行将毕业的学生们在我的课堂上的相遇。它也是我给学生的第一个作业，面对几百名学生，手抄的工作量确实太大。但是，我认真地手写了每个同学的名字。这是我的诚心和敬意。在一个技术霸权的时代，在一个高等教育大众化的时代，用一种素朴的方式表达教师对于教学以及学生的敬重，往往更具打动人的力量。上课铃响，我讲的第一句话是，"现在我要把这门课程需要大家做的第一作业发给大家。"课堂上还是有各种嘈杂的声音，我当然能听得到不解、不屑甚至不满的声音，也能看到同样的表情挂在学生的脸上。事实上，就应该是这个样子的而不会是其他的样子。在上这门课之前，学生们已经有了关于此类课程的学习经验，加上工科学生的人文知识的背景以及坊间泛滥的关于此类的课程不良、至少是"无用"的种种负面评价，再加上毕业学年这个特殊的时间段，等等，如此种种搅和在一起，发酵成今天他们在课堂上的反应，我没有什么好吃惊的。

问题的关键是，接下来做什么、可以做到什么。

我叫出每一位学生的名字。信发到每一个同学的手上。80人的授课班级要花上好一会儿。慢慢的教室里安静下来，我设计并期望的教学效果出现了：学生们十分努力地看着自己手中的信，安静而认真地阅读着，教室里不再有多余的声响。当然可以推断，一定有学生曾经看到过这封信，甚至被这封信打动过，一如我第一次在杂志上看到它。但是，他们从老师手中接过这封信，郑重地开始阅读，完成我交给他们的第一个作业。

虽然，我还没有说到任何一句与课程相关的话，但是，我知道我和学生之间已经建立了一种非常和谐的"教"与"学"的关系。我当然是愿意"教"的，但是学生未必愿意"学"，甚至即便他清楚的了解某门课程的学习对于他有着极其重要的意义，也未必就愿意学、努力学，这是作为大学教师需要清醒地认识的一件事情，不要在对学生的学习态度的预估中理所当然地认为，课程的重要性可以影响甚至决定学生的学习态度。现在，这个看似极其普通的教学设计，使学生凭借直觉断定：这个老师，一定还有什么要教会我，她一定会教会我什么。学生对于老师的评价，并非完全依赖于师生之间的人缘，作为一种职业，教师的职业操守的最为准确的表达是能够尽职尽责地尽到"教"的责任，履行好"教"的责任。安巴迪和罗森塔尔的研究认为："学生长期同老师（叫人兴奋的老师和令人沮丧的老师）打交道，养成了很强的猜测能力，即使听几秒钟的课，就能够非常准确地猜出哪些老师最终会促进他们的学习，哪些老师不会。总之，学生对老师的评判可能来自于这样的考虑:谁能帮助他们的学习和成长?"[1]作为一个有近20年教龄的普通教师,我十分认同这个研究结论。

"在我的印象里最深刻的还是老师在给我们上的第一堂课,给我们的第一次作业。还是头一次遇到这种情况,当时老师一个一个的叫着同学们上去拿资料(梁继璋先生给儿子的信),叫我们认真看完。"[2]

这是学生在终期考核的作业上描述的,"还是头一次遇到这种情况":是的,这是一个可以决定整个课程的整体教学效果的开始,同时也决定了学生对于这门课程的态度。对于教师的接受,是接受其教学的一个重要部分。在终期考核的作业中,有65位同学直接提及这封信并写出了自己的感悟,占学生总数的16.9%。还有一部分同学虽然没有单独列举这封信,但是在其答题的过程中也提到了这封信,或者评价了老师的教学设计。毫无疑问,这是一个"有效案例",不仅打动学生,首先打动了我自己。

"第一节课的时候,老师每人发给我们一封信,人名是老师一个一个手写的,并且一个一个学生的亲自发的。不论信的内容(如何),让我很感动。给我的第一感觉是老师很认真、很亲切。内容不重要,关键是老师的行为,很感动。"[3]

在一个技术使我们变得几乎无所不能的时代,最朴素的方式往往被我们忽略。站在进步的角度上不能否认技术支撑让教学产生了革命性的变革,使教学容量、教学方式都发生很大的变化。但是无论

---

[1]肯·贝恩:《如何成为卓越的大学教师》,北京大学出版社2007年版,第15页。
[2]宋仁虎:《2012思想道德修养与法律基础期终考核作业》,江苏建筑职业技术学院,建工2010-6班。
[3]翟福森:《2012思想道德修养与法律基础期终考核作业》,江苏建筑职业技术学院,建工2010-5班。

这种变化多大，我们试图通过教学建立的是一种人与人之间的关系，而非人与媒体、课件、技术之间的关系。教学，一定要让学生感受到教师的敬业与关怀。关怀，实际上是人们在身心上对他人或他物所承担的责任，是关怀方把握他人的现实性，尽可能地满足他人需要，通过自己的行动来实现的，并能得到被关怀方回应的一种关系行为。[①] 德育，在本质上是一种关怀伦理。能够激发出学生们内心的激情与兴趣的教学，使学生最大限度上挖掘自身自觉能动的巨大潜能时，教与学之间的互动才是一种有效的沟通，所谓抛砖引玉。

教师在不断地将新的教学技术应用于教学实践的同时，也不能忽视传统的教学方法的经典魅力。成功的教学设计并不见得非要多么新颖花哨的形式来包装表现，课堂也不见得要多么的活跃。比如，近年非常流行的基于不足或者缺陷的角度对于讲授法的全面否定，"有人称它为'满堂灌填鸭式'的注入式教学，有人形容它是'教师的独角戏'，说它是陈旧过时的，制约着教学质量的提升，阻碍着学生个性的发展。对于讲授法这些片面的、错误的形容和认识，一直以来，很多研究者从讲授法的实践操作层面来纠正和探讨，认为之所以存在这些问题，不是讲授法本身的问题，而是讲授运用的问题。另外，作为一种既有的教学方法，都有其优缺点，都要用辩证的方法去考察，一味地批判讲授法不是真正的反思，单纯地把发现学习作为唯一或者首要的学习方式加以推广是不合适的。"[②]如果一个教师，尤其是一个大学教师，仅仅通过自己大气磅礴、深邃宽阔的"独角戏"，就能牢牢地将学生的注意力集中在自己的讲授上，我们不仅不能说这

---

①李玢:《关怀教育:关怀伦理视阈下的高校道德教育研究》,吉林人民出版社 2010 年版,
　　第 5 页。
②张忠华:《现代大学教学方法论》,黑龙江人民出版社 2009 年版,第 214 页。

是"一言堂"而贴上"灌输"的标签来否定其教学,事实上没有学生形式上的参与但是抓住了学生的内心的教学,才能凸显大学课堂之大学教师的"教"的魅力。比较而言,传统的讲授法所具有的优点是其他任何一种教学方法都无法比拟的,而讲授法所具有的不足作用于教学,并不比其他的教学方法的不足所产生的消极影响大多少。提升教学效果,无疑是一个重要的目标,但是,教学方法形式上的改换,并不见得可以达成优良的教学绩效。

"赵老师给我上的第一课:读完这封信很多事情我都拿得起放得下了。在每次上课之前,我都会把它拿出来看看,读一遍,然后用心去想,去体会,以后我也会这样。"[1]

这,显然不是教师的魅力,而是这封信本身所具有的教育价值才能达到这样的效果。这个效果恰恰是我执著向往的。"在设计一门课程时,你需要明确界定'教与学'这一关系的两面:不仅要明确主题(目标),还要明确你的要求,即你希望学生掌握到什么程度(学习结果)。"[2]为此,一个"思品课"教师,不仅要有深厚的理论功底,占有大量的资料,更为重要的是需要教师在备课的环节中对于教学设计要要给予足够的重视,这恰恰是被大学教师有意或者无意忽略的、可以更好地兑现教学目标的重要环节。

"亲人只有一次缘分,无论这辈子我和你相处多久,也请好好珍惜共聚的时光,下辈子无论爱与不爱,都不会再见了。记得很清楚,是老师第一次课发给我们的。读完这句话,让我懂得了

---

[1]宋仁虎:《2012思想道德修养与法律基础期终考核作业》,江苏建筑职业技术学院,建工2010-6班。
[2]彼得·法林:《教学的乐趣:大学新教师实用指南》,华东师范大学出版社2009年版,第117页。

亲情、缘分的重要。这辈子有缘让我们生活在一起，应该感谢。珍惜在一起的时光，让彼此都很快乐地生活，要尽自己能力孝顺自己的父母、亲人。"[1]

仁者见仁。智者见智。每个阅读者体验不同。同一个人每次的阅读体验也不尽相同甚至大相径庭。相同的是这封浓缩着一个智者对于人生的透析、浓缩着一个父亲对于自己骨肉的深情的信件，对于所有的人都有触动，且只是初见一面就会被吸引，不需要思量揣度，令人一见难忘。

第一节课，很幸福地收到赵老师（借鉴）给我们的一封"父亲给儿子的信"，信中道出了人生中我们许多拿不起放不下的事情的本质，从中要学会达观、学会珍惜、学会经营人生，经营幸福的人生。拿到文章，我粗略地扫了一下，三句话尤其让我记忆深刻：

第一，不要过分憧憬爱情的美，不要过分夸大失恋的悲；

第二，你可以要求自己守信，但不能要求别人守信；你可以要求自己对别人好，但不能期待别人对你好；

第三，亲人只有一次缘分，无论这辈子我和你相处多久，也请好好珍惜共聚的时光，下辈子爱与不爱都不会再见。[2]

人生的历程，是接近完美至善的过程。从这样一个角度来瞭望人生固然是一个积极的面向，但是，在所难免的挫折会时时令人心生挫败，因此，学会面对、接受不完美的自我以及有所缺憾的世界，是认

---

[1] 封格：《2012 思想道德修养与法律基础期终考核作业》，江苏建筑职业技术学院，建工2010-8 班。

[2] 关灿灿：《2012 思想道德修养与法律基础期终考核作业》，江苏建筑职业技术学院，建工2010-8 班。

识人生及世界的现实性的极其重要的视角。清醒地认识真实的自我及外部世界的现实这并不意味着安于现状不求上进,而是一种务实而达观的态度。于"思品课"而言,只教会学生追求完美,不仅是不完整的教学,而且对于学生的成长并不是一件有益的事情。人生,不仅要有获得的能力,学会从容地面对生命中终究会逝去、失去的人和事,以及终将会逝去的生命,是"思品课"教师需要完成的众多的具体教学任务之一。

"没有人是不可代替,没有东西是必须拥有。"这是我最喜欢的一句话,凡事没有必要那么较真,看透这一点时,将来失去了世间最爱的一切时,也许该明白,这并不是什么大不了的事。①

对于生活、对于人生、对于自我以及他人和社会的认知,是一个过程。一个人的道德人格的形成与确立并非一条直线,也不是一个平面。到底什么样的"思想道德修养与法律基础"课教学才是成功的教学? 这门课程最终是否会在学生的生命中留下痕迹,那些书本上的种种规范,书本上那些程式化的说法是否会在学生的生命中留下痕迹,又如何才能使学生在人生行走的过程中,不断地而完善自我而"止于至善"? 最终留在学生心中的到底可以想起的又是哪些内容,令之保持一生的感动?

我这学期把您第一次布置的作业拿来读,有几段话写得很好很好,对我来说很有实用价值。每读一遍,都有不一样的感受,理解得更深刻了,直至把它们刻在心里,运用到自己的日常

---

① 刘迟:《2012思想道德修养与法律基础期终考核作业》,江苏建筑职业技术学院,建工2010-3班。

行为中……①

应该会有学生保留着这封信。当然，我的奢望是所有的学生不仅会保留这封信，也希望这封信可以在他们面临这样或者那样的人生困境或者窘境的时候，想到这封信并能从中获得启迪。其实，豁然开朗不是外部世界发生了什么样的转换，而是取决于我们看问题的角度。换个角度就可以看到不一样的风景不一样的人生而柳暗花明。高职层面的理工科学生，尤其是男生，在专业课之外的阅读领域并不十分宽阔。当然，这并不见得他们的人生就不够诗意，或者就一定眼界狭隘。我们可以强调人文素质的提升有赖于大量的阅读，但是一个仅仅具有简单的阅读经验的人也可以本着对于生活的质朴的理解温暖明亮地生活。在有限的课堂教学中，试图令学生形成稳定的阅读习惯，并不是一件具备现实可能性的事情。尤其对于行将毕业的应用型的理工科毕业生来说，确立一个正确的思维方式的现实价值要重要得多。因此，最大限度地利用课堂教学，用最少的内容给其最大的人生想象力与人生定力，能够通过一个案例看到多种视角并能基于理性的思维而确立自己的立场和选择，是需要教师努力达成的目标。

很多时候，"思品课"教师，在书写课程的教学目标的时候，一般会将教学目标分解为"知识目标"、"理性目标"、"实践目标"等不同的目标层次，追求"知行合一"的行为能力无疑是课程的终极宗旨。通过一门课程的教学，能够使学生获得可以面对复杂的社会生活与多样的人性的认知理性，已经是极其不易的事情了。经年累月之后，如果还会有学生记得他们在行将毕业的第五学期与"思想道德修养与

---

①闫燕：《2012思想道德修养与法律基础期终考核作业》，江苏建筑职业技术学院，建工2010-5班。

法律基础"这门"政治课"的"遭遇",记得这门课是如何开始第一课的,是一件令人期待的事情。

对于这封信,我可以理解十之八九,因为有了理解所以知道它的重要性。对这个例子我无以阐述,它将是我人生路上的指南。对此,我非常感谢老师对我们的良苦用心。在此,我以个人(名义)谢谢您。①

我对学生说,这封信一定要好好留着,将来在合适的时候,手抄一份把它作为礼物送给你们的孩子,有这样一封信、用好这封信,你可以从容地认识人生并从容地为人父母。

本以为大一新生学习的课程,对于我们来说,没有什么可以学习的,可是在第一节课(时),老师却以不一样的方式开始了第一堂课,这第一封信让我最震撼的是,上面居然有我的名字,而且还是很亲切很亲切的"杰文"两个字,处在异乡已经很久没有人这样称呼自己。当看完这封信的内容后,对于信中所说的"只此一生,永不再来",好像对我当头一棒,有种亲情稍纵即逝的感觉。②

我遇到这封具有普适性的梁继璋先生写给自己孩子的这封信,用一种简单到素朴的方式,开始了我的教学之旅、学生的学习历程。他们无疑是接受并喜欢以这种方式开始这门课程的学习。这封信非常成功地营造了课程需要的教学环境,至少为真正的"教学"活动的开始做了几乎完美的铺垫。为了这样谋求这样的教学效果,我用尽

---

① 刘德远:《2012 思想道德修养与法律基础期终考核作业》,江苏建筑职业技术学院,建工 2010-8 班。
② 闵杰文:《2012 思想道德修养与法律基础期终考核作业》,江苏建筑职业技术学院,建工 2010-4 班。

心思,反复推敲如何用这封信,设想我在第一次面对学生的时候可以说什么,预想这样说和那样说的效果有什么不同,应该说得多还是说得少,或者什么都不说直接把这封信发给学生。在同一次课的五轮授课的同一环节中,我试着用不同的话语来开场,事实证明,尽管有的班级很安静,有的班级很吵闹,但是学生基于成见而持有的对于课程的基本态度是相同的,可能不排斥但是基本很冷漠,当我说出"现在我要把这门课程需要大家做的第一次作业发给大家"时,学生们的反映也基本相同。当我把信一封一封的发到学生手上时,发到第十位、至多第十五六位同学时,其他未拿到信的同学,目光中已经怀有期待地张望着走来走去的老师,当发到三四十位同学时,拿到信的同学已经十分专注地阅读了,而尚未拿到信的同学已经迫不及待了,这个时候的课堂已经十分安静。我稍微放慢了发信的速度,后面拿到信的同学会很规矩地站起来、正式的接过信,甚至每次课至少有四到五位同学,在接过信的时候,还轻声对我说了声,"谢谢""谢谢老师"。

"当你开始教学时,你就与学生建立了联系。在这一场域中,不管学生有无在说,有无在听,有无在写,有无在读,你和他们都是在共享这个过程,彼此之间相互依赖,相互作用。"①

我知道,这是一个不错的开始。在设计好了这个课程导入的教学环节时,我相信"效果一定不错",甚至因为这个设计,而盼望着早一些去上课。事实证明,如我所想果真如此。对于课堂的向往是教师"教"的乐趣的一部分,为了这种愉快的教学体验,备课时必须隆重对待每一个教学环节,精心到位的教学设计是这个环节中极其重要的组成部分。以一封具有普适价值的"父亲给儿子的信"(最为重要

---

①彼得·法林:《教学的乐趣:大学新教师实用指南》,华东师范大学出版社 2009 年版,第 117 页。

的是这封信的内容与我们行将开始学习的课程的内容直接相关）为介质导入课程，手写每位同学的名字，发到每一个同学的手上，告诉他"这封信是赵老师给你上的第一节课。认真阅读这封信并思考，是你的第一次作业"，这样的与老师在课堂上的相识方式，与学生们已有的有关课程的"教"与"学"的经验存在着很大差异，引发了他们对于接下来的课程的善意期待，甚至是美好想象。对于一门经常性地被学生基于成见就直觉地对其漠视的课程，这种"善意期待"或者"美好想象"对于接下来的"教"与"学"的和谐关系的构建是弥足珍贵的。"开学第一天十分重要，而通过充分利用第一天的课时，你就表明了你对上课的认真态度。这样，在第一堂课结束时，学生就会觉得：'这是一门令人振奋的课'。"①我把教学在学生内心引起的这种积极的主观状态，称为"唤醒"，至少对于作为思政理论课的"思想道德修养与法律基础"课是这样的，或者叫做"激发"——激发学生对于课程的向往。通过课程导入建立起师生之间、课程与学生之间的善意、积极的联系，是教学成功与否的关键，但是更为重要的是接下来的"教"与"学"的成功与否。这，仅仅是个开始而已。

二、清醒与迷失之间：子产之兄弟享乐至上的人生"抉择"

成功地激发学生的学习热情，确立学生对于课程和教师的积极预期，仅仅是整个教学活动的开始。真正的授课活动是从"绪论"部分的讲授开始的。一般而言，无论哪门课程，"绪论"部分至少要讲清楚三个问题：为什么要学习这门课程，这门课程要学些什么，如何学

---

① 麦肯齐：《麦肯齐大学教育精要：高等院校教师的策略、研究和理论》，浙江大学出版社2005年版，第21页。

习这门课程，需要教师讲解清楚课程的主要内容、学习价值以及学习方法等问题。"思想道德修养与法律基础"这门课程的"绪论"，不仅包含着上述具有一般性的问题，同时还阐述了如何适应大学生活以开启人生新境界，这样的大学新生需要思考、面对、把握的具有现实性的重要问题。

我所教授的学生不是入学伊始的新生，而是行将毕业的学生。他们已经走过了大学生涯的大部分时光，大学生活已经成为既定的事实，"思想道德修养与法律基础"课在这个时候开设，其最为重要的意义是使学生能够在人生层面上观照自我。因此，绪论部分需要讲清楚的核心问题是课程与人生之间的关联。为了讲清楚这个问题，我选择了若干案例，在哲学的高度上俯视人生，在哲学的深度上反观人生，在得失的情境之中思索人生的意义与价值，所有的案例都能引导学生思考，引导学生慎重而又隆重的反思人生的时候，就可以将课程的主要内容与其思考的问题建立起相互的关联，从而在人生的高度上阐释课程学习的意义和价值。

在毕业学年开设"思想道德修养与法律基础"，也是一个不错的选择。学生对于未来的关注、对于人生的思考在毕业学年达到了其学生时代前所未有的程度，这是德育教育需要抓住的良好契机。当然学生有着强烈的认识人生、认知自我的主观状态，并不意味着他们在主观上会接受这门课程，这需要教师付出努力。需要指出的是，教师付出努力并非仅仅为了使学生能够喜欢、重视一门课程，重要的是通过这样一门课程的讲授，能够提升学生的人生领悟力，在其日后的人生历程中使之因为足够的理性而具备自持力，不一定成就惊世骇俗的人生成就，重要的是使学生可以意识到，即便做一个优质的普通人，亦是需要努力的。

选择的第一个案例,是出自《列子》中的一个典故"子产训弟"。作为工科院校的高职学生,如非特别的喜爱,对于哲学社会科学、尤其是历史、哲学方面的知识了解不多。我们不能武断地说某一方面知识的欠缺,一定会影响其安身立命。但是,一个人能够从哲学的高度上俯视人生,确实是一件非常有益的事情。事实上,"人类社会有许多道德智慧的宝藏,其中很多存在于我们的故事传说、艺术品、文学作品、历史以及传记文学中。教师和学生应该一起从学术课程和学术课程外来发掘这些宝藏。"①

尽管时代变迁世事沧桑,人们面临的最为本质的人生问题并没有多大变化,人类在轴心时代对于人生诸多问题的思考已经达到了相当的高度。尤其是在我国的历史文化中,蕴含着极其深邃的对于人何以为人、何以安身立命的理论化、系统化的思索,回溯这些已然上升到哲学层面的对于人及人生的思索,无疑会提升我们面向当下纷繁复杂的生活的领悟力,并为学生推开一扇窗,领悟先人思想的魅力,并因而可以感受到优秀的传统文化的深邃与厚重。"教育无疑是一项道德的事业——锲而不舍地指引学生懂得和追求什么是好的、有价值的东西。"②只要选择合适的案例,不仅可以使课程的整个开端站在一个较高的平台上以保持其理论的格调,并可以大幅度地拓展学生的世界观、人生观、价值观、道德观,改变其之前相对自我、不够成熟、甚至狭隘的思维方式,以一种更加宽阔的视角来观察、认识世界。

---

① 卡伦·博林:《在学校中培养品德:品德教育实践导引》,教育科学出版社 2012 年版,第 113 页。
② 卡伦·博林:《在学校中培养品德:品德教育实践导引》,教育科学出版社 2012 年版,第 3 页。

在他们能够接受你、接受你要传授的知识之前,必须先让他们意识到,他们头脑中存在的一些肤浅的看法,必须抹去它们。如果你要想他们放弃已有的思维模式,建立一个新的思维模式(或至少意识到他们头脑中两种相互冲突的思维模式),你需要两个条件:首先,让学生置身于一个他们现有的思维模式无法解决问题的情境(即被研究学习的文献称为"期待失败"的情境)。其次,让学生注意到,他们现有的思维方式不能解决问题,要想摆脱困境,他们必须停止这种思维模式,尽力尝试其他思维模式。①

无论是子产兄弟对于人生的思考,还是其后将要使用的"白昼提灯"的犬儒,对于人生的思索,都是学生既往的"非此即彼"的二元对立的"现有"思维模式所不能触及的思维深度,当其可以变换思维的角度来面对问题的时候,则意味着其理性认知能力的增强。

政治老师倾尽所能,也无法通过教学穷尽一切学生需要的知识。要求学生去阅读更多的书籍来解决自己的问题,并不是一个具备现实可能性的选择。热爱阅读热爱思考的学生并不是大多数,尤其是在应用技术教育为主的职业院校,学生的阅读水平和能力相对不足。同时,繁重的课业安排并没有给学生留下多少闲暇时间,可以从容地阅读并深入地思索。

面向大多数学生的成功的"思品课"教学,是使学生在课堂上就能够确立正确的人生观与价值观,并在日后复杂的社会生活中能够抵制诱惑、坚守正确的人生观和价值观。所有的案例的选择,必须与课程内容有直接关联。一般情况下,若干年后可能没有谁还会记得

---

①彼得·法林:《教学的乐趣:大学新教师实用指南》,华东师范大学出版社 2009 年版,第15 页。

《思想道德修养与法律基础》教材是什么样子,书上讲了些什么。但是,"绝大多数学生可以通过直观生动的材料对学习内容获得更好的理解,因为他们的思维过程属于归纳式,即从具体的事实中推导出一般的、抽象的概念。"①很多人会在人生的某个时候,会想起上课时遇到过的某个案例,有可能帮助其厘清是非荣辱、成败得失的界限与底线,甚至可以因此做出何去何从的理性选择。

我检查了以往教学中在"绪论"部分使用过的所有的教学案例,最后确定使用"子产训弟"这个案例来开始新学期的教学之旅。子产的兄弟"执著"地选择了沉迷于酒色之中,以享乐至死的态度来度过有限的人生。在一般的思维定式中,沉迷酒色不问朝夕不管人事世事是一种颓废而堕落的生命样式。子产认为其兄弟的酒色人生样式是其家"乱矣"的标志,这是绝大多数人都能认同的一种观点。因为兄弟的所作所为,子产"日夜以为戚",这是也是绝大多数人可以接受的反映,也是其自身面临同样情形时最有可能产生的情形。"兄荒酒弟耽色的子产之兄弟"令人出乎意料的地方,也是其最为精彩的、令人印象深刻的地方,并非子产这个政治家的言行态度,而是两位沉溺于酒色生涯的人,在无限的可能与有限的人生之间对于人生独特而深刻的思考,他们看似混沌的人生表象背后是其慎重思索后的抉择。这个案例不仅有趣,而且反映了在春秋时代,人们对于人生的诸多问题的思索已经达到了极其深刻的程度,它可以将学生的"见识"拓展到一个新的高度。

【教学案例】　子产的兄弟:兄荒酒弟耽色②

---

① 彼得·法林:《教学的乐趣:大学新教师实用指南》,华东师范大学出版社 2009 年版,第46 页。

② 《列子》,中州古籍出版社 2010 年版,张长法,注译,第 181-182 页,题目为作者编加。

　　子产相郑。专国之政三年，善者服其化，恶者畏其禁，郑国以治，诸侯惮之。【教师评价：无论是子产的自我评价还是公众对于子产的社会评价，子产无疑是一个成功且受人尊重的政治家。】而有兄曰公孙朝，有弟曰公孙穆。朝好酒，穆好色。朝之室也聚酒千钟。积麹成封。望门百步，糟浆之气逆于人鼻。方其荒于酒也，不知世道之安危，人理之悔吝，室内之有亡，九族之亲疏，存亡之哀乐也。虽水火兵刃交于前弗知也。穆之后庭比房数十，皆择稚齿婑媠者以盈之。方其耽于色也，屏亲昵、绝交游。逃于后庭，以昼足夜，三月一出，意犹未惬。乡有处子娥姣者，必贿而招之，媒而挑之，弗获而后已。【设问并讨论：如果你是子产，有这样的兄弟这样的所作所为你内心有何感受？你会怎么做？这两个问题的设置非常关键，学生能够设想到的所有回答都会在子产接下来的言行中得到应验，这会使学生受到鼓励。当他们看到子产的兄弟所持有的完全不同于子产的观点时，会因出乎意料的心理落差，而内心讶异的感觉会十分强烈。这种情绪的产生，无疑有益于接下来深入的分析。富于情节性、趣味性且极其短小的案例，能够在教学中应用妥帖，对于教学效果的提升是意想不到的。】子产日夜以为戚，密造邓析而谋之，曰："侨闻治身以及家，治家以及国，此言自于近至于远也。侨为国则治矣，而家则乱矣。其道逆邪？将悉方以救二子？子其诏之。"邓析曰："吾怪之久矣！未敢先言。子奚不时其治也，喻以性命之重，诱以礼义之尊乎？"

　　子产用邓析之言，因间以谒其兄弟，而告之曰："人之所以贵于禽兽者，智虑。智虑之所将者，礼义。礼义成，则名位至矣。若触情而动，耽于嗜欲，则性命危矣。子纳侨之言，则朝自悔而夕食禄矣。"朝、穆曰："吾知之久矣，择之亦久矣，岂待若言而后识之哉？凡生之难遇而死之易及。以难遇之生，俟易及之死，可孰念哉！而欲尊礼义以夸人，矫性情以招名，吾以此为弗若死矣。为欲尽一生之欢，穷当年之乐，而患腹溢而不得恣口之饮，力惫而不得肆情于色。不遑忧名声之丑，性命之危也！且若以治国之能夸物，欲以说辞乱我之心，荣禄喜我之意，不亦鄙而可怜哉！【《史记》载，子产治郑二十六年而死，丁壮号哭，老人儿啼，曰："子产去我死乎，民将安归？"孔子称子产为"古之遗爱"。作为政治家子产的所作所为，并不为其兄弟所认同。他们认同的是"治内"以推之天下。仅就政治治道而言，需要同学们深入思考的是子产的作为与朝、穆的思考，哪个更具备现实可能性。在讨论、讲授完整个案例之后，可以以问题的形式留给学生做更加深入的思考。留下悬而未决的问题，运用良好，也是一种非常好的教学方法。】

我又欲与若别之，夫善治外者，物未必治，而身交苦；善治内者，物未必乱，而性交逸。以若之治外，其法可暂行于一国，未合于人心；以我之治内，可推之天下，君臣之道息矣。吾常欲以此术而喻之。若反以彼术而教我哉？"子产茫然无以应之。他日以告邓析。邓析曰："子与真人居而不知也，孰谓子智者乎？郑国之治偶耳，非子之功也。"【设问并讨论：① 邓析认为子产的兄弟是"真人"，你是否同意？② 先哲告诫世人"三思而后行"，在行动之前，我们究竟需要思考什么？③ "三思而后行""思之久矣"之后的行为是否具备合理性？④ 子产的兄弟对于自己生命样式的思索是"清醒彻悟"还是更深的"迷失"？】

在终期考核作业中，子产训弟的案例有 49 位同学提到，占所有上课学生的 12.8%，就终期考核作业的情况来看，是受关注度比较高的一个案例。通过这个案例的讲授与讨论，通过丝丝入扣的提问、追问及出乎意料的结局，不仅仅令学生听到了一个前所未闻的"故事"，也使学生进入一种教学情境，感受到不同以往的学习体验，甚至促成其认知能力的质变性发展。个体道德修养的形成与定型，需要实现知、情、意、信、行的统一。个体的道德情感、道德行为的形成与发展，与个体道德判断的能力直接相关。道德判断力是个体在不同的、或者对立相反的观点、行为之间做出的自己思考和判断。一般而言,简单的思维素质,是无法认知复杂的道德情境并做出正确的道德选择的,因而,通过课堂教学,呈现超出学生已有经验范畴以及无法仅仅凭借已有的经验对事物做出认知与判断的教学案例,以提升学生的认知素质,是"思品课"教学的一个重要的任务。

在他的课堂上,学生领悟到精辟的见解,还体验到敬畏怯场的情绪。上课时,我们打足精神,做好心理准备,要明智的回答他的提问,但又同时害怕自己的回答愚不可及……没有学生胆敢事先不阅读他规定的材料就去上课。他的提问从最简单的问题开始:例如,在讲《老水手之歌》时,他坚持,最重要的问题就是最简单的问题,即"为什么老水手杀死那只鸟"。他首先引导我们思考那个显而易见的第一步,接下来向我们展示柯利律治所描述的有关选择、谬误和救赎的种种神秘之处。那节课快结束的时候,我智力发展中的一个重要的顿悟发生了。整节课上我始终紧紧跟随着他的论述思路,终于得出了这个必然的结论:他杀死了那只鸟是因为他自己想要那么做。①

上面这段学生对老师的教学风格及教学效果的描述性文字,使我大受鼓舞,即便这可能只是一个个案。通过"子产训弟"这个案例,可以使学生"见识"到超越其以往对于人生的所有想象的人生镜像。案例本身的趣味性可以牢牢地吸引学生,通过面向案例的思考、讨论,学生可以"有效地"参与到教学中来。在这里,我特别强调"思考"是学生参与课堂、参与教学的一种形式,学生是否在思考是教学有效与否的一个重要指标。

出自《列子》的这篇典故,本身有极强的叙事性和情节性,设置问

---

① 彼得·法林:《教学的乐趣:大学新教师实用指南》,华东师范大学出版社 2009 年版,第 9 页。

题的难度并不大，但是问题指向的面对人生的思考，不仅超越了子产这样的政治家的思想高度使之"茫然无以应"，重要的是公孙朝、公孙穆所持的观点：为人认同的子产对郑国的所作所为被其轻视，而子产对于他们的劝告却被其认为是"鄙而可怜哉"。对于子产的人生态度及人生追求他们不屑一顾，而子产的人生态度及人生追求又是被大众高度认可的。对于他们自己极端的人生样式极其的坚持，而他们的人生样式又是遭到世人质疑甚至鄙视的生命样式。所有这些，会使学生的内心震动，之前对于公孙朝、公孙穆的毫不犹豫的直觉式否定随着故事的展开而动摇，甚至一些学生会"敬佩"朝、穆二人对人生的"透彻"思考，同意邓析对于朝、穆二人"真人"的评价。这就是我的教学预期，它在教学中如期出现了，你能从学生的表情中看到他们内心境况的变动，从最初的感性判断，到调动自己所有的判断力来解决疑惑并形成自己的观点，不断地形成自己的想法又不断地否定之前的想法，在一次又一次的否定中极力地辨别着各种包含着正确性的可能，可以说服自己也可以得到他人尊重，这是一个价值澄清的过程，也是认知提升的过程。

本科生一般要经历一个由低级到高级的认识发展阶段。以下是这个认知阶段的四阶段简单小结：

1. 二元论阶段——学生持有"正确"和"错误"的二元对立论绝对世界观。二元对立世界观使他们认为，学习的要求只是：上课记笔记，记住老师的观点或者作者的观点，在考试时简明扼要地复述这些观点。如果老师说，可以有几种可能，或者要求学生给出自己的解释，学生会认为，教师（不合情理地）保留了"正确"答案。

2. 相对论阶段——通过反复体验从多种角度来分析问题，

学生的二元论世界观逐渐消退，学生开始持一种相对论观点看待"真理"。这种世界观没有什么固定的标准，持这种世界观的人认为，随便什么都有道理。如果回答可以不止一个，那么，所谓的认识就只不过是"我个人的观点"，每个人的解释是，包括老师的解释在内，都完全同样有效。

3. 多元论阶段——教师反复地要求学生出示证据、进行推理，来支持他们的解释。通过反复的训练，学生意识到，有些立场比其他立场更为接近真理，他们现在认识到，事物往往复杂，他们开始宽容分析中的某些模棱两可，开始从具体环境入手，经过分析得出观点。或者，套用一句有点相对主义论的说法，他们学会了按照游戏规则来进行学习活动："老师想要什么答案，我就能给出什么回答。"

4. 独立思考阶段——最后，学生内化了对课程内容的理解，把它从课堂延伸到对世界的看法中。他们意识到，他们需要选择，他们也赞成了经过了独立思考的选择。在选择的过程中，他们把追求理性、不偏不倚的学习过程和他们的生活体验、感情体验结合起来，把它们整合为一个整体的思维模式。[1]

这是彼得·法林教授，在其《教学的乐趣：大学新教师实用指南》一书中，根据威廉·佩瑞于1970年出版的经典研究著作《大学时期学生的智力和道德发展形式》中的观点，对学生认知发展阶段的简单概括。

在高职教育中，学生可能受到了非常好的专业教育，而具备了良好的应用技能。专业角度的训练，无疑给予他们出色的专业思维模

---

[1] 彼得·法林：《教学的乐趣：大学新教师实用指南》，华东师范大学出版社2009年版，第16-17页。

式及专业领悟力,这是其人生能力不可或缺的组成部分。作为一个社会的人,作为一个现实的人,仅仅具备出色的专业思维能力及专业领悟力并不是其安身立命所需要的全部能力。19世纪中叶,英国教育家纽曼指出,"大学不培养政治家,不培养作家,也不培养工程师,大学首先要培养的是灵魂健全的、到达博雅高度的,即具有完整人格的人。人格的完整,对于个人来说意味着健康。一个健康的灵魂健全的人做什么事情都容易成功。"①在课程设置上,各个学校都有大量的人文素质课程提供给学生选修,但是绝大多数选修课并不能达到预期的教学效果,单从学生的层面来讲,他们更愿意选择轻松、易拿学分的课程,而不是从发展的角度、从教师教学水平高低的角度来选择课程。作为必修课的思政理论课,不仅承担着思想政治教育的任务,还承担着提升学生认知能力、人格促进、理性拓展的任务。就"思品课"而言,案例教学方法在课堂上的有限但是有效的使用,无疑可以促进学生认知能力的进升,使之从"非此即彼"的二元对立、"随便什么都有道理"的相对论、过于宽容的模棱两可的多元论阶段,渐趋成熟而具备独立思考的能力。作为教师,无论如何也不能穷尽一切可能,预判学生在其人生历程中可能遇到的境遇,但是可以建立其独立思考的理性,使之于复杂的生活中把握自己的人生。独立而全面的思维模式的确立,其实给予学生的是一种方法论,是授人以渔的"渔",这是一种深思熟虑、审时度势和正确选择的人生能力。

三、弃绝欲望:白昼提灯的犬儒

其实,子产兄弟的案例在"绪论"教学单元中的核心价值,是呈现

---

① 周兴旺:《使命:中国人民大学的世纪传奇》,人民出版社2004年版,第201页。

问题,将学生面向人生的零碎、直觉甚至肤浅的思考,引向更深的向度。通过"子产训弟"这个典故本身给学生的启示,是超越二元对立的价值观而看见具有无尽可能性的丰富而复杂的人生样式和人生价值观。同时,需要澄清的问题是,是否对于人生、世事进行了深刻的思考而做出的人生判断、选择,就是理性的、毋庸置疑的。子产的兄弟因其对于人生的"通透"思索而选择的人生样式、持有的人生态度,并非"正确",但是令人震惊的是他们思索人生的角度而不是其观点的正误,或者说判断解析其观点正误与否是第二顺位的问题。在有限的生命中,如何度过一生,是将人生的价值定位于自我欲望的满足,还是通过个体之社会意义和价值的实现来呈现人生的意义,古往今来都是困扰人们的一个超越时空的问题。在知识的层面上找到这个问题的答案,并不困难,困难的是如何在众多的可能性中深入思考,重温那些看上去有道理、甚至是在哲学层面上对于人生的追问,对于一个人形成稳定的人生观、价值观,有着非同寻常的意义。

直视"子产训弟"的案例,映入脑海的首先是无尽的欲望主宰着藐小而有限的人生,在有限的人生中听从于欲望的驱使而为所欲为。在子产兄弟对子产的反驳中似乎具备着无可辩驳的合理性。事实上,即便在"慎思"的旗帜下为所欲为纵欲无度,也是不具备合理性、有强词夺理或者牵强附会的嫌疑。不能说一个人思考清楚了"人为什们应该这样生活",他就考虑清楚了"人应该怎样生活"这个问题。深邃的思考未必都能达到理性公允的结论,但是我们依旧要肯定深入思考对于人生的重要意义。

一般情况下,人们只是凭借着感觉和冲动,将自己赶上追赶欲望的路途,不思不想无休无止。人无欲显然不能称其为人,这是学生凭借经验可以得出的结论。欲望,使人更加像"人"并成为人。需要思考并明确欲望的合理性尺度,以把握人生,不仅要作为人活着的合理性依据,更为重要的是要呈现出人之所以为人的价值。子产的兄弟放纵于酒色的人生,是因欲望而异化了人生,使人迷失了自我迷失了人性,还是像他们自己认为的那样,他们的生命方式让他们成为人,这个问题学生可能知道"正确"或者"折中"的答案。但是,即便学生凭借已有的知识和课堂经验"知道"正确的答案,并不见得他们就拥有了了悟并人生把握自我的智慧。由知识的层面提升到智慧的层面,中间必须经由"思想"过程。我继续使用了轴心时代的典故与学生一起"经验"更多的思想过程,从中国春秋时代主张纵欲以慰平生的公孙朝、公孙穆,走到古希腊时代的主张弃绝欲望以彰显人性的另一个极端——白昼提灯的犬儒那里,从更为广阔的视角思考哲人们对于人生的思索。

"白昼提灯"说的是古希腊的一个哲学流派,犬儒学派的哲学家第欧根尼,在白天提着一盏灯笼满大街的"找人",却找不到一个"人"——像他一样放弃了欲望而在精神上绝对自由的"人"。因为此举,他被人们认为是一个"疯子"。在他的眼里,那些叫"人"的"人",在物欲引诱、荣华富贵、权势财富的冲击下,丧失了人的本性,只是一群被欲望上了枷锁而为此奔波的奴隶。子产兄弟的故事,讲的是政治家子产的兄弟沉迷于花天酒地,贪图美色过着醉生梦死的生活。在他们的眼中,人生短短数十载,及时享乐岂不快哉,而不屑像子产一样成为政治家,整天忧国忧民,操心费力。我个人认为这两个故事,一个极度重视精神生活,一个极度重视物质生活。人之所以为人,是因为人有思想、有灵魂、有一定的价值取向。我们不因追求无为而忽视人作为人的价值,把自己当做像狗一样的动物,只是追求本能的生活,最终只能自生自灭，毫无价值可言。同样，我们也不能像子产的兄弟那样，整天浑浑噩噩沉迷酒色，不思进取，一味享乐，而导致精神生活的极度匮乏，思想境界极为低下庸俗。回归现代，在这个物欲横流、生活压力"山大"的环境下，人们往往倾向于物质生活而忽视了精神追求。文化对人的影响是潜移默化的，我们不苛求精神有多么的富有，也不过分追逐物质生活，我只想保持从容淡定的心态，过着平淡而温馨的生活。[①]

　　徐援超同学在他的终期考核作业中，如此表述他的观点，这是我很欣赏的一份作业。也许有人会觉得他表达的还不够深刻全面，但是作为一个并不以哲学及相关学科作为专业的理工科学生而言，我认为这样的作业及其表达的观点，已经表达了其认知理性的成熟，这是其选择符合社会规范、并满足个体愿景的从容人生的基本认知前提。"白昼提灯的犬儒"被83个同学在其终期考核中提到，占全部作业的21.6%，是受关注度非常高的一个"有效案例"。

　　【教学案例】　白昼提灯的犬儒[②]

　　　　一个人大白天提着一盏灯笼，在热闹的市集上东张西望。

【第欧根尼的木桶、他回答亚历山大的"别挡住我的阳光"，学生们可能或多或少的知道。但是，"白昼提灯"的传说，学生则极少知道。当我只讲了案例的第一句的时候，从大多数学生关注的表情中，我可以确信——他们想知道下文。这个案例是他们的知识盲点。】他在找什么？"找人，我正在找人！人怎么都不见了

----

①徐援超：《2012思想道德修养与法律基础期终考核作业》，江苏建筑职业技术学院，建安2010-1班。

②此部分根据以下资料整理：林治平：《白昼提灯：人的失落和人的追寻》，敦煌文艺出版社2006年版之"人啊，你在哪里"；杨逛：《哲学的童年：西方哲学发展线索研究》，中国社会科学出版社1987年版之"犬儒派"；赵敦华：《西方哲学通史》，北京大学出版社1996年版之"犬儒派"。题目为作者编加。

呢?"他如此回答向他提问的好奇的人们。他脚步蹒跚地在雅典的大街小巷中穿梭,到处"找人"。"人啊!人在哪里?"在他的眼中,在丰富的物质享乐中,人却不见了;在奢华的生活追求中,"人"却不见了。【这个白昼提灯的人是古希腊犬儒学派的著名哲学家第欧根尼。设问:满眼是人,为什么在第欧根尼的眼中却没有人?"犬儒"是什么样的人,为什么这样特立独行?】

第一个作为犬儒派出现的安提斯泰尼认为,生活越简单越好。他经常在名为"白犬"的运动场同人谈话教学,于是就有了"犬"和"犬儒"派这个名字。安提斯泰尼本人也得到"纯种犬"的绰号。这个学派用这名称表示他们学派的发源地,也用来象征他们那种在道德上的警觉性,而人们用这个名称表示他们的那种生活方式。安提斯泰尼说,"我宁可成为疯子也不追求感官的快乐"。

安提斯泰尼的继承人第欧根尼有许多故事和奇闻。他蔑视一切生活享受和名位,住在一个木桶里,所有的一切就是一身褴褛的衣服,一根棍子,一个讨饭的口袋,一只喝水的杯子,靠这些他四处为家而生活着。传说,一次亚历山大大帝站在他面前对他说:"你可以向我请求你所要的任何恩赐。"第欧根尼答道:"走开,别挡住我的阳光。"第欧根尼"蔑视财富、声望、快乐和生命,抬高它的反面:贫困、坏名声、辛劳和死亡。"犬儒学派放纵自然的欲望,即个人能以最简单的方式满足欲望,不需要依赖他人以及任何社会力量和文明手段,对社会习俗和道德持极端反对态度。犬儒把文明和自然对立起来,否定社会文明。"第欧根尼自称为世界主义,认为忠于自己的祖国也属于非自然的幻想。"真正幸福的人会蔑视一切富贵荣华,无欲无求,自我满足,这样的人才是独立自由的,既不受制于他人,也不受制于外部环境。

案例的选择极其重要。但是如何使用案例、以什么样的方式呈现案例的教学价值更加重要。在教学实践中，如何呈现案例，是以文本的方式发放给学生自行阅读，或者用 PPT 课件、Flash 动画的方式放给学生观看，还是教师直接讲述案例，或者需要学生在课前收集所需资料并提前准备，其教学效果是有差异的。问题设置，是最终呈现案例价值的关键。面向案例的提问一般会放在案例文本或者 PPT 的最后，或者教师一边叙述案例，一边提出问题，一边与学生讨论问题，是比较常用的两种方式。"白昼提灯"并非独立使用的资料，而是要与"子产训弟"的案例结合对照使用的。因此，问题设置要结合两个案例的内容让学生来思考：

第一，在子产的眼中，公孙朝、公孙穆是什么样的人？

第二，在公孙穆、公孙朝的眼中，子产是什么样的人？

第三，在"犬儒"的眼中子产是不是"人"？

第四，在犬儒的眼中，子产的两个兄弟是不是"人"？

第五，在子产的眼中，犬儒是什么样的人？

第六，在子产两兄弟眼中，犬儒又是什么样的人？

提问，对于案例教学尤其重。"有关学习的著作和优秀的教师都认为，提问在学习和修正思维模式的过程中起着极其重要的作用"。[1] 对"思想道德修养与法律基础"这门课而言，提问不仅有助于建构更加宽阔的知识体系，更为重要的是，问题的设置是学生建立新的思维视角和思维模式的路向引导。

上述问题的设置，将两个案例结合起来，是以他者的眼睛洞察他人，用他者的心灵感悟他人的思想。其中没有设置从学生自我的角

---

① 肯·贝恩：《如何成为卓越的大学教师》，北京大学出版社 2007 年版，第 30 页。

度来分析问题、思考案例。将"我"这个视角排除在外的目的有两个，其一，以问题引导学生，从别人的角度看到别人看见的世界和人生，这是一种重要的观照人生的方式。大多数大学生的认知水平，往往从直觉、自我的视角来得出肯定或者否定的结论，一般不具备换位思考或者移位思考的能力，因而限制了其认识问题的眼界和深度。案例教学之问题设计的本身就是教学的有机组成，成功的问题设置可以潜移默化地影响学生的思维层面和角度，使学生跳出自我的局限，以全面的视角分析解决问题。第二，引导学生如何面向案例进行思考和分析，进入案例教学情境。从教学的实际情况来看，第一次面对这些问题，绝大多数学生尚不具备从材料中归纳出相对完善的答案的能力。但是，在案例教学不断推进的过程中，学生便会逐渐适应基于案例的课堂教学的教学情境，不仅能够从容面对教师从不同角度提出的各种问题，甚至可以自己提出新的问题，完善并深化对于案例的理解。这些变化，会呈现在其终期考核的试卷上，他们会从不同角度深入分析案例以呈现其课程学习的效果。当然，我期望这能成为其日后的人生历程中，认识现实、认识众多自己需要面对的问题的一种人生能力。毫无疑问，在这个过程中教师所担当的"思想和方法的隐性传输者"①的身份是至关重要的。

犬儒的行为异于常人惊世骇俗。就学问而言，黑格尔认为，犬儒没有什么哲学教养，也没有使他们的学说成为一个系统，一门科学。毫无疑问，犬儒们种种惊世骇俗的言语和行为，无论如何不能改变现实的世界，不能改变人们对于荣华富贵的追逐。不能否认，在哲学的童年时代，他们面向人的种种思考可能过于偏执甚至粗鄙，他们的学

---

① 梁周敏：《案例教学与案例编写》，河南人民出版社 2007 年版，第 155 页。

说也远不如灿若星辰的孔子、老子或者苏格拉底、柏拉图的思想,如天空一般深邃宽阔而辽远。但是,正是这些看上去过于单向度的思考,丰富了人类的认知理性。和学生们一起经验这些并非经典的传说和典故,是一场非常有趣、且具有教学价值的思维旅程。

就学生的知识经验而言,哲学领域的知识非常有限,这样的典故和传说,未必是真正发生过。但是,它不断地被传说,其中一个非常重要的原因,是这些问题一直存在着,面向这些问题的思考就有着非常现实的意义和价值。如果说子产的兄弟公孙朝、公孙穆二人,是外求于世,通过追求满足自身的欲望来彰显人之所以为人的本质性征,那么,犬儒们就是自求于己,以"放下"来解脱松绑,获得他们自认为人之为人的"自由"和"本性"。

"不得不说,犬儒的内心是何等的强大。但是,他们似乎强大到人们难以接受。因为他们'太放得下了'!"①。

无论是子产兄弟的别样人生,还是犬儒们的特立独行,提供给我们的是认知世界与人生的一个视角而非一种行动的可能。我选择了并非主流的公孙朝、公孙穆与古希腊的犬儒,事实上选择了两个极端,结合两个案例需要学生思考的最后一个问题是,荒于酒色的公孙朝与公孙穆、白昼提灯的犬儒、被孔子称为"古之遗爱"的子产,三者的人生意向有着巨大的差异甚至完全相反,在各不相同的人生样式背后,事实上是各自持有的人生价值观的巨大差异。在各不相同的人生样式背后,需要进一步激发学生面向人生的深入思考:在众多各不相同、各不相容、甚至截然对立的人生样式中,"我"又在哪里?这个问题给学生留下了巨大的思维空间。这个问题最后的提出,提升

---

①孟祥彬:《2012思想道德修养与法律基础期终考核作业》,江苏建筑职业技术学院,建工10-5班。

了两个案例的教学价值。

　　无论是子产与两兄弟的案例,还是白昼提灯的犬儒,于我的学生而言,都是他们以往的生活经验和知识素养所触及不到的层面。这两个来自于中西方轴心时代的案例,不仅具备吸引学生的趣味性,更为重要的是那些关于人及人生的思维路向及深度,于学生而言是前所未闻的,能够震动其心灵并产生讶异。除了讶异,就其现有的知识和思维水平,是无法完全理解这样的视角和面向人生得出的如此的结论的。也是就是说,这两案例,带给学生的可能不是更加清醒、全面的认知人生,而可能陷入更大的不确定中。他们开始意识到,在现实生活中、在无限多样的人生中,并非非善即恶,非好即坏,非此即彼,非对即错。但是,正确的人生维度又在哪里?在诸多的不确定中人生的确定性又在哪里?在众多不同甚至相反的观点中,"我的"观点又在哪里?这些疑问的产生,这种情况的出现,恰恰为接下来的教学创造了契机:他们需要更多的知识,更加宽阔的角度,更加全面的思维能力,来使自己走出不确定。当然,在这样的游移与困惑中,会增强他们对于课程的期待。毫无疑问,他们不仅被课程吸引,而是更加依赖课程希望可以借助接下来的学习,来解开内心突然升起的这些谜团。

四、修养:成就取舍之间的人生境界

　　"(我们宿舍)给老师起了个外号'大佛老师',说明老师心态好"①。

———————————

①梅百文:《2012 思想道德修养与法律基础期终考核作业》,江苏建筑职业技术学院,建工2010-2 班。

我居然有这样一个外号。这是我第一次知道,学生们背后如何称呼我。我不知道学生还给我起过哪些外号。作为学生对于一个"政治老师"的印象描述,"大佛老师"这个叫法,似乎还是不错的。作为教师,我会小心翼翼地在职业和生活之间保持一定的距离,但是也会在慎思的前提下,与学生分享我的生活感受。将学生带进具体的生活,在真实而真诚的微观情境中窥见真实的人生。

大多数时候,生活是具体而琐碎的。大是大非大善大恶不是一蹴而就的,它就隐藏在日复一日的生活中,积善以成德。"德育过程总是内含于生活过程之中,人的生活是德育活动的起点、背景、空间和归宿,德育不可能凌驾于生活之上。德育在人的生活中展开,德育的过程就是合于德性的个体生活开展的过程,在此有关德性的现实活动过程中获得个体德性的丰满。"①在纵欲无度、为所欲为与弃绝欲望之间,人生有着极其丰富的层面。在无尽丰富的人生样式中,人成为什么样的人,尽在其人生的取舍之间,"'责任',就是知道:我们的每一个行动都在构成、定义、创造一个'我'。一次次地选择我想做的'我',我就在渐渐成型(成为'我')。我的决定在给世界留下印迹之前,首先在我的身上留下印迹。"②真正的人生智慧,恰恰也是在取舍之间呈现的,取舍之间蕴含着善恶是非的价值判断与选择,也成就或者注定一个人的荣辱成败、人生的幸福与不幸。

专家研究表明,教师"要透露你自己与教学无关的那些侧面",即所谓的"教学中的自传隐喻":要随时准备提到你教师角色以外的那些引起你热情、激情和关心的事。当你透露你作为一个人的方方面

①刘铁芳:《走向生活的教育哲学》,湖南师范大学出版社 2005 年版,第 144 页。
②[西]费尔南多·萨瓦特尔:《伦理学的邀请:做个好人》,北京大学出版社 2008 年版,第 74 页。

面时,这就会给学生一个感觉,即他们是和一个有血有肉的人打交道。[①] 事实上,作为一个"思想理论课教师",教学水平不仅与其自身的学识、技巧、敬业态度有关,也与其对于生活、人生的思考、领悟有关。我特别欣赏、喜欢上升到哲学层面的对于人生的理解,是冯友兰先生所讲的"人生的真相,就是具体的人生"。当我在课堂分享与我的生活有关、当然与课程也有一定关联的内容时,都会有非常好的教学效果。这种"教学中的自传隐喻",在确切的意义上讲是人生感悟的分享,学生不仅分享态度与观点,重要的是他们会在一个教师经历过的"真实"的事件或者情境中,从更加细腻真实、带着温度的生活中,从"具体的人生"中领略"真实的个体"的"人生的真相"。这些感悟存在于我琐碎的生活中,我会即时合适的与学生分享,或者将之记录下来留待适合的时候使之成为我教学的一部分。在整个教学中,这部分内容比例并不大,问题不是缺少材料,重要的是这不是教学的主体。当然,我并不赞成透露那些与教学无关的自己的侧面,课堂时间毕竟十分有限、极其宝贵。

【教学案例】 赵老师的一篮鸡蛋

一次我买了两斤鸡蛋,放在自行车车筐里。我将自行车停好,在一个早餐点吃早饭。一个中年男人在推开自己的自行车的时候,碰倒了我的自行车,鸡蛋摔碎了。中年男人立在原地,眼睛四处张望,吃早饭的人们看看这个碰倒车子的男人,也下意识地四处张望。**【设问并讨论:你认为赵老师会怎样做?】**

"你走吧。"碰倒车子的男人不动也不说话,只是看着我。"是我的。你走吧。"我对他说。

---

① 布鲁克菲尔德:《大学教师的技巧:论课堂教学中的方法、信任和回应》,浙江大学出版社
2005 年版,第 111 页。

"我赔。我赔你!"中年男人毫不犹豫地说。

"是我放车子放得不好。没事。你走吧。"我这样为他解释。

碰倒我的车子的男人,向我点了一下头,走开了。我继续吃我的早饭。周围的人也继续吃他们的早饭。能够确认的是,周围的气氛一下子变得轻松而又友好。早餐点的老板,甚至走过来给我添了一勺汤,虽然我喝不了,但是还是看着他将汤倒在我碗里,我笑着表示了自己的谢意。【设问并讨论:如果不这样,你认为在生活中可能怎样:一筐鸡蛋引发的_____?】

一筐鸡蛋引发的争吵。

一筐鸡蛋引发的斗殴。

一筐鸡蛋引发的血案。

一筐鸡蛋引发的命案。【教师这样的设问,一定可以得到学生这样的答案。学生的答案并非凭空想象,教师的问题也并非耸人听闻。相反,正是这样的问题,将学生引向生活。这个并不复杂的小事,是与学生分享一种处理问题的态度,也是分享一种人生态度。当然,这个课堂交流的简单过程,对学生或多或少地具有潜移默化的作用,对此我坚信不疑。】

一篮鸡蛋碎了,"退一步"的行为方式并不是十分困难的选择。因为,不过是一篮鸡蛋。即便,在现实生活中,可能大多数人不会选择"退一步",但是我的所作所为也并非一种"超常态"的道德行为能力,而是一种"低水平"的从现实的利益出发来做出的选择。这是一个引入案例,接下来我设置了一个问题——如果是一个价值昂贵的古董花瓶被打碎了,"我"是否还有"不计较"的器量——过渡到更深的层面,来思考问题。

马未都先生的案例,这个事例还是让我久久思考,我学会了不论在生活中遇到任何事情,我们都要学会冷静处理,且不可急躁。而且还要学会忘记,有"舍得"的情怀,结果不一定圆满,但也会有自己的收获和体会。①

"舍"与"得"是相反相成的辩证关系,"舍""得"之间,显尽人生底色。有时候放下是一种器量,拿起来是一种担当;有时候,放下是一种逃避,拿起来是一种狭隘。子产的两个兄弟,古希腊的犬儒,对于学生的直接作用是提供了一面可以窥见万千人生的镜子,而马未都先生的案例起到的作用,则具有行动导向价值。前者,可以令学生看见哲人们对于人生的极致而个性的思索,后者则可以使学生看到宽阔的内心对于人生而言的不可估量的价值,使学生可以在现实的典范面前,能够向往在更高的道德的刻度上标注自己的人生。

马未都先生面对这件事情很理性……不像我,浮躁,遇事不够理性,不够沉稳。学会换位思考,学会宽容,学会理解他人,己所不欲勿施于人。②【换位思考,可以体谅。将心比心,方能同情。学生可以在案例之中,领悟到忠恕之道,并愿意去尝试学习,这是我们期望的教学效果之一。】

【教学案例】 你我不过是它身边的过客③

一次,一家地方电视台的栏目组到马未都家中做访谈节目。

访谈节目在马未都娓娓深情的开场白中拉开了序幕。节目在热烈探讨的氛围中进行着。就在访谈进入尾声的时候,一件意外的事情发生了:一位年轻的工作人员不小心打翻了柜子上一件名贵的瓷器,地上发出惨烈的"砰"的一声,瓷片四分五裂溅开。顿时屋里的人们全傻眼了,现场气氛由热烈沸腾一下子降到零下几度,人们的脸上都挂着凝重的霜片。【设问并讨论:发生这种

---

① 郭飞:《2012 思想道德修养与法律基础期终考核作业》,江苏建筑职业技术学院,建工 2010-5 班。
② 董晓娟:《2012 思想道德修养与法律基础期终考核作业》,江苏建筑职业技术学院,建工 2010-5 班。
③ 张振旭:《过客》,载于《思维与智慧》2011 年第 13 期,题目为作者编加,有删减。

情况,花瓶的主人(不是特指马未都先生)会有如何反应? 教师评价:无论多少种反应,反正节目是不能做下去了。但是马未都先生的表现"出乎意料"。只见马未都满脸笑意,出奇地镇静说:"瓷器掉在地上只是个插曲,没有什么大不了的,我们继续进入主题,访谈开始吧!"后来,电视节目组录制完节目,也没有跟马未都说声道歉的话,就默默离开了。【教师评价:毫无疑问,马未都先生出乎意料的行为的背后是一种良好的个人"修养"。这是整个"绪论部分"的讲授过程中第一次在教师的表达中出现"修养"这个整个课程的关键词】,节目组工作人员一走,马未都的妻子气愤地嚷嚷:"这些人也真是的,把我家的瓷器损坏了,连句道歉的话也不说一声,就这样一走了之,岂有此理!"马未都安慰道:"他们临走的时候,虽然没有说声道歉的话,但他们是怀揣着愧疚离开的啊,他们是此时无声胜有声,那可是从心底吐出的最诚意的道歉声!"【设问并讨论:从经验的角度请同学们设想一下,一般人会如何面对摄制组的行为方式? 如何评价马未都夫人及马未都先生此时的表现?】

后来,那家电视台的领导带着那位损坏瓷器的年轻人到马未都家中登门道歉,他们声称一定要赔偿一切损失。【设问并讨论:从生活经验的角度猜想一般人最终会如何解决这个问题?】马未都微笑着说:"我乐意接受你们的歉意和经济赔偿! 请你们陪我坐一会,陪我喝杯茶。"说完,就忙着给来客泡茶端来。掀开考究的瓷杯的盖子,室内弥漫着新茶释放出来的馨香。马未都热情地让来客喝茶。喝完一杯茶,马未都只字未提损坏瓷器价格数目,只是谈论茶道的奇闻轶事。当第二杯茶斟满杯子的时候,马未都转换了话题:"你们今天来做客,陪我坐一会儿,喝着茶,聊着天,我感到非常开心和幸福。你们用时间换取我的开心和幸福。就算为打碎的瓷器作为所有的补偿吧,相互扯平,以后谁也不欠谁了! 请你们也不必自责了,那件瓷器本来摆放的也不是个地方。瓷器

碎了,心疼归心疼。但是对于世上再昂贵的古董来说,我们只不过是位过客!"【设问并讨论:如何评价马未都先生如此做法?】

在授课的过程中,我将这个案例分为五个阶段,每个可能存在多种行为选择的地方,都会停下来于学生从"他者"的角度——不是马未都先生、不是学生自己,而是设想在现实生活中人们可能做出的行为选择。

很多老师,在进行诸如此类的案例讨论的时候,喜欢让学生从"自我"的角度来表述其对问题的看法及做法。事实上,将学生直接牵扯进"案例"使之以"自我"作为主体发表观点,并不是一个明智的做法。其一,这会限制学生思维的广度,只见"自己",而看不见更为广阔的生活和现实。从"他者"的角度来观照生活,甚至反思现实,可以将学生的视野引向无尽的生活,使之抽象出生活中更多的现实可能性。其二,如果以"自我"为主体来对具有分歧、尤其是就具有是非善恶分歧的问题发表看法,学生会将"真实"的自我掩藏起来,做出正面、积极的表述,多样性的生活与现实就被回避掉了,讨论在趋同的表述中趋向单一,讨论的有效性就会被大大降低。

在"思想道德修养与法律基础"的教学中,讨论是师—生、教—学互动的最为重要的一种形式,但是流于形式、单向度的讨论,是没有多大价值的。发现具有教学价值的案例,是成功的案例教学得以实施的基础,如何有效使用案例并不完全取决于案例的内容,重要的是通过教学设计以适当的形式、精准的角度,将案例变成一个真正具有教学价值的"教学案例"。其中问题的设置——如何提出问题、在什么地方提出问题,是基于案例的课堂讲授与讨论成功与否的关键所在。

讨论是否能够发挥学生的主体地位,首先并不取决于学生是否活跃善言,而是决定于问题的设置,是否给了学生表达的空间,是否能够激发学生的表达意愿。案例教学能够取得成功,在过程上取决于学生在课堂上以主体地位的参与程度,在结果上则体现在学生综合能力是否得到有效提升。教师对于案例的选择、编辑、加工及问题的设置,对教学目标的设定和实施方案的设计,决定了案例与教材的关联度,决定了学生参与讨论的可能性空间,决定了案例的实际教学价值,也决定了案例教学的教学绩效。

马未都先生的这个案例,是学生在终期考核中提及的次数比较多的案例,有 34 位同学提到这个案例,占总人数 8.9%。他们从不同角度谈到他们对于这个案例的理解,比如马未都先生的敬畏,比如对对于自己人生的比照——他们希望自己能够或多或少的"像"马未都先生。在整个课程的学习过程中的凡此种种,使其内心不仅有对于物质需要的正常向往,有对于自我成功的渴望,也可以因为行为楷模的确立,而使自己的行为确立起道德的边界,以成人达己向善而行。"德性的圆满本身即构成人的好生活"①,"思想道德修养与法律基础"这门课程的一个重要的教学目标,就是使"年轻人需要意识到,铸就他们自己的品德是其生命中一项基本的、必须的任务"②,学生们能够透过案例看到无尽的生活、复杂的人性,内心依旧向往并秉持德性圆满的生活态度和人生意向。

马上就要毕业了,回想这三年,有所失也有所获。虽然考上了本科没去读,但是我把专业知识学得很精,而且我找到了工作,也安排好了她的工作。虽然没有选上班委,但是我学会了做人,利己不损人——利己利人——利人利己——大公无私:我相

---

① 刘铁芳:《走向生活的教育哲学》,湖南师范大学出版社 2005 年版,第 144 页。
② 卡伦·博林:《在学校中培养品德:品德教育实践导引》,教育科学出版社 2012 年版,第 113 页。

信我会像马未都先生那样豁达。①

就教学内容而言,"思想道德修养与法律基础"这门课所涉及的许多问题,并非"新知识",甚至是一些老生常谈式的问题,作为知识学生不见得不知道,但是作为一种人生能力应用于自身,还需要学生不仅"知道"而且"懂得"。如何将"老生常谈"式的课程内容、高度凝练的常理规范,转换为丰富而具有吸引力的教学活动,转换为深刻而不失吸引力的教学内容,转换为学生参与度比较高的课堂教学,是摆在每个"思想道德修养与法律基础"课教师面前的现实性课题。

案例教学,在理论上具备解决上述的问题的可能。但是,在普遍合班授课的情况下,严格的案例教学无法得到有效实施。在理论上,案例教学的理想的上课人数在 25~40 人,最多不超过 50 人,且需要相对较长的教学时间。② 在人数较多、教学时间相对有限的情况下,将高度凝练的教学内容转化为有效的教学案例,对于教学效果的提升有着非同寻常的价值,学生可以体验得出的结论的思想过程与心灵过程,在知其所以然的过程中懂得书本上作为知识的结论式的"所以然",是面向"结论"的重新"发现",是一种"心灵重演",而不是单一地被告知或者被"灌输"。事实证明,基于案例的课堂讲授与讨论,是一种可以激发学生的学习兴趣,提升教学绩效的有益的尝试。

五、什么样的思政理论课教学才是有价值的教学

什么样的教学才是有价值的教学,是需要教师经常性的思考的一

①樊祜壮:《2012 思想道德修养与法律基础期终考核作业》,江苏建筑职业技术学院,建工 2010-5 班。
②梁周敏:《案例编写与案例教学》,河南人民出版社 2007 年版,第 151 页。

个问题。什么样的思政理论课教学才是有价值的教学，也是经常困扰思政理论课教师的一个现实性的问题。如何评估、评价思想政治理论课的教学质量，是一个更具挑战性的问题。比如，有人提出思想政治理课教师的课堂教学质量的评估原则为：① 客观、公正、实事求是的原则；② 定性评估与过程评估相结合的原则；③ 结论性评估与过程性评估相结合的原则；④ 以学生评估为主，不同层次、不同角度、全面动态综合评估的原则。①原则，无疑是抽象的，仅能提供教学质量评估的基本方向，将之细化为具体的评价指标，才可能具备现实的可操作性，这是教学质量考核标准化、科学化的一个重要内容，具体指标见表三。

表三

评估指标	主要观测点	参考权重	评估标准	
			C（不合格）	A（合格）
组织教材	收集教学资料	5	未选用参考资料，照本宣科	善于根据教学需要选用有关参考、工具书，充实教材内容
	钻研组织教材	10	不能活化教材，重点、难点不突出，未剖析热点	能活化教材，突出重点、难点，剖析热点，整合教学内容
授课内容	熟练程度	8	讲解生硬，基本照搬书本	讲授自如，能结合自己的理解、思考和探索等进行讲解
	概念原理阐述与剖析	8	阐述不够准确，讲解不够清楚	阐释准确，剖析透彻，深入浅出，通俗易懂
	重难点与热点	12	重点、难点不够突出，难点未能化解，无热点剖析，条理性不强	突出重点，剖析热点，化解难点，条理清晰，逻辑性强
	理论与实际联系	12	理论联系实际不够	注重用理论方法去分析、解决实际问题；或用实际中常见现象来说明、解释理论问题。

---

①洪贞银：《高职高专思想政治理论课评估研究》，中国地质大学出版社 2007 版，第 180 页。

评估指标	主要观测点	参考权重	评估标准	
			C(不合格)	A(合格)
授课方法	语言表达	5	平淡无味	语言表达准确、生动、流畅、有感染力
	教学互动	5	填鸭式教学,学生不能积极主动地参与教学	善于启发和调动学生积极思考、主动参与,产生互动效应,课堂气氛活跃
教学改革	创新能力培养	10	单纯传授知识,不注重能力培养	有意识的引导学生发现问题、提出问题和思考问题;或注重介绍课本前沿动态或新成果、新思路,开阔视野,或其他有助于培养创新能力的做法
	使用现代化教学手段	5	尚未使用 CAI 或投影仪、网络等教学手段	恰当使用 CAI 课件或投影仪等现代化教学手段
综合教学效果	课堂状态及授课效果整体印象	15	教学不得法,不注重教书育人,课堂秩序混乱,授课内容学生难以掌握	授课有吸引力、感染力和说服力,针对性强,能有效控制课堂秩序,注重教书育人;学生积极主动,能消化、理解和掌握授课内容,整体效果好

注:本表来源于洪贞银:《高职高专思想政治理论课评估研究》,中国地质大学出版社,2007 版,第 181、181 页。

在制度设计的层面,这张表格的设计应该是全面照顾了影响思想政治理论课教学质量的各个方面的。但是,如果将其应用在实际的教学质量评估中的话,往往达不所谓的"激励""导向"以全面提升思政理论课的教学质量的作用,甚至会产生适得其反的效果。如果严格执行表三,再加上 3～5 人的"领导和专家"、学生、同行、教师自评,分别占 30%、40%、20%、10%的分值,量化思想政治理论课的教学质量,看上去是一个十分周到、完善的设计,如果付诸实行则是一件令人无奈到崩溃的事情。

感性地讲，教师面向课程的激情往往为繁琐的评价指标所凌迟。如果一个教师顾及指标体系中的所有观测点而"设计"自己的教学，一定不是一个优秀的老师，课程的质量也无法保障，课堂不像是一个知识的殿堂，倒像是一个花哨的秀场。

事实上，一堂好的课程，不见得不使用多媒体就不出效果，不见得每堂课都需要讨论互动，不见得整堂课都由教师教授就是"填鸭"。在许多时候，对于知识积累相对不足、理性认知能力相对欠缺、价值观尚在形成大多数学生而言，能够吸引学生静静地聆听、积极地思考的"一言堂"，也是大学之大教师的风范的体现，而不是把大学课堂搞得像幼儿园的阿姨一样，流于肤浅的形式、简单的互动。评估，是要提高教学质量，但是泛滥的教学评估会成为异化课堂、使教学流于形式的重要原因之一。

成功的教学不是对于教学形式的单纯追求。有价值的教学应该以成功的教学为基础，一门课程是否是成功的教学、是否是有价值的教学，不仅取决于外部的评教指标体系的监督与评估，在本质上应该取决于教师面向自我的"课程理解"，有价值的教学、成功的教学的自我认知标准，是教师在课程讲授的过程中是否有强烈的自信，是否感受到自己的教学所散发出的魅力，以及是否因为这种自信与魅力而获得一种职业幸福的内心愉悦。

"我发现，我喜欢上课的时候，总是在自己对课程内容有着清晰认识和立场的时候，我给学生讲课，并不仅仅是为了说清楚课程知识本身，更是为了清楚表达自己的观点。这使得课程上不存在着强制性的接受或灌输，有的是一种真诚的、单纯地对话与交流；而我讨厌上课的时候，往往是我自己对课程一知半解的时候,说着肤浅的甚至违心的话,不用看学生,自己也清楚,这不过是些无关痛痒的废话。于是,我渐渐明白,一个教师的教学态度和质量,在很大程度上取决于教师对课程的理解,取决于教师对课程意义的感受和体验。"[1]

深有同感。一般情况下,即便经过师范院校学习和训练的教师,在教学过程中也会直接扎进具体的课程中:按照规范填写而非编写教学文件,按照教材的提纲制作教学课件,在课堂上顺利地将自己准备好的写在教案上,或者将课件上的东西复述给学生;课后,勤奋地在学生的作业本上写上"优秀"或者"A""B"的等次,如同流水线一般"流畅"地完成着自己的工作。这样的教师,表面上挑不出什么毛病,甚至可以算是勤奋、敬业的老师。如果他们态度温和,与学生能够建立起融洽的师生关系,他们甚至可以成为学生"喜欢"的优秀教师。

绝大多数老师,并不会去看教育教学理论。对学生可能有或多或少情感的投入,但是,一般不会带着多少情感看待自己所讲授的课程,也不会意识到,"课程理解"是面向自我的一种关怀。

事实上,教师在自己的职业生涯中需要不断地领悟自己的职业,领悟自己与学生之间的教学关系和人际关系,领悟自己与课程之间并非单纯的工作关联。能够认识到,学生不仅仅是教授的对象,课程不仅仅是工作的对象,而且是教师职业认知能力的飞跃,这往往需要一个漫长的过程。

作为思想政治理论课教师,作为"政治老师",作为一位讲授"思想道德修养与法律基础"课的教师,将"课程理解"转换为"自我关怀"的视角来面向学生、面向教学,是其能够提供给学生"有价值"的教学

---

[1] 孙宽宁:《课程理解的理想与现实》,山东人民出版社 2010 年版,第 2 页。

的重要前提。这种视角转换的必要性，胜过其他"思想政治理论课"，也超过"思想政治理论课"以外的其他课程。

"思想道德修养与法律基础"课，不仅仅要求教师熟知教材，更重要的是自己面向教材的深刻思考与领悟。领悟教材的过程，其实是其领悟人生、领悟社会、领悟自我的过程，比较于其他教师，这种领悟不仅仅是其人生成长的需要，还是其作为"思想政治理论课"教师的职业要求。如非如此，教师很可能就成为教材的复读机、知识或者观点的叙述者，以及现实问题的罗列者，而不是能够引导学生思考、辨别、领悟而成长的"心灵导师"。

经由教师的自我领悟的教学，与教师仅仅将其知道、背熟的教材内容复述给学生而打动学生的能力是完全不同的。我把前者，即"经由教师的自我领悟的教学"，叫做"从心里长出来的教学"。孙宽宁老师发现，"我喜欢上课的时候，总是在自己对课程内容有着清晰认识和立场的时候，我给学生讲课，并不仅仅是为了说清楚课程知识本身，更是为了清楚表达自己的观点。"这是常识。但是，这确实是一种发现，因为看到这个说法，我认识到了什么样的教学才会精彩、才会有价值，那些可以令我产生幸福感的教学，才是对学生有价值的教学。幸福感，不仅来自于教学的成功，而是我与我的学生们分享了我对于教材内容的领悟。这是一种成长，它会伴随着我的整个职业生涯。这是一件幸运的事情。因为这个职业，因为"思想道德修养与法律基础"这门课程，需要我不断地领悟无尽的生活以及有限的人生，并分享它，并因为这种分享可以使他人——我的学生们——对于无尽的生活和有限的人生，有所领悟。

第三章　敬畏崇高:站在平地仰望理想

在教师的专业生活中,课程是其主要的活动对象。教师工作的绝大部分时间都在与课程打交道,教师工作的效益是通过教师对课程的有效实施来体现的。如果教师不理解课程,课程就只是一种死板的静态文本,不具备实际的活力和价值;教师因为不理解课程,其工作也就变成如搬运工似的机械劳动,不可能真正有效地实施课程,达到教书育人的目的。

孙宽宁:《课程理解的理想与现实》

一、关于理想：我们迫切需要思考的是什么

　　理想，是一个伟大的词汇。理想，是一个令人心生向往的词汇。理想，不仅表征个体之当下与未来的关联，也标注着个体如何在自我、他人和社会之间定位自己的人生位置。人的理想，体现着人作为人的一种类的属性，体现着个体的人生目的，人类文明演进的牵引力就根植在人们对于未来的向往之中。无论个人的生活愿景，还是社会的进步发展，事实上都根植于那些人们立足于当下的对未来的眺望之中。当然，个体的未来，往往就根植在其当下面向未来的那些念想之中。成为谁往往决定于个体想成为谁、想成就什么样的我，当人们一次次地在内心不断地设定未来的自我的时候，现实的"我"就在这个过程中渐趋成型。

　　我们身处于一个谁都对未来有无数想法的时代。尽管个体有面向未来的诸多想法，但是，这些想法往往指向单一，内容贫乏。多数人对于未来的念想仅仅关注自我，且关注的仅仅是物质层面之自我的追求。除此而外，人们不仅看不到湮没在物质需求中的自我，也看不到自己以外的他人和宽阔的社会。关注自我并非不可，追求物质生活的改进也需要得到尊重。但是，仅仅将他人和社会视作达成自己愿望和目的的手段，是一件十分令人担忧的事情。视宽阔崇高的理想而不见，甚至以一种戏谑、反讽的姿态，或者冷漠、对立的态度，对待神圣与崇高，则是另一件十分令人担忧的事情。

　　当下，有欲望的多，有理想的少。在价值多元的社会生态下，"与德育密切相关的危险性、挑战性首先表现在：由于达成共识是如此之难，价值多元最有可能导致的危险就是虚假的价值宽容和相对主义，

价值相对主义的结果就是价值虚无主义。"①看似多元化的生活与生活方式的背后,可能是价值观高度趋同的贫乏:生活的欲望被不断地激发,而生命的价值诉求则被不断地降低。事实上,多元的时代更需要对共同价值观的认可。但是,说服年轻人要有"理想",是一件很困难的事情。说服年轻人减少自己的欲望,提升自己的理想层次,提升自己对于生命境界的诉求,是另外一件困难的事情。在人们对于未来生活的愿景中,在一个急功近利的时代,理想并不是一个好讲的主题。如何在充塞着诸多具象欲求的内心,开拓出一块可以盛放理想而非欲望的空间,确实不是一件容易做到的事情。

一般情况下,"思想道德修养与法律基础课"教师,对年轻人讲授理想这个主题时,总是试图建立起"理想"与"成功"之间的必然关联,为此用尽心思和气力来说服学生可以像谁一样去获得成功。这样的讲述,在价值的层面将理想作为成功的必要条件,而没有在更为深刻的意义上追溯理想对于人生的价值,也没有给予"成功"这个关键性的关联词以确定的内涵。如果没有对"成功"这个作为"有理想"的直接结果的关联词给出确定的内涵,笼统的将"成功地获取财富者"作为成功者的范本,往往使"理想"这种具有自我塑造功能的精神动力,在伦理、思想的维度上的内涵变得模糊不清。

"成功"的内涵被个体化、具体化的定义,才能定性"成功"所具备的自我价值和社会价值。如果"金钱在当今社会中已经成为一种最为重要的成功标志",年轻人内心怀有的对于成功的向往,就是成为一个有钱人,而非一个真正有理想的人。相似的问题,还有对"幸福"的界定。幸福不仅像人们所模糊理解的那样,是一种"感觉",如何定

①檀传宝:《当代德育论丛》,教育科学出版社 2009 年版,总序。

义"幸福"的具体内涵，在本质上则是一个人的价值观的体现。"青少年的幸福观和奋斗目标出现危机，并不是今天才有的事情。几年前，《中国青年报》社会调查中心开展了一项主题为《你正在为什么而奋斗》的在线调查，9 844名参与者中，84.3％的人确认自己'正在奋斗'。而人们眼中的奋斗目标排名比较靠前的依次为'房子和车子（53.5％）'、'更理想的生活（44.0％）'、'成为有钱人（43.70％）'、'找个好工作'（23.9％）。"①我们不知道选择"更理想的生活"的人们如何具体理解什么是"理想的生活"、什么是"更理想的生活"。但是，从排名靠前的选项中，我们可以看到的是人们将奋斗的目标具象化为"物质"和"金钱"。看到物质，忽视精神；看到自我，忽视他人；看见具象的生活，忽视道德人格、政治人格的追求，将幸福等同于享乐。在人们的观念世界中，幸福的内涵被理解为个人的需求尤其是物质需求的被满足，这使得"幸福"的内涵变得十分狭隘而贫乏。如此，生活可能变得丰裕富足，但是，主体价值可能会在膨胀的物欲中被毫不犹豫地抛弃了，人文精神更是无从谈起。

　　毫无疑问，年轻人比以往更加关注自我的存在与发展。但是，深受物质化外部生态影响的年轻人，无法在浮躁氛围中保持自我的清醒与理智，以至于将关于未来的"诸多"目标都单一地归结为自我生活、尤其是物质生活的改善，其"理想"则被具象化为有关"享受"的具体事物，在价值倾向上毫无例外地渗透着功利主义个体倾向。当然，这不仅是我国社会转型时期社会问题在年轻人身上的映射，也一个具有全球化倾向的问题，比如美国的研究者就清醒地指出，"心理学家不断地提醒我们，年轻人与成年人一样渴望获得一种能够赋予生

---

① 徐贲：《怀疑的时代需要怎样的信仰》，东方出版社2013年版，第210页。

活意义的精神核心。如果学校与家长不能为孩子们提供有价值的生活目标和愿景，那么别人或者别的什么东西就会取而代之，用暴力、欺骗、性自由、拜金主义来引诱孩子，而且丝毫不会犹疑愧疚。"①所以，一味地指责年轻人功利、世故，无疑是有失公允的一面之词。

价值观尚未定型的年轻人认识世界认识自我的角度，当然会受到社会风气的影响，即便学校教育从完美人格培育的立场进行了相关的教育，教育的效果也会因为非均衡的社会道德环境和人文生态的作用被弱化，甚至被消解。况且，当下年轻人成长的动力主要是来自外部的生存压力，急功近利在所难免。正因如此，思想道德教育在大学教育中显得前所未有的重要，如何在非均衡的道德生态中，或者说在极其物质主义的人文生态中，给予学生以道德和人生的导向，是我国作为"直接德育"形式的"政治课"所面临的现实挑战，也是思想政治理论课教师应该承担起的不可推卸的责任。

换个角度来看当下的年轻人，我们会惊奇地发现，一些看上去排斥神圣、拒绝崇高、过分关注自我的年轻人，又有着极其强烈的"责任"意识，比较起一个彻底的物质主义者，他们更像一个矛盾的集合体："一方面，他们好像只关注他们的学业与考试，但是另一方面，在网络生活里却是'愤青'众多，他们似乎比成人更关注我们的社会、民族、国家、星球；一方面他们常常嘲笑传统的价值观念，消解甚至反抗道德生活的严肃性，但是另一方面，他们对于价值、精神生活的向往又空前高涨，一些人甚至用生命去拒绝或者抗议无意义的生活。"②"愤青"并不比责任意识淡漠具备更多的理性，尽管表面上看他们有

---

① [美]卡伦·博林，等：《在学校中培养品德：品德教育实践导引》，教育科学出版社 2012 年版，第 2 页。
② 檀传宝：《浪漫：自由与责任》，华东师范大学出版社 2012 年版，第 6 页。

"泾渭分明的是非判断和对国家民族的理想期盼"，事实上"愤青思维是一种琢磨不透的思维，他们为了骂人而骂人，他们空有一腔廉价的道德义愤而缺乏思考问题的理性……他们其实缺乏恒定的、独立的价值观。"[①]可见，越是开放宽容的时代，价值共识越是显得前所未有的重要，价值理性愈加凸显出超越一般的时代意义。

就思政理论课而言，如何在一个宽容的时代，使学生经由教育而确立对价值共识的认同，并确立清醒而稳定的价值理性，教学方法的选择至关重要。在理想主义教育的问题上，即便新古典主义面临着会助长"顺从、从众和温顺"依从性道德的质疑，我依然坚持认为"直接教授品德的方法"的价值不容忽视：积极地在课堂上界定德性，激发有关德性的讨论，对那些在过去和现在展示过令人向往的德性的人展开研究，以及将德性付诸实践的具体方式提出建议。[②] 在各种声音和行为交错碰撞中，我们需要清楚界定"核心价值观"，关注"一个权威的终极目的、一个文本、一个人、一个规则或者一个适用于最终的道德指导和有效性的原则"[③]。在我国，关于思想政治理论课，或者德育教育的方式方法的探讨，是很长时间以来的一个极其热门的研究课题，且至今热度不减。在教学方法上，探讨的核心热点依旧是对于传统的课堂讲授的不足的追问，尽管没有多少研究者直接否定以教师为主导的课堂讲授的价值，但是多数研究者的研究结论，都是在方法论的角度上得出变更教学方法，以凸显学生的主体地位，来提升教学绩效。"一言堂"、"灌输"、"填鸭"等说法，无疑都带着对于

[①] 曹林：《时评写作十讲》，复旦大学出版社 2011 年版，第 139 页。
[②] 罗伯特·纳什：《德性的探寻：关于品德教育的道德对话》，教育科学出版社 2007 年版，第 30 页。
[③] 罗伯特·纳什：《德性的探寻：关于品德教育的道德对话》，教育科学出版社 2007 年版，第 34 页。

传统的教学方法定性的色彩。但是，"热闹"更多地存在于"研究性"、"探讨性"的文本中，能够真正在现实的教学实践中得到广泛而有效的执行的，却寥寥无几。我们不能因此否认以改变传统的"一言堂式"的授课模式的诸多可行性探讨的现实价值，至少，这确实令我们更加清醒地认识"直接教授品德的方法"的不足，但是这也不足以彻底颠覆这种有效的、"经典"的教学模式，理性的做法是如何面向不足来完善这种教学模式。在理想主义这个主题的讲授上，我使用了案例教学作为辅助手段，以教师解析和讲授为主的教学模式。

讲清楚什么是理想，是一个十分关键的问题。其中要讲清楚的一个重要的理论问题是要讲清楚理想在内涵上所具备的丰富的层次性。理想在内涵上的丰富的层次性，事实上是对人生所呈现出的多维性与层次性的抽象。其中最关键的问题，是使学生确切地理解并感悟崇高与平凡的区别。理想主义教育的目的，不是否认平凡的合理性，如果在理想主义教育中不能使"平凡"的价值得到认可，理想主义教育便会陷入脱离实际的空洞之中。承认平凡的价值，并不意味着鼓励年轻人安于平凡、甚至堕入平庸。理想主义教育的最终目的，是使学生成为一个具备坚定的信仰的人，对于信仰的内涵的阐释和正确的认知，是教学中的另一个难题。作为一门具有政治性和意识形态性的课程而言，阐释"共同理想"是课程的基本目标诉求，这是当下思想政治理论课教学面临的又一个需要解决的难题。

"故事有助于孩子理解生活的意义。他们也创造了一种向善的意图。柏拉图，这位长期艰苦地思考道德教育问题的人认为，孩子应该以这样的方式来培养：他们要热爱美德。他还认为，故事……是点燃这种愿望的钥匙。"①罗伯特·纳什教授引用威廉·基尔帕特里克《为什么约翰尼不能辨别是非：道德文盲和品德教育案例》中的一段话，让我更加坚定了在传统或者经典、或者无尽的现实中来寻找具备道德教育价值的故事或者案例，同时推荐学生阅读或者观看我挑选出来的书籍和影视作品，"好的书籍会以它们自己的方式发挥作用"，毫无疑问，这是符合道德教育的要求的一种做法。教师需要付出十分的努力来做的，是从浩若烟海的书籍中精选出那些"以它们自己的方式发挥作用"的"好的书籍"。为此，除了教材指定阅读的书籍之外，我和自己的同事也拟定了一份学生需要阅读的图书和观看的影视剧目（见附录二）。这些图书和影视剧目，包含着"思想道德修养与法律基础"的课程诉求，它们不仅能够以崇高、非凡的品质感染、打动学生，更为重要的是它们包含着对于人生、人性、社会的深刻理解，能够清晰地传递完善或者完美的德性必需的卓越品质，使之能够不仅身怀敬畏，并且心向往之。

在指定观看的影视作品中，学生在终期考核中有所涉及的是《迁徙的鸟》、《立春》、《暗算》三部作品，这三部作品虽然被放在不同的章节加以推荐，但是就我推荐的初衷而言，是这些影视作品中对目标、理想上升到信念和信仰层面的执著。《暗算》中身为地下党、并为"壮丽的事业"而献身的主人公所说的"即便全世界的黑暗，都不足以影响一支蜡烛的光辉"的台词，令学生深为震惊，这种文学格调的表达，不同于那些一般的慷慨激昂，以一种优雅的姿态表达了革命者的无畏与坚定。

当学生震惊于革命者以一种优雅的姿态从容献身的时候，可以

①罗伯特·纳什：《德性的探寻：关于品德教育的道德对话》，教育科学出版社2007年版，第18页。

提醒学生去"重温"一下或者"发现"一下人民英雄纪念碑的碑文（见图一：教学课件截屏），这时可以引导他们通过简短的碑文，看到1840～1949年的革命史，就是一部波澜壮阔的"人民英雄"为了"民族独立和人民自由幸福"这个事关国家兴亡民族独立的共同目标献身的英雄史诗。其间，可以提到那些他们知道但是他们并不认识的英烈，比如秋瑾、比如赵一曼、比如李大钊，等等，使其能够从更加细微的细节了解一个先烈如何成为英烈，何以令人敬畏。这种教育，不用迂回、直截了当，因为面向这样的先烈，对其的敬畏无论多么深刻隆重，都不过分。其实，很多人并非没有面向先烈的敬畏，而是除了一个名字和高度概括的事迹之

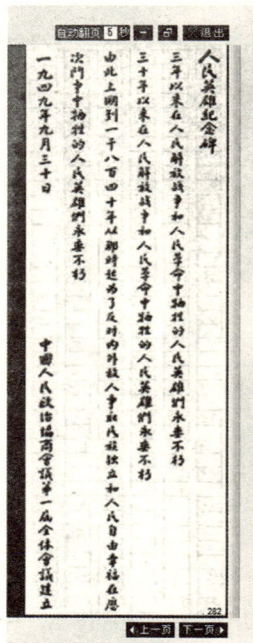

图一

外，并不了解多少他们人生的细节。花一点时间，布置学生详细了解一两位先烈的人生履历，其在对于先烈人生轨迹的细节的了解中会发现，先烈往往不仅仅是先烈，也与我们每个普通人一样是有血有肉的人。只是在人生抉择的过程中，他们选择了民族大义，而放弃了可以作为一个普通人的安稳与幸福，从普通人的角度来仰望先烈，先烈的形象变得具体而丰满，学生对于先烈的敬畏与缅怀之情油然而生。

我所面对的学生们，已经经历大学生涯的绝大部分时间，行将毕业。他们对超出专业范围的知识，事实上了解不多，也不太关注。但

是，他们因为教育而保持着良好的修养，不冷漠不偏激，专注听讲深刻思考，并按照老师的要求完成刚性和柔性的作业。经过不长时间的相处，他们对老师就表现出极大的信任和尊重。他们需要必要的知识，更需要认识自我发现人生的观察视角和思维方法。他们需要理想来定位自己的人生，需要信念来支撑自己的理想，他们需要超出自我以更宽的眼界来提升自己对于人生的诉求。当然，他们需要了解他们所面临的现实，在现实中能够安身立命。可以面对坎坷而不软弱，懂得生活并非一帆风顺，并非一帆风顺的生活也是生活的常态，因为这样的认知而可以从容面对。他们需要懂得春风得意一帆风顺时，更需要自持慎独，无论是得意忘形还是得志猖狂，最后都会重演位高坠重的人生悲剧。理想，其实是人生价值观的一种折射方式。实现理想的过程，同时也是实现个体之人生价值的过程。

在讲到理想这个主题的时候，我已经十分喜欢这些行将毕业的学生了。在他们安静而专注的神情中，我发现自己的思维如此活跃，对于语言的驾驭如此自如自在，甚至那些原本只适合文本阅读的优雅或者宏大的词汇，都能在这样的教学情境中自然而然地使用，这让教学呈现出一种典雅的学院姿态。

教育是心心相印的活动。唯独从心里生长出来的教学，才能打动需要被打动的对象。这需要教师理解自己的课程，而不是单纯的熟悉教学内容。"在教师的专业生活中，课程是其主要的活动对象。教师工作的绝大部分时间都在与课程打交道，教师工作的效益是通过教师对课程的有效实施来体现的。如果教师不理解课程，课程就只是一种死板的静态文本，不具备实际的活力和价值；教师因为不理解课程，其工作也就变成如搬运工似的机械劳动，不可能真正有效地实施课程,达到教书育人的目的。"①当然,教师首先要珍惜人生、敬畏理想,才有可能在教学中与学生产生情感和思想的共鸣,如陶行知先生所说的"心心相印"的教学情境。于教师而言,它不仅是教学的成功,也是一种职业境界的追求,这可以成为教师自我完善的源源不断的职业动能。

二、于粗砺的生活中怀想辽远的天空

在讲授或者讨论"理想"这个主题时,教师们比较常规的做法,是将教学的精力、时间主要投放在理想之于人生的意义的阐述上。一般而言,教师会罗列大量的"成功人士"的个案,以证明他们的成功与其理想之间的关联,从而激发学生去确立坚定的个体理想。这样的讲授,表面上看材料丰富,论据充分,甚至可能十分精彩,我也曾经如此处理过课程。但是,这样的课程设计,往往忽略了"思想道德修养与法律基础"这门课程的"德育"属性,仅仅用"成功人士的成功人生"作为背景来"说服"学生,试图以此建立起作为学习主体的学生的人生与理想之间的内在关联。其最大的问题,是使"理想"这个与学生自身成长成就关联密切的主题疏离了学生的生活,仅仅从他者的人生经历中知道"这样"或者"那样"可以成为像某某人一样"成功"的人,将学生的人生被安放在别人的人生路径中,缺少面向其自我、面向他们自己的内心,面向其生活与人生的现状,来思考他们对于人生的思索和向往。其问题是,没有提醒学生如何设计、安排自己的生活,如何安放自己的人生。"教育应该关怀人的生活,关怀人的生活

---

① 孙宽宁:《课程理解的理想与现实:一种教师自我关怀的视角》,山东人民出版社 2010 年版,第 50 页。

首先就应该关怀人的当下的生活,关怀此时此刻的人之'在'。教育应当成为此时此刻的个体的可能生活价值完满的一种特殊方式。"[1]生活与教育,一定要在"思品课"的课堂上交汇,课程才能摆脱"空洞说教"的声名,其真正的价值在于它能够进入学生当下以及未来的生活场域。就理想这个教学主题来看,首先要走向生活现场,能够解其"近忧"方能使之身怀"远虑",于粗砺的生活中坚守对于理想的坚守。

认识现实,正视现实,是确立个体理想的开端。成就理想的因素很多,也很复杂,虽拼尽全力理想依旧遥不可及,虽然令人悲哀,但是也并未背离生活的常态。看到成功者的共性固然重要,但是他们并不是现实中的绝大多数,让学生的视野仅仅关注金字塔尖上的少数,本身就是一种偏执而狭隘的教育观。在向学生推荐顾长卫导演的《立春》这部作品时,我并不是让他们通过观看影片接受艺术的熏陶,而是让他们可以看到生活,看到现实。我的初衷就是要告诉他们,无论是谁都或多或少地在王彩玲身上看到自己的影子,正是身处粗砺的现实场阈,理想更加弥足珍贵,也许竭尽全力我们也不能把理想转化为生活的现实,但是理想是照进现实的阳光,追逐理想的过程也是使人生不断丰满的过程。让学生清醒地认识到这种可能依旧执著于自己的理想,才是理性的理想主义教育,而非单向度地建立理想与成功人生的必然联系,生硬地说服学生在这样一个狭隘的角度上来认识理想,塑造人生。

《立春》使多少人看到了自我的影子,理想与现实的内心挣扎,普通人的无奈和苦难,以及背叛、欺骗、荒谬在我们的人生中也都存在过。主人公王彩玲说过一句话,我印象很深刻:春天一

---

[1] 刘铁芳:《走向生活的教育哲学》,湖南师范大学出版社 2005 年版,第 185 页。

到,心里总感觉蠢蠢欲动,感觉什么要发生。可是春天过去了,什么也没有发生。理想之于现实,是多么的苍白无力。王彩玲总是梦想去中央歌剧院"唱歌",可是她连那里的临时工的位置都得不到。王彩玲也经历几次感情经历······这几次经历使其很受打击,到最后又被欺骗。此时,我感觉她已经对生活失去了希望,最后,她领养了一个孩子,在孩子纯真的笑脸上,她看见自己在中央歌剧院歌唱。王彩玲,最后对现实退让了。与其说是她"对现实的退让",不如说是"退一步,换来希望。"①

比起格式化、教学文件化的教学目标,我"更加地喜欢那些贴近生活的思想和行为的目标",一直以来我十分重视这样的做法,但是并不能十分清楚地将之概括成,一个个性化的教师对于自己讲授课程的教学目标如此处理的理论表述。在阅读被誉为美国最好的老师之一的肯·贝恩的《如何成为卓越的大学教师》的时候,确定了"更加喜欢那些贴近生活的思想和行为的目标",是卓越的大学教师对于学生的期待。②《立春》,可以使学生或多或少地看到了自己的影子。生活未必如此粗粝,但是,也未必像想象的那样无风无雨顺风顺水。对于一个行将毕业、走入现实的人生现场的年轻人来说,正视现实是最为重要的事情。想要我们的学生有理想,首先要知道理想究竟离我们有多远。事实上,现实不是学生用来欣赏、打量,或者说长道短的一部电影,而是事关自己安身立命的人生大命题。

我设计了一个作业,要求学生基于调查统计分析"大学毕业生究竟值多少钱?"【"大学生究竟值多少钱"不是市侩功利的计算,而是引导学生主动思考

---

① 孟祥斌:《思想道德修养与法律基础终期考核作业》,江苏建筑职业技术学院,建工 2010-5 班。

② 肯·贝恩:《如何成为卓越的大学教师》北京大学出版社 2007 年版,第 18 页。

他们行将面对的现实，主动调适心理落差，客观理性的认识自我及社会。】在终期考核作业中，有 11 位同学提到了他们曾经完成的这个作业，占全部人数的 2.9%。类似的问题每年都会在大学生入学、毕业的档口，弥散在大大小小的各类媒体上。大学毕业生究竟值多少钱？这是大众经常诘问的一个问题，也是学生面临的一个现实问题。需要学生通过网络做大量的调查，并将结果绘制成表格，这是第一步。表面上看，在网络时代，收集资料并非难事，但是能够全面地收集资料、并整理资料，在一个信息过载的时代是十分重要的。第二步，要求学生写出简单的分析报告。第三步，谈自己面对统计结果的体会。不需要一个行将毕业的工科学生做长篇大论的写作，设置这个题目的核心理念是让学生能够了解现状，并能从容地应对现状。

　　转过年的 2013 年的夏天，他们就毕业了。每到毕业的时节，就有一些对于行将毕业的年轻人来讲极具杀伤力的报道见诸大小媒体来大肆炒作，比如"大学毕业生的起薪不如农民工"之类的讨论数见不鲜。很多学生，尚未走出校门就被这样的报道击中、甚至挫败，坠入无奈甚至绝望之中，这十分令人心痛。

　　如果我不曾提醒你如何面对诸如此类的问题的话，是我工作的失误。可能，击碎这些年轻人的自信的只是一个标题，很多人甚至不愿意打开这样的东西看上一眼，就被吓倒了。事实上，这是一个对于接受大学教育的价值的反思，而不是一个庸俗的功利主义的问题。媒体拿大学生的起薪与农民工的收入做比较，结果是大学毕业生的起薪甚至不如农民工的收入。这是一个十分讨厌、甚至无耻的比较方法，有借机炒作的嫌疑。其实，相当数量的学生会对这样的比较有清醒的认知，但是还有相当数量的学生，被诸如此类的消息困扰。作为新生不仅会怀疑读大学的价值而心灰意懒无意学习，对未来陷入深刻的忧虑和惶恐之中。除了要面对媒体所热衷的大学生起薪与农民工资水平比较的视角,学生还需要对学历差别带来的薪酬收入及发展空间的客观差异有客观的认知。对于行将毕业的学生,完成这个作业具有的现实意义,则是提醒他们了解现实,认识现实,正确估量自己的位置坐标。在终期考核作业中,一位同学基于他所收集的有关建筑行业的发展状况、不同学历的毕业生近三年的工资薪酬变化情况(表四)的了解和分析,得出了如下结论:大专生,相比于本科、硕士毕业生,在学历上没有优势,可以先找到一个公司,把它作为一学习的平台,将自己的理论知识转化到实际生产工作中,将知识转化为我们的能力、本事,我们才算找到自己的真正价值。只要公司认可了你的价值、你的能力,它才会心甘情愿地给出你高额的回报。[1] 表面上看,得出这样的结论似乎并不复杂,但是经由学生自己的分析思考给出结论的过程是十分重要的,其自主思考得出的结论,与经由教师的讲解"告诉"学生们相关的结论相比,前者不仅可以使学生了解现实,而且可以在现实中给予自我以何去何从的理性判断与选择,这种能力对于学生顺利走向工作岗位、适应工作岗位,正确对待自己与他人之间的不同与差异,是十分重要的前提性思考。

表四

单位:元

年份 \ 薪资水平 \ 学历水平	专科	本科	硕士
2010 年	2 271	2 485	2 780
2011 年	2 450	2 580	2 792
2012 年	2 768.5	2 693.5	3 032

---

[1]杨杨:《思想道德修养于法律基础终期考核作业》,江苏建筑职业技术学院,建工 2010-5 班。

　　我们不能放弃对于理想状态的描述,以建立学生对于未来的一种美好向往。同样,我们也不能忽略对于现实的认知,不能放弃以理解现实世界为目的阐释过程。对于现实的阐释的过程,尤其是对于现实中残酷的一面的认知过程,对于我的学生们来说、对于行将毕业的学生们来说,是极其难得的学习经验,其目的不是使之信心崩塌甚至颓废,而是将自己对于未来的向往建立在对于现实的理性认知的基础之上。

　　在面向并不乐观的就业与发展的前景的时候,我的学生如此表达了他们对于问题的思考:

　　　　"我们的命运哪里还能改变",是对社会竞争残酷的无奈,也是对命运的悲惨叹息。其实这些都不必将其放在我们一生中最难以攻克的难关。自己才是自己一生电影中的编剧、导演和主演,一切都在于自己的努力。而且时间,不允许任何人和他开玩笑,错过了机会,努力也会白费。参照(看到)此文,我会不断地想到自身现在所处的环境,即将毕业,学无所长,又不断地埋怨社会中一些不公平,可怨天尤人只是一时的情绪发泄,命运要变得成功还是要靠自己那双勤劳的双手。①【难能可贵的是看问题的视角。角度决定眼界。作为2013年的毕业生,他们可能需要面对一直以来高职学生就业中的一般性问题,也可能面对更多的新问题。如果希望他们面对问题依旧能够保持清醒的判断力,那么就让他们尽早学会正视现实,并能从客观的视角来分析问题,而不是仅仅看到问题窘境不知所措甚至心灰意冷。】

　　我选择了《南风窗》节选刊登的一个职校生写给编辑部的一封信"我们的命运哪里还能改变",另外一封是《南方周末》对于《南风窗》

───────────

①付啸:《思想道德修养与法律基础终期考核作业》,江苏建筑职业技术学院,建工2010-3班。

刊登的内容以"推荐"的名义,进行了"摘编"的文章。《南方周末》使用的标题是"还要奋斗多少年",这个标题虽然也蕴含着无奈的意味,但是还是提到了"奋斗",比较于《南风窗》使用的"我们的命运哪里还能改变"的标题,不是以反问的语式来诘责,已经多了些许积极的味道。我要求学生收集这两篇文章并阅读,让学生毫不迂回地与现实正面相遇。

案例是缩小的社会课堂。在我看到这封信的时候,内心因为压抑沮丧而十分难过。我可以设想如果把它应用于课堂,学生们内心的压抑纠结甚至窒息绝望的感觉一定要超过我的内心体验。"以案例作为教学工具,形同把大社会搬进了小课堂,使小课堂成为了社会实践的大场所。学生在各种案例情景中,以不同角色身份参与'现实生活',不仅得到身临其境之感,触及到现实生活之实,弥补了部分人经验不足的缺憾,而且可以学到分析思辨之法,培养智慧处事之能……"①事实上,这个案例在课堂上所营造的教学环境、学习环境,与我的想象、预判如出一辙。

确切地说,在看到这个材料的时候,我不断地试图说服自己不要把它变成一个教学素材。我十分担忧,它会在学生们的内心投下怎样的阴影甚至恐惧。在下定决心将之变成我的教学素材的时候,我已经看到了它所产生的教学情境以及学生的学习情境。确切地讲,将之称做"情境"更为确切。这个令人窒息甚至痛楚的教学情境,在我的教学生涯中,仅仅出现过两次。它令人不快,还会产生痛楚的联想,文章中描述的诸多人生的尴尬和无奈,可能也是我的学生们的真实人生。

---

① 梁周敏:《案例编写与案例教学》,河南人民出版社 2007 年版,第 148 页、149 页。

　　我在课堂上不断地观察他们。从一开始我就十分喜欢这些学生，他们乐观开朗，身上并没有多少毕业生常有的那种油滑、世故，或者愤世嫉俗。我相信他们两年以来接受了良好的专业教育，他们的专业是我们学校教学改革的前沿，新的教学模式在理论上的建构已然完成，尽管在新旧两种职教模式转换的过程中，仍有许多环节需要磨合调适，但是新的教学模式的成效已经渐趋显露。同时，给这些学生讲授专业课程的我的同事们，在面向教学、面向学生时所表现出来的敬业态度，十分令人敬畏。不仅如此，她们用自己内心的温暖带给学生们温暖，潜移默化地构建了学生温暖明亮的内心状态。

　　作为一个第五学期、在毕业学年与这些学生相遇的"政治"老师，在有限的教学时间中，需要给予他们的最为重要的东西到底是什么？在整个授课的过程中，我越来越清醒的认识到，面向纷繁复杂的人生与社会，学生所具备的思考的品质十分重要，是否能够从宏观、正面的角度来认识问题、分析问题，尤其是从正面的角度来认识并面对那些情绪化的、观点凌乱或者偏执一词的态度或者观点，是其一种重要的认识能力，也是一种重要的人生能力。

　　当然，这样的教学设计付诸实践，依旧是一场冒险。"好的教师明明知道冒险不一定能起作用也仍然具备冒险精神"、"你越是去冒险，你就会越善于认识到什么时候值得冒险、什么时候冒险有可能带来好处"[1]，我被研究者这样的建议鼓舞着，虽然我所说的"冒险"不是专家所讲的"偏离原来计划的课程和教学方法"，而是即便我对于精心设计的教学内容、对于教学内容所具备的教学价值有清醒的判断，但是，我不能确定的是，学生的课堂表现是否能和我的预期相一

---

[1] 布鲁克菲尔德：《大学教师的技巧：论课堂教学中的方法、信任和回应》，浙江大学出版社2005年版，第133页。

致。几经游移,几经斟酌,我还是坚持"冒险",和学生一起经历一次内心动荡波折的历程,并坚定地期望我所期望的教学效果的出现。

【案例材料】

我们的命运哪里还能改变

——一个"农二代"职校毕业生的来信①

我的家乡位于苏皖交界处的高淳县。县城有两所好一点的高中:高淳县中和高淳县二中,这些我是没有资格进入的(用他们的话说是,不能让一粒老鼠屎坏了一锅粥),所以我只能选择进入另一种体制下的学校——中国职业教育。

被鄙视的起点

在我们家乡,别人问你在哪里上高中,如果说是县中,不管家长或自己都特别有面子;而如果你答职高,立马会体验到什么是鄙视。上了一年职高后,我自己也明白了,这种鄙视并不是没有道理的。

刚进去时我想好好学习,可进入班级里的第一天,来自高年级同学的恐吓就来了:你给我小心点! 职高的校园里,都是一些没有考上高中的学生,一些提前被老师、家长和自己合伙抛弃了的"问题学生"。

上课,只要闹得不过分,老师绝不会管你;男同学很多在睡觉;女同学在聊天,嗑瓜子;有的同学则直接翘课。下课后,男同学找人去收保护费或者看哪个人不爽去揍他;女孩子边化妆边讨论哪个男生长得帅气,有没有女朋友;还有一些人继续在睡觉,好像所有事都跟他无关。在这里,如果有同学想跟老师说哪个同学欺负他,老师会告诉你随波逐流就好了。所以,在我的家乡,职业技术教育被乡亲们简称为—技校(鸡校)。有很多很好的女孩子就是在这样的环境下慢慢堕落的。在我们那个校园里,有很多女同学怀过孕,打过胎,之后就一步步沉沦直至最后流落到更大的城市去卖淫。学校隔三岔五有人被开除,有些是因为打群架,有些是因为生了孩子,有些是因为打了老师。这种现象,从我刚来时的不敢想象到渐渐麻木。

高考结束那天,我们乘着大巴车从高考地点回来。我知道我可能考不上大学了,一路上心情很不好。我望着窗外,不知道该干什么,也不知道未来会怎样。不知

---

① 朱振辉,载于《南风窗》2012年第16期,2012年8月6日。

过了多长时间，车到了我们家乡的村口，老师喊我下车。走到门口，我停了下来，回头望着我的那些同学，想起过往的痛苦岁月，五味杂陈，只在心里狠狠说了一句：这辈子我再也不想见到你们了。

一个大专生

高中的这段日子终于结束了，我仿佛重获自由！随后，我进入了一所位于苏南发达城市的职业技术学院。

在踏入大学校门时，我曾经觉得自己到了另外一个环境，那种恍若大学的感觉让我有种莫名的幸福和激动。然而，这些很快就消失了。

我想把专业课学得尽量好一点，但条件根本不会满足你。我们拿到的书很少有跟社会接轨的。学的都是些陈芝麻烂谷子，让你一听到老师上课就感觉反胃。每次实验课都安排得极少，因为人太多而仪器太少。

我想加入学生会，能学到一点课外知识比如音乐，弹奏什么的。但到了那里才发现，很多像我这样上大专的都是农村人，我们所受的教育根本就没有任何时间和条件让你培养兴趣爱好。这样的一大群人，成立的所谓社团，无非是大家在一起聊聊天，嗑嗑瓜子。就连学生会主席的选择都是内定的。

我实在不想在学校里虚耗光阴了，选择出去打工，想去做家教，人家只认本科生。想在暑假出去打个工挣点钱贴补自己的生活费，可现实又给我上了一课。

我们通过在招募栏里看到的招暑期工信息，70 几个同学自费挤在最多只能容纳 35 人的大巴上，每个人都是汗流浃背，每个人又都有抑制不住的兴奋。经过 3 个小时的车程到了一个工业园，放眼望去只有水泥路和工厂。我们一个个排队进入厂区，在大大的太阳底下，排成 3 排站在厂门口，等着工厂的人出来面试。然而，等了许久，太阳稍微不那么强烈一点后，终于有面试官出来跟我们说：我们只要 20 个人，你们这里的人听完下面这段话如果想留下来的话就站在原地，如果不愿意就请立马滚蛋！

第一，一个月工资 500 块；第二，住宿是 20 个人住在一个宿舍，两个人睡一张床，公司只包一顿午餐；第三，一天工作 12 小时，两班倒；第四，有可能要加班，没有加班费。听完这段话，我简直不敢相信自己的耳朵。

很多同学都毫不犹豫，极度气愤跑回了车里，扯着嗓子喊："把我们当奴隶啊？"我和几个同学商量了一下觉得还是咬咬牙，毕竟家里穷。可是进入工厂的第一天就让我知道了什么是廉价劳动力。

那是一个生产笔记本键盘的不足100人的小电子厂,里面很多是不足20岁的小姑娘,还有童工。尽管有心理准备,但工作强度,每天吃的午饭,宿舍卫生等等还是远远超出了我的想象!我忽然间感觉到自己是多么幸运,没有成为他们中的一员。

这次经历让我开始对自我命运进行了一些深入的思考。我们这群大专生简直就是社会的残次品——要体力没体力,要学历没学历,看到了很多小型的加工厂流水线招收童工和种种的非人待遇,才知道社会根本不是我们想象的那么美好。

但是,思考并没有结果,前途一片迷茫,现实仍是得过且过。用很多同学的话说,就是混张文凭。然后就是没完没了的上网,没完没了的翘课,没完没了的打球,只想把自己所有的空闲时间都挥霍一空,好让它尽快过去。

好不容易熬到了毕业,现实的残酷终于真实地落在了我们头上。2009年毕业正好赶上金融危机!学校组织的就业招聘会很多企业都是给学校面子,说是来招聘,其实是来走走过场,毕业生的简历一箩筐一箩筐地往垃圾桶里扔;很多女同学哭了,很多男同学在垃圾桶里翻出自己的简历踌躇着,环顾四周没有说一句话。所有毕业的和即将毕业的同学脸上都是近乎绝望的表情。回到宿舍,再也没有往日的豪情万丈和欢声笑语,只有死一般的寂静。

我们突然间觉得世界末日就要来临了,于是疯了似的跑各种各样的招聘会。在那人山人海里,我们仔细观察着每一条信息,但那里跟学校一样,大专生的简历塞满了垃圾桶,更多的是根本就不接我们的简历。

回到宿舍,收到学校的通知,为了就业率好看,学校竟然跟我们说:要是没有找到单位,毕业论文就不让你们过。那时候的我整天想的就是找到一份工作然后赶快离开这个该死的地方!做梦都想!最后,我统计了一下我们班的就业率:全班45人,自己找到工作的只有2人,其余的都是家里托关系或者失业的。

穷人的教育,穷人的命

回想起毕业时候找工作的那段时光,到现在,那股悲凉的情绪还萦绕在我的心头。

在一些地方,职业教育不仅仅成了向很多农村家庭欺骗钱财的手段,而且对于很多学子而言,根本就是浪费青春的一个场所。

所以，每次看到很多媒体上称，现在的大学生还不如大专生好找工作，很多中专生或者大专生工作之后拿的钱比本科生还要高等等，我真想上去抽那些作者！你去看看新闻，有多少好的、正面的事情跟职业教育有关？真正能有几个学子是通过职业教育改变命运的？他们不过是被学校卖到企业做廉价劳动力而已。至于很多职业学院举办的什么科技大奖赛之类，就像皇帝的新装，不过是学院的一块遮羞布。

在参加工作后，我发现大专和高中根本没什么区别。大专生能做的，高中生同样也能做。有很多大专生都是在工厂里经过一段时间学习培训之后，才能马马虎虎上岗。学校的很大一部分职责都转嫁给了企业，这样的职业教育还有什么值得我们留念？

职校最大的作用成了收留农村人的下一代，让我们不至于过早进入社会而沉沦的"收留所"而已。可怜的是，人数庞大的农村家长们（大部分家都是农民工）用自己辛辛苦苦打工挣的血汗钱供孩子，还希冀于通过"高等教育"让孩子改变命运。

但我们的命运哪里还能改变？

说爱情。我们的爱情经不住金钱的诱惑，现实告诉你：你必须成功，因为爱情也是需要成本的。车子买不起，房子对于我们来说那简直是一个梦！

好吧，爱情太奢侈了，我们谈谈工作。首先说创业。生活在这个时代，你会发现很多能赚钱的行业不是被垄断就是被一些有钱人捷足先登了。即使你有项目，有方向，可是你会发现，在中国这个人情社会里没有人脉资源简直寸步难行，潜规则在哪行哪业都有，而资金对于一个职业教育出身的农村人来说，更是天方夜谭。

然后再说打工。现在的大学生或者大中专80%的毕业生都是靠中小企业吸纳。可是你看看现在的这些小企业，不是融资困难，就是一些极其低端的小型加工厂，当那些企业主自顾尚且不暇的时候，他们还哪里会有任何精力来改善工人的生存环境？他们中间，有多少是真正能学到点东西？有多少是能双休，能让你住得起码觉得像个宿舍，每个法定节假日公司能让你踏踏实实享受到起码的休息时间，能保证每天的工作只有8小时？这样的企业太少了。

所以，很多时候，没有人再谈什么改变命运，追求的仅仅是生存下去罢了，但对于我们这个群体而言，这也并不是一件轻松的事。

医疗，我们家就是因病返贫的，医生居然用糖尿病人的血给我爸输血。出院的时候，收费单上突然出现个什么伙食费，天呐，我们农村人都是自己带餐具自己送饭的。

　　养老，大学期间读过一本书——《中国农民调查》，这本书让我深刻了解了什么是中国农村。现在想想我的父母亲把我拉扯大是多么的不容易。爸爸把所有的积蓄都用来治病还有供我上学，可是我上完学才知道，我连自己的生活能不能过得好都不知道，更何况他们的养老？

　　在很长一段时间，我一直都相信：无论在什么样的社会里，教育都是大多数人改变命运的唯一途径，但今天，像我这样的一个主流教育体制下的畸形儿，被社会、学者、企业、老师、家长所鄙视的职教生，还要奋斗多少年才能和你一起喝咖啡？

　　看着躺在病床上的爸爸，思考着这些问题，唯有一声叹息。

　　编者按：高考、录取、入学，每年的 6、7、8 三个月，数以百万计的中国青年要经历人生第一次重大的制度性筛选，在很大程度上，他们的命运在这样一次基于教育通道的选择中被定格。其中的一个选项便是职业教育，在主流话语中，职业教育之于中国转型的重要性早已是共识，本刊也曾刊登过多篇专家学者们论述中国职业教育的文章，但现实中的职业教育是什么样的？是否真正被我们重视过？近日，一个职业院校的学生，给我们写了一封长信，讲述他所经历的职业教育，我们择要刊登于此，或许这里有中国和中国教育的另一个面相。

　　"择要刊登"，这几个字非常重要。最为重要的不是"要"而是"择"，断章取义也是一种"择"。在一定的意义上，这篇文章是经过了编辑过滤呈现出来，我们看到的已并非原作，现在发表出来的这封"信"事实上是原作者与编辑共同完成的一个东西。我们看不到原作，看到的内容的落脚点，有着极其鲜明的指向，即旨在呈现职业教育的一系列问题。这就如同我们都想象过我国众多的乡村的状况，但是无论我做出了多么具体的想象，当你看到梁鸿的《中国，在梁庄》的时候，依旧会惊诧不已——梁庄，作为存在样式的"梁庄"、作为村庄中的一个普通村庄的梁庄的现状，依旧超越了我们所有的想象。高等职业教育，一定不是十全十美的，但是我们透过一个学生的视角所看到的高等职业教育，如此超越我们的想象。当然，这是一个个案，毫无疑问会带着个体的经验感知和个体的视角，但是，也正因为这是一个个案，它十分接近微观个体的人生状态。

【比照资料】

还要奋斗多少年?[①]

——一个"农二代"职校毕业生的来信

（原文摘编）我的家乡位于苏皖交界处的高淳县。县城好一点的高中我没有资格【原文中也使用"资格"这个词，但是我希望自己的学生可以想到"能力"这个词。能力是具备资格的若干前提之一。】进入，所以只能进入另一种体制下的学校——中国职业教育。职高的生涯结束后，我进入了一所位于苏南发达城市的职业技术学院。

我想把专业课学得尽量好一点，但条件根本不会满足你。我们拿到的书很少有跟社会接轨的。学的都是些陈芝麻烂谷子，让你一听到老师上课就感觉反胃。

好不容易熬到了毕业，现实的残酷终于真实地落在了我们头上。在招聘会上，大专生的简历塞满了垃圾桶，更多的是根本就不接我们的简历。

为了就业率好看，学校说：要是没有找到单位，毕业论文就不让你们过。那时候的我整天想的就是找到一份工作然后赶快离开这个该死的地方！做梦都想！我们班45人，自己找到工作的只有2人，其余的都是家里托关系或者失业的。

回想起毕业时候找工作的那段时光，到现在，那股悲凉的情绪还萦绕在我的心头。

在一些地方，职业教育不仅仅成了向很多农村家庭欺骗钱财的手段，而且对于很多学子而言，根本就是浪费青春的一个场所。所以，每次看到媒体说，大学生不如大专生好找工作，很多

---

①载于《南方周末》2012年8月9日。

中专生或者大专生拿的钱比本科生还要高等，我真想上去抽那些作者！

职校最大的作用成了收留农村人的下一代，让我们不至于过早进入社会而沉沦的"收留所"而已。可怜的是，人数庞大的农村家长们用自己辛辛苦苦打工挣的血汗钱供孩子，还希冀于通过"高等教育"让孩子改变命运。但我们的命运哪里还能改变？

爸爸把所有的积蓄都用来治病还有供我上学，可是我连自己的生活能不能过得好都不知道，更何况他们的养老？

在很长一段时间，我一直都相信：无论在什么样的社会里，教育都是大多数人改变命运的唯一途径，但今天，像我这样的一个主流教育体制下的畸形儿，被社会、学者、企业、老师、家长所鄙视的职教生，还要奋斗多少年才能和你们一起喝咖啡？

看着躺在病床上的爸爸，思考着这些问题，唯有一声叹息。

【推荐理由】这是一位职业院校大专生给《南风窗》写的3 500多字长文的摘录，以自己的经历现身说法，痛陈他所感知的职业教育之弊。不能说字字珠玑，但可以说字字泣血。这样的声音，需要被倾听。中国正处在工业化升级的关键时刻，对技工和职业教育的需求自不待言。中国职业教育不是太多，而是太少；不是太强，而是太弱。由于信息不对称，许多职校给学子许诺得多，兑现得少，唯利是图，根本不管学生将来的死活，这样的行为可谓"谋财害命"。知识改变命运，但仅限于有市场价值的一技之长，办学者请莫用赝品次品蒙骗学子！

客观地讲，这样的"推荐理由"是经不起推敲的，但是它却撞击着人们的内心承受力，而具备吸引眼球的超常力量。不能否认职业教育发展进程中仍有许多有待完善的地方，但是以贴标签的方式轻易地对职业教育做出否定评价，也有失公允。况且，以个案——哪怕是有一定代表性的个案——来作为论据，是需要小心谨慎的，个案形成的因素并非单一，而是十分复杂的。不能将复杂的因素归结为单一的成因，这不仅是情绪多于理智的非理性表达，这样的报道本身会成为困扰学生、甚至令其崩溃的直接诱因。

教育，当然不能用"美丽的谎言"来蒙蔽学生，但是也不能因为诸如此类的个案、观点来摧毁他们难能可贵的自信。它让学生看到了"现实"的残酷：由于得不到认可而使个体的人格萎缩。它不仅让学生看到了"现实"，更为严酷的是这种现实让学生看到了自己的过往、现在，以及"无奈"的未来，这种太过直接的相似度极高的参照往往会使人迷失自我。

比较而言，我还是比较喜欢过往的教学实践中，所使用的《我奋斗了18年才和你坐在一起喝咖啡》、《我奋斗了18年不是为了和你一起喝咖啡》两篇文章，从中不仅可以看到一个农村大学生经由奋斗改变自我命运的艰辛过程，也看到"独立""勇气""绝地反弹""起死回生"作为其人生的定语的不断成长、丰满的人生旅程。这与"我们的命运哪里还能改变"所折射的人生视角、内心能力是有所不同的。在使用"我奋斗了18年才和你坐在一起喝咖啡"、"我奋斗了18年不是为了和你一起喝咖啡"两个案例的时候，我的内心没有丝毫犹豫与不确定，相反却充满积极的期待，因为他们传递出的是一种正视现实而执著的奋斗的正能量，他们内心也会有许多的无奈，但是这不是其人生的主色调。当然，最为重要的是，我们可以从这样的年轻人的身上看到"奋斗"的价值。"我奋斗了18年不是为了和你一起喝咖啡"，比"我奋斗了18年才和你坐在一起喝咖啡"，已经由面向"一杯咖啡"引发的追问，上升到对于人生真谛的理解："曾经愤慨过，追寻过，如今却学会了不再抱怨，在一个又一个的缝隙间心平气和。差距固然存在，但并不令人遗憾，正是差距和为了弥补差距所付出的努力，加强了生命的张力，使其更有层次更加多元。"①

作为老师，我在《南方周末》上看到"我们的命运哪里还能改变"的删减版的时候，无奈的感觉令人甚至连悲伤的情绪都被湮没了，剩下的只有无法填埋的内心空洞。即便，内心的理性不断地提醒我这不过是一个个案。未来，是人生的念想，无论现实如何，这点可贵的念想便可以点燃生命的能量。如果，这点念想都不复存在的话，生活将何以继续？我不断地给自己鼓励，让学生面对这样的个案，我希望他们在那些似曾相识的人生经历中得到不一样答案，更加珍惜自己的付出，更加相信自己的未来可以超越父辈，可以在严峻的现实中有所建树并安身立命。

"我们如何才能刺激学生去建立新的模式，进行'深度'学习，而不是为了应付考试而死记硬背，即所谓的'表层'学习呢？我们研究的对象普遍认为，学习者必须（1）面对一种情形，让他们的思维模式不起作用（即不会帮助他们解释某种现象或者从事某件事情）；（2）不介意他们的思维模式阻碍和纠缠考虑的问题；（3）有能力处理对他们的一贯的信仰构成挑战所形成的感情创伤。"②

看到这段看过许多次、已经做了标记的话语的时候，我坚定了使用这个叫做"我们的命运哪里还能改变"案例的决心。我知道很多学生的内心会有痛感。我确实不能确认这些看上去如此阳光、对未来

---

① 《我奋斗了18年不是为了和你一起喝咖啡》，载于中国青年报，2007年12月24日。
② 肯·贝恩：《如何成为卓越的大学教师》，北京大学出版社2007年版，第27-28页。

充满希望的年轻人，内心会经历了怎样的心理过程。但是，从他们的课堂讨论中、从他们的作业中我看到了我想要的结果。确切地讲，在课堂讨论中，看到的不仅仅是他们的观点，更重要的是整个讨论的环节中，他们温和而从容的态度所呈现出的良好的心智能力，他们可以倾听别人的意见，包容不同的见解，在倾听不同的见解的过程中，深化并完善自己的观点，这远远超越了我对讨论的预期，也超越了以往凭借经验和直觉对他们的认识。

> 看了这篇露骨的文章，我感触很深。作者写得很现实，社会也确实如此残酷。我自身的情况和作者很相似，甚至连家乡都距离很近。不同是我中学时代都是在重点中学度过的，即使这样我也没能考上理想中的大学，虽然现在就读的院校也不差，但是毕竟是个专科，每当别人问起时，心中总有一丝自卑感，至今也是。现在的大学不像以前那样吃香，社会上到处都是大学生，学历高的也到处有，人们常说知识改变命运，如今看来知识只能改变少数人的命运，大多数人还是要靠自己追寻改变命运的途径。今年（注：指他们毕业的 2013 年）的就业形势并不怎么好，工作也不好找，本以为自己在校获得很多荣誉，可以很轻松地找家好单位，但我高估了。我毕竟是个专科生，就连三本也比不过又怎么能和本科比呢…… 读这篇文章时，确实挺让人消极的。但静静地想一想，消极和自卑有用吗？ ……所以我们要调整好自己的心态，坚定心中的目标……①

绝大多数提到这个案例的同学，基本上都持有这样的观点：第一，正视现实；第二，事在人为。看上去，结论似乎和我们的正面的教

---

① 仇志华：《思想道德修养于法律基础终期考核作业》，江苏建筑职业技术学院，建工 2010-2 班。

育、直接的说教,没有什么区别。但是,我坚信,因为与信中的主人公相同或者极其相似的生活经历,他们内心都经历一番痛楚和挣扎,最后,理性战胜了情绪和情感,破茧成蝶。再次回到积极的人生状态的时候,是一种螺旋上升的回归。

我看完这篇文章也有很多的落寞、悔恨,但这样不能有什么结果,只能让我们对未来失去了希望,对生活失去了意义,我们不能把时间浪费在这上面,因为我们还有手和脚,我们可以靠着自己的能力做我们所能做好的事,同时也能更好地生活下去,这样同样是我们的一种成功。同时,在这个过程中 我们也可以努力学习自己感兴趣的事情,说不定还会有一份自己的收获。生活如此美好,我们要好好地珍惜自己所拥有的一切。①

于粗糙的生活中怀想辽远的天空,于粗砺的现实中依旧可以保持对于辽远的天空的向往与执著,我希望尽我最大的所能使他们具备形成如此器量的观察力和理解力。

"大学生活即将结束,在我人生最重要的阶段,给我以思想的洗礼,让我对人生有更深的认识。"②

认识人生并非易事,认知自我更加困难。我并不认为我的课程可以达到"思想洗礼"的层次,但是我确实竭尽全力与学生们分享我对于课程以及人生的思考与感悟。

"生命是脆弱且有条件的。面对自然界和他人的世界,生命的进程从来都不是一帆风顺、相安无事的,总会遇到各种各样、

---

① 郭飞:《思想道德修养于法律基础终期考核作业》,江苏建筑职业技术学院,建工 2010-5 班。
② 徐英杰:《思想道德修养与法律基础终期考核作业》,江苏建筑职业技术学院,建工 2010-6 班。

意想不到的挫折、失败和痛苦的折磨。"[1]

关于人生的种种，关于人世的种种，我自己也在认识的过程中。《迁徙的鸟》，是我自己挚爱无比的一部影片，我把它推荐给学生。我认为这是一部值得珍藏一生的影片，在人生的某个时刻与它重新相遇，总会有所感悟。

> 老师，看完《迁徙的鸟》，我的心有种说不出的滋味，就是晚上睡觉时，自己偷偷地哭。不知道是我多想了还是怎样，室友都说我心细。从这个片子中，我不仅感到了生命的伟大，而且深刻地体会到鸟儿们为了寻找避难的地方是多么艰辛，它们没有固定的家。我感觉它们好可怜，或许我就想到这儿，想的多了。我想我之所以现在幸福不像鸟儿那样，是因为我是人。或许鸟儿并不能感觉它们的艰难、它们的处境危险。所以，有时我给父母打电话时，从爸妈的说话声音，我就能判断爸妈现在及最近一段时间过得是开心，还是有没有什么事，我感觉这是我与父母心有灵通的地方。鸟儿的父母也很伟大。这个片子很有教育意义，重要的一点是需要我们慢慢地去感悟，去品味。① 好好享受生活，品味生活；② 珍惜自己，热爱生命，敬畏生命；③ 懂得亲情，珍惜友情。[2]【教师批语：看过很多同学写的对于这部电影的观后感。这样的表述，还是我第一次看到。静下来，想想：有同感。】

在理想这个主题的教学中，我向学生们还推荐了一部叫做《幸福的面包》的日本电影。在人生的不同阶段，人要学会主动调整自己的生命诉求。四十岁以后的人生，要学会认识并享受简单的生活，幸福

---

[1]阎钢：《领悟人生》，四川大学出版社 1997 年版，第 166 页。
[2]同燕：《思想道德修养与法律基础终期考核作业》，江苏建筑职业技术学院，建工 2010-5 班。

感的上升依赖于人对于自己诸多欲望的简化,给生活做减法,这是一种智慧,也是从容人生的一个前提条件。

我们不仅要教会学生"拿得起",也教会学生"放得下"。当我告诉他们,四十岁以后,如果自己的人生特别纠结、特别不得意的时候,就看看这部唯美、慢节奏、且情节简单的电影,你会找到困扰自己的问题的根结之所在的。当我把自己的建议告诉学生们——四十岁以后来看《幸福的面包》的时候,会有学生觉得不可思议——老师会把作业布置到他们四十岁以后,他们会笑起来,但是当我把我的理由讲出来的时候,很多同学极其郑重地记了下来这个四十岁以后的"课程作业"。

就课程的教学目标而言,是要把学生培养成一个有理想、有远大理想的人。但是,这样的目标十分抽象,每个人的生命历程又是如此具体。在书本上,成为一个有理想、有远大理想的人,似乎并不难,但是现实生活中绝大多数人会成为了普通的人。我期望我的学生有出类拔萃的精英,但现实的逻辑是大多数人会在人生的历程中变得普普通通,我希望他们因为能够获得幸福而幸福,因为能够给予幸福而幸福,即便是一个普通人,亦会如此。如果说非凡人生取决于对人生的非凡设想,但是一路跑下来我们可能有过非凡的理想,并为之一路奔跑,但我们依旧普普通通的时候,我认为生命质量的提升取决于对于人生的领悟,四十岁以后,我希望成为普通人的我的大多数学生,可以因为自己的智慧,而得到尘世的幸福。《迁徙的鸟》,作为一部影片来欣赏,学生们的观点可谓仁者见仁、智者见智,我希望我的学生们在年轻时与它邂逅,在三十岁的时候与它重逢,那些伟大的鸟儿以自然的方式帮助我们领悟自己的人生。

这部影片我看了三四遍,每看一遍都有不一样的体会。起初,刚刚看到鸟儿在天空中向着终点前进的时刻，在旅途上遇到的各种困难，有人为的，有自然带来的，都没有打断它们飞翔的心，它们仅仅是为了到"家"。当看到鸟儿被猎人的枪射击而落的时刻，我的心突然很痛，我替鸟儿担心。但

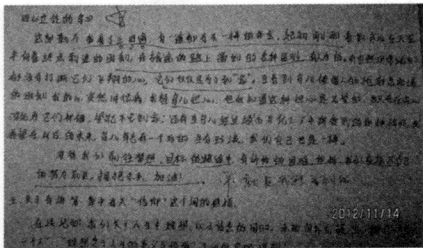

图二

是，我知道这种担心是无望的，我只有在内心深处为它们祈福，希望它们能平安到家。还有鸟儿经过城市与化工厂中所受到的那种惊吓，我就希望在以后的未来，鸟儿能够有一个好的生存环境，我们自己也是一样。

我们前往梦想、目标的路途中，有许多的困难、挫折，我们应该尽到自己的努力前进，拥抱未来，加油！①【教师评语：这就是我想看到的。这就是我希望你看到的。这是你自己看到的，在成就你的道德理性、认知智慧的过程中，这无疑也是至关重要的。】

三、"一个声名狼藉的案例"与"一个被人质疑的案例"

我在课堂上曾经使用过一个后来被称为"声名狼藉"的案例。同时，使用了另一个"令人质疑"的案例，作其先导案例。即便在现在看来，它们看上去依旧是那么有说服力，那么符合我的教学需要，当然这正是其广为流传的原因。

———————

① 郭飞：《思想道德修养与法律基础终期考核作业》，江苏建筑职业技术学院，建工 2010-5 班。

　　讲到这两个案例的时候，我看到绝大多数同学动笔，将案例记录在他们的书上（图三）。"有效的课堂讲授，和所有的教学形式一样，是师生之间的交流。这一点千真万确，即便课堂说者只有一个人，听者却多达百人。理想的状况

2012/11/14

图三

是，听者虽安静无声，他们的头脑中却正对听到的内容做出回应，或者他们的笔记里写下他们对听到的内容的反应。"①

　　在我所经历的课堂教学中，以及与同行同事的交流中，大学教师们一个共同的感受，是如非教师特别要求或者提醒，学生主动拿起笔记录教学内容，并不是一种课堂的常态。在这门课的学习要求中，我曾明确要求学习需要在其教材上做相关记录，以便完成其终期考核。丛学生终期考核提交的作业中，可以发现那哪些教学内容、哪种教学方式使学生不仅印象深刻，而且能够深入思考。至于，具体记录什么，则没有做出过明确的要求。毫无疑问，学生对这两个案例的印象是极其深刻的。"有效的教学就是判断它是否有利于学生的学习，有效的教学以学生的学习为核心，而不是以教师的教学活动为核心。"②在我做的面向终期考核作业的案例"有效性"的统计分析中，共有 186 位同学在其终期考查作业中提到了它们，占全部学生的48.4％。这样的结果从"学"的视角证明了案例的"有效性"，也可以

① 彼得·法林:《教学的乐趣:大学新教师实用指南》,华东师范大学出版社 2009 年版,第 47 页。
② 迈克尔·普洛瑟:《理解教与学:高校教学策略》,北京大学出版社 2007 年版,第 13 页。

在一定的程度上说明"教"的有效性。相当数量的学生在自己的作业中表达自己的内心感触，一位叫胡承贵的同学使用"赤裸裸"这个词，他说，这些"赤裸裸的数据告诉我们理想信念对于人生是多么重要。"当然，还有学生按照案例中给出的方式，写出了自己极其细致的人生规划。比如建筑工程技术 2010-6 班的郭效一同学，细致周全地"规划了自己的人生"[①]：

　　哈佛大学的调查数据再一次证明了梦想的伟大之处。然后老师又给我们讲述了什么是真正的梦想，听了之后我感觉自己的梦想太过模糊太不明确。随后我根据老师的要求制定了自己的计划，让它变得更加具有可行性。

　　第一，我想做的事：我希望能够在自己的家乡拥有一个自行车俱乐部，或者自行车生活馆。

　　第二，达成目标的好处：我的俱乐部经营出售自行车，以及自行车的各种配件、单车出行所必备的各种工具，这样它可以给我带来一定的经济收益。主要的目的是增加人们对自行车的喜爱，尽量减少开车出行，缓解交通压力，自行车还有利于锻炼身体。

　　第三，（需要）克服的障碍：对于初期的创业者来说，最主要的是启动资金的来源。我想先创业后成家，先通过自己努力工作，多攒一点的钱，然后再向家里要一点，大概需要五年左右的时间。等到店开起来之后，我最主要的问题是，目前人们对这种运动的喜好程度。我之所以选择在一个小城市，是因为小城市竞争对手少，但是同样面临一个问题，小城市的人是否能够接受

---

① 郭效一：《思想道德修养与法律基础终期考核作业》，江苏建筑职业技术学院，建工 2010-6 班。

这种观念。我会经常组织一些活动,来提起大家的兴趣。

第四,需要的知识和信息:具有一定的管理能力,拥有一套完整的经营理念和经营体系。对单车具有一定的了解,最主要是喜欢这项运动。有一定的单车旅行经历。

第五,共同协力的团队组织:大学期间参加了徐州同城俱乐部非官方组织,并经常参加一些活动,结交了一些单车的爱好者,他们都具有很丰富的经验。我想这个团队未来可以给我很大的帮助。

第六,发展计划:将它打造成全国最大的生活馆,让越来越多的人喜欢上这项运动。

第七,达成目标的时间:十五年。

如果这份规划得以实施,则符合"慎思"而行的行事逻辑。如果这份计划得以实施而实现的话,他已经看到其四十岁的人生,选择自己喜欢做的事情并坚持到四十岁,无论如何,这本身就是一件值得敬佩的事情。

在整个授课过程中,我一直坚持,年轻人一定不能过于急躁,急于求成是制约当下绝大多数人成长的一个重要原因。前所未有的生存压力往往令人难以忍受,年轻人急于寻求摆脱现状的机会而时刻处于一种焦灼的人生状态中,在人生发展的极其关键的时期,缺少长远的人生规划和持久的耐力,忽略成就人生的过程而觊觎一蹴而就的结果。

就个人理想而言,我希望他们具备能够看到四十岁左右的自己的远见与毅力。一个叫闫燕的女孩子,是这样表达她对于哈佛这个案例所带给她的思考。

我也想说一下我自己的目标:虽然我一直在家人眼里是只

追求平淡的生活,没有什么太大的志向(的人),但是我认为只要我做了什么事情,只要尽自己的最大努力就行。我一直以来的感觉是:人生的每一个阶段,每一个成长过程,都有自己必须要做,要认真去面对的事情,把握好珍惜好、慎重地对待每一个阶段,不就等于把握好人生了吗? 正如刚进入大学制定的职业生涯规划(五年),三年来,我就严格地按自己的目标计划一步一个脚印走过来。三年的大学生涯,我没有白白地虚度光阴,不仅收获了知识,而且学会了做人做事。马上毕业了,我的工作也找到了,并且签下的这份工作是我最想干的——有关预算、造价的。我想这正是对我的肯定。走到今天,我又有新的计划、新的目标。明年考取造价员资格证,六年后有资格一次通过注册造价工师考试。当然,我也已做了充分准备——以面对这一过程中遇到的各种各样的困难。在工作中我依然要虚心学习,但要注意校园生活与社会生活的转变。怎样尽快融入社会生活中,这很重要,也是我能否实现目标的关键。我想我只要争气,踏踏实实地工作、做人、做事,这总归是正确的选择。社会再不公平,但人总是有良知的。①

　　无论如何,作为一个思想政治理论课教师,学生能够理解教师的教学意图并能充分自主的表述,是一件十分幸福的事情。闫燕同学的试卷,是一份令我感动的试卷。我看到了她一路走来的生活,也看到了她朴实的内心,以及她对于未来的无比向往。工科学习背景,使她只能朴素地表达她学习的收获,叙述自己一路走来的历程,其学习和反思的结果是她对于自己的人生有着简单且清晰的认知。对于社

---

① 闫燕:《思想道德修养与法律基础终期考核作业》,江苏建筑职业技术学院,建工 2010-5班。

会人生的复杂性的认识不能说深刻，但是她会将本能的善良变成朴素的德性，相信质朴的善良，相信奋斗的价值。当然，她也让我坚信我对自己的教学的所有的用心和执著，都会有所收获。总会有人细心收藏，让其过往所拥有的知识、思想以及对于生活和人生的经验，在教学的过程中变成他的一种思考，一种思想，一种智慧，一种态度以至于成为一种行动，甚至是成就一种人生。让我看到"美好"就坚韧地"扎根"于每个抑或平凡的心灵中。这是作为"政治老师"才有的一种美好的人生体验。

这个表（比例）所反映的情况很清晰，但是不具绝对性。我觉得这个表不是为告诉我们社会分几层，而是为了唤醒自己心中那份未醒的梦想。【我将分析的重点放在了"目标设定"（理想）与人生成就的关系上，这是整个章节的一个重点，也是一个难点：不是因为理论复杂，而是因为学生可以凭着过往的学习经验就知道"问题"的答案，如果使学生不仅"知道"而且"懂得"教材罗列的极其简单的理想与人生之间的"因果"关联，对于教师而言，是一个教学难点。但是，我确实没有意识到学生可能会十分关注案例中有关"社会分层"的内容，而超越我需要他们关注的角度。】每个人的人生经历都是各不相同的，有人因为环境的恶劣，在压迫或者冷言冷语中被激起的很早；有人因为生活的幸福，没有了满腔斗志。

当我看到这个表（比例）时，我第一想到的就是自己的目标是什么。结果就是很迷茫，我想到了这个，但是又觉得这个不是我真正想的。这只是"被迫的理想"。所以我又重新梳理了这个矛盾：我不仅仅是自己在活着，我的未来，我的过去，我的现在都不能容忍这样的我，我要肩负责任，为未来做准备。

所以我觉得这个表（比例）唤醒了我，更让我看清了未来道路的方向。这个表的价值不在于百分之几所对应的层次，真正的价值在于不同的划分线的魅力——目标，清晰的目标、清晰长远的目标。①

　　当下十分流行的做法，是让学生通过考评系统给自己的任课教师打分，以评价一个教师的教学质量。事实上，对于教师教学质量进行评估的最为重要的方法，是通过学生的作业、考试的状况，反映学生学习的质量。"只有学生在思想上达到了我要求的质量时，学生打的高分才能说明成功。并且这种质量在打分中是反映不出来的，而是通过我的教学大纲、课外作业和对作业的评分的方式反映出来。从另一方面来讲，低分通过告诉我，我未能影响我的学生。"②这是被誉为全美国最好的老师之一的肯·贝恩教授，在其广为流传的国际畅销书《如何成为卓越的大学教师》中引用的一个老师的这个观点，我十分赞同。因此，每年我都会花大量的时间，来阅读分析学生的终期考核作业，以确定他们在多大的程度上开阔了自己的视野，是否进行了"深刻而卓有成效的学习"，哪些授课内容不仅给他们留下了深刻的印象，而且引起了他们更加深入或者全面的思索，尤其是能够介入他们自己的人生使之对人生、对自己的人生有了不同以往的远见卓识。同时，需要反思那些学生理解肤浅、或者根本没有引起学生注意的教学内容及教学设计，以便在新一轮的教学中加以改进。当然，还有意外的惊喜，那就是间或有学生能够指出教师在教学中的不足或缺陷，或者提出与教师完全不同、但是又并非没有道理的观点或者视角，这就使教师的工作充满了挑战，并因此不断趋于完善。比如，我遇到的邝梦琳同学，就指出了我教学中的一个瑕疵。

　　2007年，《福斯特》杂志的撰稿人劳伦斯·塔贝克试图追踪

---

①刘德远：《思想道德修养与法律基础终期考核作业》，江苏建筑职业技术学院，建工2010-
　8班。
②肯·贝恩：《如何成为卓越的大学教师》，北京大学出版社2007年版，第157页。

调查这个实验,并联系了几个引证这个故事的作者、1953年耶鲁大学的行政秘书,以及其他几个试图查证这个实验是否发生过的研究者,但没有一个人能够提供这个实验曾经存在的任何证明。事实上,多年以来,很多成功学导师都捕风捉影、津津乐道地引用和鼓吹某些研究发现,而从来不考虑这些研究的真实性。

近年来,一些现代精神神话在公众和商界中口耳相传,大大削弱了人们达成目标、实现梦想的可能性,更糟糕的是,由此带来的挫折感常常使人们感觉自己无法控制自己的生活。①

"为(对)此,不知老师您怎么看?"在引用了上述材料之后,我的学生郗梦琳如是说。我觉得一块石头终于落地了:我也曾有过隐约的担心。因为这个顶着"耶鲁""实验"而"实证"的结论实在太过完美,实在太符合我讲授的需要,或者说它给予了我们在经验的范畴中总结、或者臆想中认定的目标和理想对于人生的巨大的塑造作用的所有的证据,"实证"的外衣使之具有了几乎无懈可击、无与伦比的说服力。我们发现这个案例并最终不可避免地将之选编进案例教学应用手册,并于2009年10月出版,而郗梦琳同学引用的材料出自2009年12月在我国出版的一本叫做《59秒》的书中。

【案例资料】 一个声名狼藉的实验

1953年,美国耶鲁大学对毕业的学生进行了一次有关人生目标的研究调查。在开始的时候,研究人员向参与调查的学生们问了这样一个问题:"你们有人生目标吗?"对于这个问题,只有10%的学生确认他们有目标。然后,研究人员又问了学生第

---

① [英]理查德·怀斯曼:《59秒》,陕西人民出版社2009年版,引言。

二个问题："如果你们有目标，那么，你们是否能把自己的目标写下来呢？"这次，总共只有3％的学生回答是肯定的。20年后，这3％的人所拥有的财富居然超过了余下的97％的人的总和。这3％的同学当时不仅有目标，而且清楚地写出了他们的目标：

他们都写出了他们想做的事；

列出了达成目标所得到的好处；

列出了达成目标所要克服的障碍；

列出了达到目标必备的知识与信息；

列出了达到目标需要共同协力的团队、人与组织；

列出了发展的行动计划；

写出了达成目标的具体时间。

理查德·怀斯曼先生称"耶鲁目标研究"为"声名狼藉的实验"，质疑的是顶着一顶"实验"的帽子，将"有无目标"与"人生成就"之间的因果关联绝对化。如果这个实验不存在，就谈不上实验结果的可信度了。但是事实并非完全如此，我们在理查德·怀斯曼先生自己的实验中得到了与"耶鲁目标研究"类似的结论。

几年前，我进行了一次大规模的关于激励心理学的科学研究。这个研究追踪调查了全世界5 000多名参与者，这些参与者都打算实现一些目标或梦想，包括减肥、找到新工作、建立新的婚姻关系、戒烟、从事新工作、热爱环保，等等。一组参与者被追踪调查了六个月，另一组则被追踪调查了一年。……基于"科学研究"，理查德·怀斯曼先生总结出五项显著提高人们成功率的"技巧"：

首先，在其实验中取得成功的参与者都制订过计划。那些成功的参与者都将他们的总体目标分解成一系列子目标，然后按部就班地付诸行动,从而克服了当人生发生重大改变时常有的恐惧和彷徨。当子目标明确而且有清晰的时间安排的时候,计划是最有效最有力的。

第二,成功的参与者比别人更可能把自己的目标告诉朋友、家人和同事。看起来,信守自己的诺言不仅有助于消除对失败的恐惧,而且有助于避免轻易地半途而废。

第三,最终成功地改变自己生活的人常常喜欢提醒自己一旦实现目标会有哪些好事发生。这不同于白日梦幻想最美的自己,而是列出一个客观的清单,看看实现目标会有哪些好事。与之相比,不成功的参与者则倾向于关注未来能实现目标时会发生那些坏事。

第四,奖励的作用不可小觑。作为计划的一部分,成功的参与者确信每个子目标都应得到奖励。

第五,成功的参与者都喜欢用写出的方式尽可能地记录自己的计划、发展,所获得好处和奖励。①

对比一下莫须有的"耶鲁大学目标研究"与理查德·怀斯曼先生从自己的实验中得出的结论,不难发现"耶鲁大学目标研究"的"实验结论"被广为传播的原因:无论长短,目标的确立,对于人生确实有极大的塑造作用。理查德·怀斯曼先生认为,激励,可以增强对目标和未来的控制力。事实上,目标本身就是一种激励,也是一种可以影响甚至塑造人生的内生动力。

【案例资料】 一个受到质疑的实验

有一年,一群意气风发的天之骄子从美国哈佛大学毕业了,

①[英]理查德·怀斯曼:《59秒》,陕西人民出版社2009年版,第149-155页。

他们即将走向社会。他们的智力、学历、环境条件都相差无几。在临出校门前,哈佛对他们进行了一次关于人生目标的调查。结果是这样的:

27％的人,没有目标;

60％的人,目标模糊;

10％的人,有清晰但比较短期的目标;

3％的人,有清晰而长远的目标。

25 年的跟踪调查发现,他们的生活状况十分有意思:

那 3％的人,25 年间他们朝着一个方向不懈努力,几乎都成为社会各界的成功人士,其中不乏行业领袖、社会精英;10％的人,他们的共同特点是,那些短期目标不断地被达到,生活质量稳步上升。他们成为各个领域中不可缺少的专业人士,大都生活在社会的中上层;60％的人,几乎都生活在社会的中下层。他们安稳地生活与工作,但都没有什么特别成绩。剩下 27％的人,他们几乎都生活在社会的最底层。他们的生活都过得很不如意,常常失业,依靠社会救济,并常常抱怨他人、抱怨社会。

曾任北京高校毕业生就业指导中心主任的任占忠先生则质疑了"哈佛大学人生目标调查":对于大学生来讲,其职业发展真的是由其目标的清晰远近所决定的吗? 他指出,由于没有"发现"这个"调查"的确切时间,谁开展和发布的,而不敢确认其真实性,但是还是谨慎地表达了对这个调查的疑虑。不仅如此,他还从其他的有关资料及个案中,总结出对于人生可能产生影响的其他因素。比如"责任"对于人生的塑造作用。[1] 比较而言,在我遇到这两个案例的时候,我的

---

[1]任占忠:《质疑哈佛人生目标调查》,载于《中国大学生就业》2011 年第 20 期,第 34-36 页。

内心居然有些许的激动，对于"理想"这个人生主题而言，它们是如此的契合我的教学需求。平心而论，我十分珍惜这两个案例，它"关于理想的讲述"非同寻常的吸引人，并且打动人，鼓舞那些蠢蠢欲动想有所建树的年轻人。在面向这两案例的分析讲授中，我并没有鼓励学生一定要成为 3%，而是提醒学生要慎重思考自己的未来，思考自己可以成为、能够成为，最为关键的是想成为什么样的自己。毫无疑问，目标对于人生具有塑造作用。

信息的不对称是造成信息失真的一个重要因素。即便一些广为流传并为人们深信不疑的"定论"，也存在着偏颇和失真的危险。比如，国内知识界一直将房龙作为一个学者、历史学家而推崇有加，我也是在这样先验的影响的基础上，怀着一种既定的心理来面对房龙及其作品的。直到读到赵一凡先生为 2009 年版大陆首次出版的房龙的《我们的奋斗》所做的序言，才了解到房龙是一位"善于将历史通俗化"、"把深奥晦涩的史书变成普通读者的一大乐趣"的"通俗作家"。这实在是一件令我错愕不已的事情。

在信息过载的当下，我们获取信息前所未有地便利。同样，在迅捷而广泛地信息传播成为可能的同时，检证信息的客观性不是比以前更加容易，而是可能更加困难了，因为以讹传讹的范围和速度同样被强化。

在这种情况下，教师要更为慎重，以确保案例的真实客观，保证教学的权威性，这需要我在教学中付出更多的精力。同时，在面向这个存在不足的教学经历的反思的过程中，我设计了面向"声名狼藉的案例"另外一种教学模式，即我还会在日后的教学中使用到这两个莫须有的"实验"，不同的是我会引导学生反思、甚至质疑它们，在经验的范畴内检视其是否符合事实逻辑，同时讲授理查德·怀斯曼关于达成目标的"实验"及其关于如何有效达成目标的若干结论，将之与哈佛耶鲁的"实验结果"相互比照，使学生能够在不同、甚至观点相反的材料中思考并确立自己的观点，以便提升学生可以从更加多维的视角、丰富的层面来认识问题、分析问题的能力。其实，思考众多"思想道德修养与法律基础"课的各种材料和案例，就是认识人生的过程。在这个过程中，需要学生能够分辨意见、假设和事实的区别，在不同的个案和材料中间辨别观点的真伪是非，并能将思考运用到日常生活中，从而使其课堂上面向材料的分析能力演化为一种认识现实的能力。

研究者认为，教师要"随时准备承认你的错误"：学习者似乎对那些承认自己并不只知道所有答案、承认自己也和学生一样有时会有控制不住的感觉的老师比较喜欢。[①] 更为重要的是，在我国的传统文化中，对于教师的德性要求始终被放在第一位，所谓学高为师、身正为范。教学中的错误瑕疵需要本着敬业的精神尽量避免，对于出现的不足和瑕疵，本着师者的良知也要予以纠正或者补充，大学生足以辨别一个教师所犯的错误或者不足是否是教学态度涣散、职业素质低下造成的。对于优秀的教师而言，承认自己的不足完全可以获得学生的谅解和尊重。但是，无论如何作为教师，我们都应该追求更加完美的教学，成为学生可以信赖的教师，在学生眼中这样的教师不仅有较高的教学水平及道德素养，而且是"有血有肉的、有激情、有弱点和有情感的人"。

---

①布鲁克菲尔德：《大学教师的技巧：论课堂教学中的方法、信任和回应》，浙江大学出版社 2005年版，第110页。

远见幸福:实践视阈中的思想道德修养与法律基础课程理解

四、敬畏崇高:站在平地仰望理想

在本质上,理想是一种人生态度,也是人生价值观重要的体现方式。讲授"理想"这个主题,理想的类型和层次性是一个非常重要的内容。表面上看,这个内容既然不是难点,当然,一般情况下,教师也不会将其作为教学重点而写入教学目标。但是,恰恰上是这样一个看似简单易懂到一目了然的问题,却关系到学生对于理想之内涵的丰富性的深刻认知,并关系到整个理想主义教育的一个核心教育内容——对于确立崇高的个人理想的理性认知问题,这是整个理想主义教育的现实落脚点。"有的大学生政治信仰模糊,理想信念模糊。当代大学生关注社会的进步和发展,但对社会的共同理想和主流的价值观缺乏深层次的认同,对人民、对社会、对祖国、对民族的繁荣和进步所承担的责任与使命的认识不够明确。有的大学生缺乏政治热情,理想信念动摇,对共产主义缺乏信念,对中国特色社会主义缺乏信心,对中国共产党的领导缺乏信任,从而容易产生悲观厌世的情绪和政治上过于偏激的言行。成为学校和社会的不稳定因素之一。"①这是一种比较有代表性的观点,在一定的程度上反映了当下大学生的思想现状,也是思想政治教育理论课需要突破的教学难点。在一定的程度上讲,大学生对于我国当下社会共同理想的共识及信仰的达成,与思政理论课的教学绩效有着密切的关联。更多的时候,人们能够看到大学生在价值认知上存在这样或者那样的问题。但是,在分析产生的根源的时候往往又把学校教育及教师的作用隔离在外。

①刘吉发:《教学方法论:10 余种教学方法的设计与实践》,西北工业大学出版社 2009 年版,第 315 页。

同时，也未意识到学生正处于价值观形成的过程中，无论是其世界观和价值观的不成熟，还是其认识人生与社会的方法论的单一有限，都是合乎其认知能力成长规律的。恰恰是不足甚至缺陷的存在，才能凸显学校教育的价值。

学校德育并非总是体现其正效果的。研究者认为，德育转化成学生个体素质的程度有不同的层次水平：一是正效果，二是零效果，三是负效果。无论外部因素、学生的个体因素多么复杂，教师的教学水平是决定德育绩效的直接因素。不能否认，面向学生再好的教师也有束手无策的时候。学生的基本素质再好，面对教师十分平庸的教学，其内心的无奈与抵触也是可想而知的。教学一定不是在真空中发生的，任何时候教师的教学活动都发生在一定的道德生态和社会生态中。就教师而言，我们不能苛求总是与卓越的学生不期而遇而共同创造完美的教学，能够决定的只有自己面向课程与教学的深入研究与思考，尽可能做到无论与什么样的学生相遇，教师都能够从容有效地完成自己的教学活动。

在一般的底线层面上追溯理想的基本内涵，这无疑具备普世价值的倾向，比如对个体的生活理想层面的理解与诉求，在不同的文化中，在不同价值形态的文化中，是可以达成一定共识的。但是，理想是一种具备意识形态属性的精神想象，即在不同的文化和价值生态中，即便达到信仰层面的理想追求，依旧是一个歧义丛生的领域。比如，不同的文化都会对具有利他属性的理想追求定性为崇高而加以敬畏、推崇，但是崇高的内涵在不同的文化和社会政治生态下的具体属性是要进行具体的定义，崇高的内涵才是确定的。

当下我国社会经济发展，对于个体利益的尊重与保护的水平不断提升。在这样的社会生态下，关注自我谋求自我而获得其幸福生活的诉求是得到认可和尊重的主流的大众生活方式。正是如此,具有集体主义气质的价值追求的氛围有待提升,以遏止世俗价值观日益强化的功利主义倾向。

讲清楚崇高与平凡之间的区别,是确立崇高的个人理想的认知前提。这个问题并非教学难点,但是能够比较好地解决诸如此类看似简单的问题,对于提升学生的认知能力是非常好的训练。"我们毕业了,拿到了证书却没有清醒的头脑,知识渊博却只拥有人类可能性的碎片"①,这并非是耸人听闻,而可能是在过去、现在以及未来都在不断地被复制重演的人生活剧。对待平凡与崇高,很多学生可以通过描述的方式、用具体的事例来说明崇高与平凡之间的区别,面向具体的个案他们完全具备区分、定性的能力。这说明他们知道什么是崇高,什么是平凡,但是绝大多数学生不能从其所列举的事例中把崇高的本质内涵或者平凡的一般定义抽象出来。"你对学生的思维模式和认知技能了解得越深,就越容易帮助学生达到你所设定的高标准。"②在理论上能够区别平凡与崇高,是理想主题讲授的一个重要理性认知目标,它涉及人生哲学中极其核心的命题,即对人生价值观、人生态度与人生目的的理解,而绝大多数学生尚不具备这样的理论抽象能力。但是,"绝大多数学生可以通过直观生动的材料对学习内容获得更好的理解,因为他们的思维过程属于归纳式,即从具体的事例中推导出一般的、抽象的概念"③,这需要教师设计相应的教学

①威廉·F·派纳:《课程理解:历史与当代课程话语研究导论》,教育科学出版社 2003 年版,第 541 页。
②彼得·法林:《教学的乐趣:大学新教师实用指南》,华东师范大学出版社 2009 年版,第 117 页。
③彼得·法林:《教学的乐趣:大学新教师实用指南》,华东师范大学出版社 2009 年版,第 46 页。

环节，予以引导和训练。

【课件资料】 海子：**面朝大海，春暖花开**

图四

我提议学生们齐声诵读"面朝大海，春暖花开"这首诗。学生在"政治课"上极少有如此的学习体验，在大学期间的其他课程的课堂上，或者根本就不会有这样的体验。一个"政治课"教师，让超过七八十人的学生在课堂上诵读一首"诗"，一首十分通俗广为流传的"诗歌"，应该是一种不可思议的做法。但是，齐声诵读的效果是显而易见的。当然，能够不用太多的鼓动，学生就十分配合教师的提议，本身就说明了学生对于教师及教学的信任甚至尊重，这是建立在良好的已有学习体验的基础之上的一种和谐的"教"与"学"关系，也是一种师生之间彼此配合、相互合作而建立起来的人际关系。要知道，"学生的激情并不像开关控制的电灯泡，一打开就亮"，"学生的激情更像是忽闪忽灭的蜡烛光，教师要付出努力才能保持光亮，因为这只蜡烛燃烧在忽大忽小的风中——在课堂上此起彼伏的哈欠里,在校园生活新奇多变的体验里。"①在齐声诵读所营造的教学情境中,接下来是需要学生们分享这首诗歌带给他们的内心感受:温暖。干净。简单。纯洁。轻快。感伤。明朗。幸福。毫无疑问,这些表述都可以得到广泛认同,即便所有的认知都得到一致的赞同,但是至少还要学生学会,在保留自己观点的基础上给予不同于己的观点以足够的尊重。

　　读这首诗,我们的心情都会像花儿一样绽放,也就会像秋日的晴空一样澄澈美丽欢快。这首诗所反映的境界可以是每个平素的心灵对于生活的一种向往。如果这首诗体现了一种价值观,体现了对于理想生活的一种向往:那么它符合"高尚"的内涵吗?

　　这是我要跟学生讨论的核心问题。学生们听到这个问题的时候,开始犹疑不绝,他们凭借直觉可以给出他们的结论,但是却说不出为什么会得出这样或者那样的结论。阻碍学生们做出判断的根本原因,是他们的判断是基于直觉或者经验做出的。同样如果我再给出学生一些蕴含"高尚"的个案,他们凭借经验和直觉也能做出客观的判断。我需要他们基于理性的分析来辨别平凡与崇高之间的区别。同时,有限的教学时间又不允许我在这个问题上花费太多的时间去娓娓道来或者高谈阔论。我能做的就是基于我所给出的材料不断地向他们追问:高尚何以成为高尚? 平凡何以成为平凡?

―――――――――――

①彼得·法林:《教学的乐趣:大学新教师实用指南》,华东师范大学出版社2009年版,第103页。

【课件资料】　马克思：青年人在选择职业时的考虑

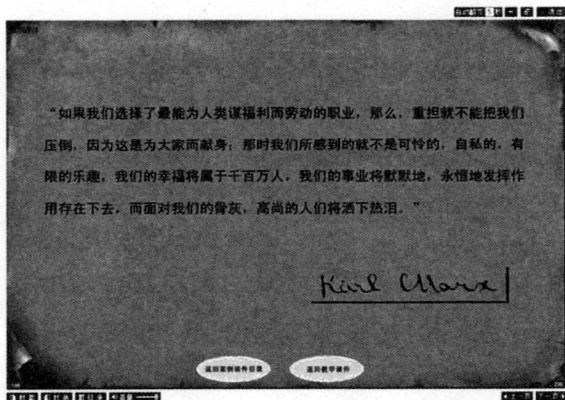

"如果我们选择了最能为人类谋福利而劳动的职业，那么，重担就不能把我们压倒，因为这是为大家而献身；那时我们所感到的就不是可怜的、自私的、有限的乐趣，我们的幸福将属于千百万人，我们的事业将默默地、永恒地发挥作用存在下去，而面对我们的骨灰，高尚的人们将洒下热泪。"

Karl Marx

图五

　　看这段著名的话的时候，我听见不少学生不自觉地读出声来。在听到老师再次追问：崇高和平凡之间的差别究竟是什么的时候，很多学生的脸上有豁然开朗的神情，我知道，他们懂了。他们概括出了崇高的本质内涵在于其思想、行为的高度利他属性，将自己的人生理想定位在为他人的利益而付出甚至奋斗终生，是值得我们敬畏的。同时，学生们领悟了做一个平凡的人：做一个温暖、纯洁、简单、愉快、善良的人，是需要付出努力的值得尊重的人生理想和生活样式。

　　作为一个主讲"思想道德修养与法律基础"课的教师，一个不容推卸的责任是培养学生对于自我修养的一种态度和惯性。其他教师因为其课程性质的原因，其教学与知识近，与德性远。作为以显性课程进行道德教育的教师，其教学不仅具有知识传授的属性，更重要的是这种教学是德性培养的过程，它应该离学生的心灵更近。内化为知，外化为行，知行一致于人生而言一直是一种考验。修如切磋琢磨，养如涵育熏陶，人生就是一场修行，并非易事。海子的诗，感动过无数心灵，即便在物质主义极其盛行的情况下，依旧感动了许多钝化了的心灵。这样美好的诗句，能够写出这样美好的诗句的心灵该是怎样的如花朵绽放一样的阳光美好。但是一个 15 岁考入北京大学法律系，一个在短短数年内写出了 200 万字作品的年轻诗人，最后却以极端的方式离开了这个世界。马克思，不仅在他的中学毕业论文中表达了自己对"青年在选择职业时的考虑"，而且用自己的一生验证了自己在中学时期对于人生价值的理解，对于人生的理解成为其终生奋斗不渝的目标，其人生也具有诠释崇高的范本的价值。

在做这个教学设计的时候，我曾经设想过课堂教学实践的效果。但是，远远没有想象到课堂教学因为这样的一个并不处心积虑的简单的教学设计，而让教学过程令人十分愉悦，并非经由教师的长篇大论、引经据典的讲授，只是巧妙地引导就得到了预期的教学效果。其中简短、出乎意外的材料选择，以恰如其分的问题设计，以引导学生主动思考，是获得令人满意的教学效果的关键。当然，这个问题的有效解决，尤其是学生有效参与教学并自主解决问题的教学模式，为接下来以教师讲授为主的教学重点及难点问题的顺利解决，做了非常好铺垫。

事实上，任何一个"政治老师"都不会缺少案例储备。出于职业的需要，他们也保持着对时事风尚的观察与思考。在很多思政理论课教师的教学实践中，他们不仅会引经据典，将并不复杂的问题做出深化的处理；或者旁征博引，并对各种社会现象、时事新闻做出这样或者那样的分析解说。值得注意的是，并不是材料众多、看上去十分饱满的课堂就是成功的教学，从实际情况来看，可能这样"丰满"的课堂恰恰是非常单薄的、甚至是教学能力贫乏的失败范本。我曾经听过一些教师的课，他们满堂课充满着格言警句式的对于诸多现实问题的分析解读，其激情澎湃十分亢奋，看上去诙谐智慧口吐莲花，语不惊人死不休，课堂变成了脱口秀，教师则更像是电视购物的主持人。这样的课堂，往往只有现象的列举，描述过多分析太少。大量看上去似乎与教学主题有关的材料，经由教师的复述堆积而成的课堂教学，可能引用的材料越多，教学越是失败。很多时候教师把大量的时间、教学的重点放在案例材料的叙述上，尽管讲得神采飞扬十分投入，但是却忽视了这个案例为什么放在这个地方，仅仅凭着感觉，却没有深入的思考、精确的设计来将其具有的教学价值挖掘呈现出来。这样学生听了一个个故事，可能感觉十分好玩。但是，对于为什么听到这样或者那样的故事并不十分清楚，案例材料与教材、教学目的是相互疏离的，学生仅仅是一个听众，而不是一个学习者。

这样的教学，当然是失败的。

有的教师的课堂教学，因其俏皮、幽默、机智，或者讥诮、调侃、反讽，谈古论今讽喻现实，可能会令学生十分欢喜，课堂气氛煞是活跃，学生似乎被教学深深地吸引着。但是这样的教学同样也面临着绩效低下的危险，之所以如此，因其太过轻俏而理性不足，其效果不是令学生一笑了之，就是坠入更深的不知不解的状态当中，学生可能会因为教师列举的材料而产生兴奋、激动、同情、愤慨等情绪反映，但是依旧不具备使自己获得豁然开朗的认知理性。案例，必须经由教学设计，使之能够体现教材、实现教学，成为连接学生与教材的桥梁。否则，案例教学一定是徒有其名的。事实上，将教学所使用的所有的案例串联起来，一定是一个有机的整体，而非毫无关联的一盘散沙，因为这些案例串联起来就是整个教材内容的具体化，是教材的课堂表现形式。所以，不仅单个的教学案例需要通过教学设计完成由教学素材向教学内容的有效转换，案例之间也必须有清晰的逻辑关系，以从不同的视角和层次上反映教材内容。这是保障成功地进行案例教学的前提条件。

教学，不仅仅是一种活动或者一个过程，作为教师首先应该认识到课程教学是系列的教学目标，在本质上具有强烈的目的性，而教学活动仅仅是达成这些目的的一个环节。当下社会，人们普遍不能容忍自己成为一个普通的自我。人们前所未有地向往成功，渴望非凡，年轻人尤其如此。表面上看，人们内心充满对于未来生活的向往。同时，对于"成功"的内涵的界定又是极其贫乏而缺少个性的。一般情况下，人们将成功的定义极其狭窄地界定为"成为一个富人"或者直接表达为"挣钱""挣到钱"，至于"挣到钱"来干什么，相当数量的人能够想到的就是将手中的金钱置换为物质要素以改善自己生活，或者过上奢侈的生活，也就是说人们普遍地将自己的人生目标更多地定位在金钱与物质享受的层面，"公开追求物质利益成为当代人幸福生活的重要内容"①。我们不能将人们对于美好生活的追求简单地做物质主义或者功利主义的界定，但是对于大学的思政理论课教师而言，担负着引导学生确立崇高的个人理想的信念的责任。做到这一点最急迫的事情还不是使之认同"高尚的人是为他人而活"的价值观，而是提醒学生严肃思考财富之于人生的价值，透视财富的本质，不仅思考"君子爱财，取之有道"的古训的行为规范价值，还要懂得在人生目的的高度上认识金钱财富可以成为人们追逐的目标，但是不能作为人之所以为人的终极目的来孜孜以求，使之不至于将人生价

①吴卫东：《当代中国生存问题的哲学研究》，人民出版社 2010 年版，第 85 页。

值的呈现方式完全湮没在对于金钱财富的汹涌的欲望中,也不能在随波逐流中放任,不断消弭宝贵而有限的人生,令生活变得毫无意义。"物欲横流,并不曾给人们真正的幸福,人性在占有物质的过程中被窒息了。对物的热切崇拜与对人的冷漠疏远形成很大的反差,人与人之间出现可怕的信任危机以及由此造成的人为风险;许多人怀揣一颗冷酷的心,对待周围的人和事。人们似乎正在遗忘邻人之爱、对社会的公正和充满意义的生活的追求。人们一味追求金钱、名利,优胜劣汰,人情冷漠。"①财富观,直白地讲是金钱观,是当下大众人生价值观最为核心或重要的组成部分。"金钱是最好的仆人,却是最坏的主人。当你的生活为追求金钱所主宰时,你就迷失了自我;而当你的金钱为你的生活所主宰时,你就接近幸福。"②这是一种非常好的表达,尽管并未达到哲学的高度,但是,它是具备一定哲理的通俗表述,更易于被学生所接受。作为教师,应该将去除金钱对于人生的异化作为教学目标,完成这个教学目标最终需要透视金钱、财富的本质,在理想的层面上认识通过金钱表现什么样的人生样式、实现什么样的人生价值。

【案例资料】 王永庆留给儿女们的一封信:透视财富的本质③

子女们:

财富虽然是每个人都喜欢的事物,但它并非与生俱来,同时也不是任何人可以随身带走。人经由各自努力程度之不同,在其一生当中固然可能累积或多或少之财富,然而当生命终结,辞别人世之时,这些财富将再全数归还社会,无人可以例外。因

---

① 吴卫东:《当代中国生存问题的哲学研究》,人民出版社 2010 年版,第 88 页。
② 严文斌:《我的财富观》,中国经济出版社 2005 年版,第 14 页。
③ 资料来源于新华网台湾频道,2008 年 11 月 10 日。

此,如果我们透视财富的本质,它终究只是上天托付作妥善管理和支配之用,没有人可以真正拥有。面对财富问题,我希望你们每一个人都能正确予以认知,并且在这样的认知基础上营造充实的人生。

我本出身于贫困家庭,历经努力耕耘,能够有所成就。在一生奋斗过程中,我日益坚定地相信,人生最大的意义和价值所在,乃是借由一己力量的发挥,能够对于社会作出实质贡献,为人群创造更为美好的发展前景,同时唯有建立这样的观念和人生目标,才能在漫长一生当中持续不断地自我期许勉励,永不懈怠,并且凭以缔造若干贡献与成就,而不虚此生。

基于这样的深刻体会,因此我希望所有子女也都能够充分理解生命的真义所在,并且出自内心的认同和支持,将我个人财富留给社会大众,使之继续发挥促进社会进步,增进人群福祉之功能,并使一生创办之企业能达到永续之经营,长远造福员工与社会。

与此同时,我也殷切期盼所有子女,在创业与日常生活中,不忘以服务奉献社会、造福人群为宗旨,而非只以私利作为追求目标,如此才能建立广阔和宏伟的见识及胸襟,充分发挥智能力量,而不负于生命之意义。

面对这个案例,我需要学生考虑的问题是:钱在什么样的情况下最值钱?钱,或者说财富,是人生的一个一般性的目标。同时,金钱、财富,也是一面镜子,可以映射出人的境界与人生品位。王永庆先生通过自己的经历及其财富观、金钱观,向我们阐释了一种境界——钱在什么情况下才最值钱:我的财富具有利他性的时候才是最具价值的财富,当然,我们获取金钱的手段具有利他性、具有社会意义和价值,财富的拥有在前提上才具有正当性。在本质上,要通过人生目标阐释自己的人身目的,并体现自己的人生价值。人生理想,对于自己的人生有什么样的期求,就可能、可以把自己变成什么样的人,成为什么样境界的人。

事实上,无论东方文化还是西方文化,利人利他者尤其是为整个民族国家的正当利益而牺牲的人,都被视作崇高而备受敬仰的人。如泰戈尔所说,人类永久的幸福不在于获得任何东西,而在于把自己给比自己更伟大的东西,给予比他更伟大的观念,即祖国的观念、人类的观念、至高神的观念。这些观念能使人类更容易舍弃他所有的一切,连他的生命也不例外。在人类没有找到某些真正索取他的一切伟大的观念之前,他的存在可能是不幸和可怜的,这种伟大的观念能使他从他们依附的全部财富中解放出来,而赋予人生以人的主体性,赋予人生以意义和价值,甚至是崇高的意义和价值。

我们为什么需要共同的理想,为什么要崇尚崇高的个体品质?这是我们面向理想、信仰等问题时,必须深入思考的另一个关键问题。仅从个体的角度领悟理想与信仰的价值,即便个人的理想信念的正当性不容置疑,但是理解理想和信仰的核心价值,在于能够超越其自我的价值,而站在民族、国家的高度上认知问题。

对于当下的中国人而言,我们这个时代的伟大,不仅在于可以看到具象的成就。同时,还包括对于个体的尊重。具体地说,我们的时代可以宽容、包容个性,对于个体正常且不背离社会正义与公平的所欲所为,都可以表现出谨慎的尊重,给予每个人追求自我追求幸福的权利和空间。同样,对于那些能够舍小取大、舍己为人、舍家为国的人,社会与个体都更有理由对之由衷地致敬。这一点,不仅对于一个民族国家的存续、发展具有客观必然性,同时,也是中华民族一以贯之的价值坐标。先人讲,修身、齐家、治国、平天下,这种价值观是中华民族的精神命脉,不仅古代社会如此,中国社会近现代化过程中这也是不可或缺的精神支撑,革命年代的牺牲不仅缔造了一个新的国家,同时,也丰富提升了传统价值观。改革开放30多年的历程,中国社会更是发生了巨大的变化,2008年一天创造的财富相当于1952年一年所创造的财富的总和。这种成就,是多少年以来中国人、中华民族所追求的目标的一部分。1840年以来,中国社会被动地一点点地明确确立了自己的时代主题:国家的独立自主、人民的富裕安康。面对历史我们需要思考的是中华民族如何站起来、中国人民如何富起来。

中华民族中国人民能够站起来、能够富起来,中华民族伟大复兴的一个根本性的原因是:理想信念是取得中国革命和建设胜利的力量源泉。邓小平认为,在枪林弹雨的战争年代,无论是面对穷凶极恶的敌人,还是面临艰难困苦的环境,坚定的理想与信念始终激励着千千万万的革命志士坚忍不拔,前仆后继,英勇斗争。邓小平同志指出:"为什么我们过去能在非常困难的情况下奋斗出来,战胜千难万险使革命胜利呢? 就是因为我们有理想,有马克思主义信念,有共产主义信念。"[1]无论是组织坚强的群体,还是动员群众去完成群众的事业,倘若没有共同的信念与理想,都是不可能的。总结过去从事政治和革命活动的经验,他指出,过去我们没有飞机,没有大炮,主要靠人。所以,人的因素极其重要,这里的"人"不是普通的人,而是指认识到人民的利益并为之奋斗的有坚定信念的人。"五十年代,广大党员和人民讲理想,讲纪律,讲为人民服务,爱党,爱国家,爱社会主义,

---

[1]《邓小平文选》第三卷,人民出版社1993年版,第110页。

这样的社会风气和道德面貌不是很好吗？三年困难时期，党和人民不是团结奋斗，渡过了难关吗？"①因此，邓小平认为，"最重要的是人的团结，要团结就要有共同的理想和坚定的信念，我们过去几十年艰苦奋斗，就是靠用坚定的信念把人民团结起来，为人民自己的利益而奋斗。没有这样的信念，就没有凝聚力。没有这样的信念，就没有一切。"②正是有了社会主义和共产主义的理想信念，我们才能始终坚持正确的政治方向。

五、如何实现理想

理想主义教育的价值，不仅要引导学生思考自己的人生，确立自己人生期许的可能高度。同时，理想主义教育最终要体现为学生是否具备有效的行动能力，因此在方法论的高度上引导学生思考并领悟如何才能实现自己的理想，是一个不可或缺的教学重点，同时也是一个教学难点。"如何实现理想"成为教学重点，不是由于其教学内容的复杂晦涩，恰恰相反，教材列举出的教学内容不仅简单，而且基本上学生自其接受学校教育开始，就不断地在不同的课程中反复接触这类内容，这是基本上没有超出学生知识范围的内容。因此，如何将一个学生反复遇到的"熟知"的内容，使其在课堂上因为不同寻常的教学模式，而深化对于所熟知的教学内容的理解，就"理想"这个教学主题而言，我希望他们能够通过学习、思考我所提供给他们的案例，而具备实现自己人生理想的实践理性。

---

① 《邓小平文选》第三卷，人民出版社1993年版，第318页。
② 《邓小平文选》第三卷，人民出版社1993年版，第190页。

【案例资料】 歇洛克·福尔摩斯的学识范围①

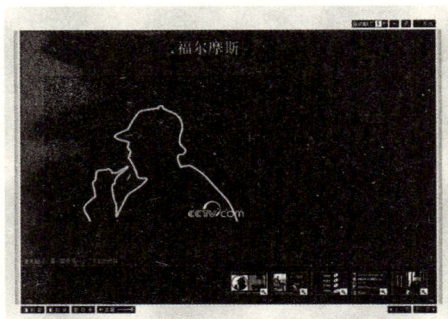

图六

1. 文学知识——无。

2. 哲学知识——无。

3. 天文学知识——无。

4. 政治学知识——浅薄。

5. 植物学知识——不全面，但对于颠茄制剂和鸦片却知之甚详。对毒剂有一般的了解，而对实用的园艺学却一无所知。

6. 地质学知识——偏于实用，但也有限。但他看一眼就能分辨出不同的土质。他散步回来后，曾把溅在他的裤子上的泥点给我看，并能根据泥点的颜色和坚实程度说明是在伦敦的什么地方溅上去的。

7. 化学知识——精深。

8. 解剖学知识——准确，但无系统。

9. 惊险文学——很广博，他似乎对于近一个世纪中发生的

---

① A·柯南道尔：《福尔摩斯探案集》，群众出版社 1979 年版，第 15-16 页。

一切恐怖事件都深知底细。

　　10．小提琴拉得很好。

　　11．善使棍棒，也精于刀剑拳术。

　　12．关于英国的法律，他具有充分实用的知识。

　　我看了无数遍"福尔摩斯"，从未注意过这段描述福尔摩斯的学识范围的文字。在讲授"如何实现理想"这个主题的时候，我一直试图寻找一种简明扼要的方式，让学生一下子就清楚什么是"有所不为"、什么是"有所为"，使之印象深刻并容易将之迁移到自身的知行经验中。但是，一直以来，只要涉及这个问题就会讲得比较"绕"，要花费与这个教学内容的重要性并不相配的过多的教学时间。因此，实际的教学效果与这个问题的重要性、与我的初衷，相差甚远。当我无意中翻动我很喜欢的这部文学作品、看到"福尔摩斯的知识范围"这段描写的时候，理想刚好是我行将讲授的内容，我知道我一直纠结的问题可以举重若轻的被解决了。当我制作好"福尔摩斯的学识范围"的教学课件时，我相信我一直期许的那种教学效果，可以实现了：出自于文学经典的这个小片段的使用视角，超出了学生以往的经验使他们觉得新鲜而有趣。但是"政治老师"的意图明确，她提出的问题是——就知识积累而言，福尔摩斯何以成为福尔摩斯？这个十分简单的教学设计产生了很好的教学效果，学生将这个问题迁移到自我，观照自我，目的明确的思考"成为自己"要如何收放，如何"有所不为"而"有所为"，这是面向何以成就理想的极其重要的思考，这种思考使理想具备了极其明确的内涵，更富于可操作性。

　　如何实现理想？实现理想，首先要有理想，要知道自己想成为什么样的人、能够成为什么样的人。这是理想能够实现与否的第一步，理想不一定远大，但是一定是"理"想：有道理、有理性的想。在理想确立的过程中，要站在平地守望未来。所谓"站在平地"，强调确立理想的过程中，要对自己的现状、潜能有清醒的认知，应该务求实际，而不是空想高远。其次，目标应该明确，而不能模糊。第三，应该专一，而不是朝立夕改。第四，要将长远目标和现实目标分析清楚，避免混淆。长远目标若是不能分解为具体的行动目标，往往不易坚持，可能仅仅是"想想"而已。当然，实现理想，最为重要的是付诸行动。无论实现的过程是多么的长期、曲折、艰巨，都要坚持。一帆风顺不能得意猖狂，郁郁不得志则不能丧失对于理想的激情和坚持的信念。

听过了老师的课，我再次启动了梦想的翅膀。还记得老师上课的时候播放了一段视频，这段视频让我非常惊讶，原来梦想的力量如此伟大。它讲述了一个日本人，用一辆自行车，只是一辆简单的自行车，然后花费了几年的时间去环游世界。当时我被这个瘦弱的男人深深吸引，他那张平凡的面孔底下蕴藏着多大的能量，我想这就是梦想的伟大之处，伟大的梦想让平凡的人不再平凡。①

"原来梦想的力量如此伟大"，难道这不是一种唤醒吗？

"当看完老师给我们放完的那一部短片时，我的内心真正地'震撼'了，我突然想到了那时自己的梦想，那时无畏的想法，它一直都在我的心中、脑中游荡，从未走出来看看世界的精彩。"②

"震撼"，并非因为材料超出了他们已有的知识能力。作为知识，其实学生当然知道"理想是一种伟大的力量"，问题是他们仅仅将"理想"作为一种知识来对待，处于把自己与其理想相互疏离的他者状态之中。从他们已经熟悉得不能再熟悉的知识经验中，唤醒其自我意

---

① 郭效一：《思想道德修养与法律基础终期考核作业》，江苏建筑职业技术学院，建工 2010-6 班。
② 马宗阳：《思想道德修养与法律基础终期考核作业》，江苏建筑职业技术学院，建工 2010-6 班。

识,唤醒潜藏于生命本体之中的生存智慧之觉悟,确切地说,这是一种"激活",是与自己的理想重新相遇。

【案例资料】 我的大海挂在墙上①

这个男人很有趣。36 岁,日本男子,岩崎敬一。

8 年前,他 28 岁,在父亲经营的空调商店工作。每一天都困在本州岛前桥市这个小店里,对顾客迎来送往,他觉得人生十分无聊,想出去旅行。

去哪里? 带多少钱和几张信用卡? 准备什么行李?

先环游日本,再环游全世界。就带 160 日元(约相当于 12 元人民币)。行李就是一辆自行车和简单的换洗衣服。

这是天方夜谭。知道的人肯定会笑掉大牙,所以他谁也不说,悄悄出发。走之前,或许给父母留了张便条,告知:你们的儿子准备骑自行车环游日本,乃至全世界。

这个笑话,最后成了一个传奇。

他每天能骑 70 公里到 100 公里,骑坏了两辆自行车,用 8 年的时间,到过 37 个国家,包括韩国、中国、西班牙和一长列名单,行程长达 4.5 万公里。区区 160 日元早就花得精光,岩崎敬一在途中依靠表演杂耍和魔术,挣取生活费。能用自身本领,逗得看客们哈哈大笑或者尖叫不断,比在空调店里一丝不苟地数钱要来得幸福。

就是这种幸福,让他不停地踩动车轮,屈身向前,在流泻的朝霞里,在漫天星光下,在狂风暴雨里,也在悠然雪花下……从而得到更多的幸福。

---

① 羽毛:《我的大海挂在墙上》,载于《广州日报》2009 年 11 月 18 日 B6 版。

岩崎敬一看过无数的美景：秀美山川环抱着青绿湖泊，不可一世的珠穆朗玛峰顶着一整块的蔚蓝。他找到恒河的源头，划着小舟顺流而下，居然漂到了大海。这一长达 1300 公里的旅程，用掉 35 天，却值得一辈子收藏。

他也受过无数的惊吓，曾被无情的强盗打劫，在印度还遭到莫名的逮捕。最糟糕的一次，他差点被一只沉默的疯狗咬死。

美景让他柔软，而惊吓使他强大。越是柔软越是强大，他懂得大自然也是如此，凶悍而又温柔，他的人已化为其中一棵生生不息、日益旺盛的植物。

当然，也有不期而遇的爱情。不过旅途中的爱情，难以找到停靠站，岩崎敬一只能孤单地背上背包，继续一个人倔强快乐地进行全球之旅。

据英国媒体报道，目前岩崎敬一已经抵达瑞士，"我计划前往非洲，然后取道南美、北美，最后于 2010 年回到阔别 10 年的日本。"

他的梦想总比常人多，未来的日子里，他还要攀登欧洲最高峰勃朗峰，独自划船穿越大西洋，花 5 年时间继续环球旅行，40 岁返回日本后写一本关于环球之行的畅销书……

这每一项，旁人都会觉得不可思议吧。至少对我而言，是不可完成的任务。

我是谁呢？就是那种一直嚷嚷要去看海、至今还没有看过海的人。为什么？原因也有很多：暂时没钱，能靠 160 日元完成旅行的人，绝对要超强悍；暂时没空，总有俗事杂务、无数计划要去完成；暂时没有心情，总被日常的柴米油盐所累……

于是，我只能在墙上挂幅大海的照片，望海兴叹。

我很羡慕这个骑自行车环球旅行的哥们儿。

唯一的一张介绍照片上，他就站在蔚蓝大海边，太阳帽帽檐扣在脑后，蓝 T 恤白裤子，扶着单车，前后都是大包裹，笑眯眯地骄傲地看着我。

他的全球旅行是一个传奇，而有多少人的梦想，始终悬挂在墙上？

一位叫董丽的同学在她的终期作业表达了她对案例的理解，"不要将自己的大海挂在墙上，很受感触的一句话，很羡慕那个带着两元钱（十二元人民币）骑着自行车去旅游的日本人。我们总是想得太多而勇气太少，太容易就被束缚住，年轻的时候想着先做这个还是先做那个、以后还有机会做，等老了又力不从心了。人生至少有一次说走就走。"[1]共有 43 个同学在其终期作业中提到了这个案例，占总人数的 11.2%。"不要将大海挂在墙上"：这个故事告诉我没有别的，理想就要付诸行动，我的学生朱佳南这样概括。我并不希望学生单纯去模仿他人，这些用来讨论的样本人生的价值，是希望学生"找回自己"或者"找到自己"。

不要将自己的大海挂在墙上——什么都没记住，就记住了这句话，内心对这种人很佩服。小的时候都有自己的梦想，现在看来都忘得一干二净。我是一个内心很容易动摇的人，没有了自己的大海，我想找回自己的大海。[2]

教学设计的一个重要内容，是教学流程的设计。不同的教学流

---

[1]董丽：《思想道德修养与法律基础终期考核作业》，江苏建筑职业技术学院，建工 2010-7 班。

[2]张煊耀：《思想道德修养与法律基础终期考核作业》，江苏建筑职业技术学院，建工 2010-6 班。

程,不同承转起合所达到的教学效果是有所不同的。一般而言,思政理论课教师比较习惯于按照教材的套路做滔滔不绝的讲述,更多的教师会将备课的重点放在材料的收集上,而不会用太多的时间和精力来思考如何设计自己的教学才会取得更好的教学效果。"学生所描述的糟糕的听课经历是,课堂里只有观点。"①不仅如此,教师对此也时常感到十分无奈,因为即便课堂已经被塞的再也没有任何缝隙,教材上的内容还是不能完全被覆盖。在教学中,教师做加法比较容易,但是学会驾驭如何删减教学内容、如何做减法,则是非常困难的事情。在教学经验中,似乎没有哪门课的学时是充裕的、"够用的",所以面面俱到是教学的一个致命缺点。必要的教学设计,会在一定程度上解决"面面俱到"而"面面不到"的困境。成功的教学设计,不仅使学生的听课效果更好,并且可能成为一种"美好"的享受,对于教师而言,疏密有致的教学也会成为一个令人愉悦的过程,对于教学目标的达成效果要远远超过"满堂灌"的教学绩效。

【案例资料】 彭端淑:为学一首示子侄②

天下事有难易乎? 为之,则难者亦易矣;不为,则易者亦难矣。人之为学有难易乎? 学之,则难者亦易矣;不学,则易者亦难矣。吾资之昏不逮人也,吾材之庸不逮人也;旦旦而学之,久而不怠焉,迄乎成,而亦不知其昏与庸也。吾资之聪倍人也,吾材之敏倍人也;屏弃而不用,其与昏与庸无以异也。圣人之道,卒于鲁也传之。然则昏庸聪敏之用,岂有常哉?

蜀之鄙有二僧:其一贫,其一富。贫者语于富者曰:"吾欲之

①彼得·法林:《教学的乐趣:大学新教师实用指南》,华东师范大学出版社 2009 年版,第45 页。
②周国光:《中国古代教育论著选译》,贵州人民出版社 1981 年版,第 146 页。

南海，何如？"富者曰："子何恃而往？"曰："吾一瓶一钵足矣。"富者曰："吾数年来欲买舟而下，犹未能也。子何恃而往！"越明年，贫者自南海还，以告富者，富者有惭色。

　　西蜀之去南海，不知几千里也，僧富者不能至而贫者至焉。人之立志，顾不如蜀鄙之僧哉？是故聪与敏，可恃而不可恃也；自恃其聪与敏而不学者，自败者也。昏与庸，可限而不可限也；不自限其昏与庸而力学不倦者，自力者也。

在终期考核作业中，共有65位同学提到这个案例，并书写了自己的感受，占总数的16.9%。这超出了我对这个案例的教学价值的预判。

　　天下事有难易乎，为之则难者亦易矣，不为，则易者亦难矣。这句话是中学语文课所学，当时的我对它没有什么感觉。可是，那天老师又提到这句话，这时我的感触很深，我想是因为经历的事情多了，所以感触也就深了。①

事实上，这是一种发现——这段并不复杂的古文，已经不仅仅是原来他们知道的知识，而是一种见解，并成为一种见识，这是一种认知能力的提升，这样，作者的写作初衷得以呈现，这段古文的德育价值在这个时候，才被其认同。我不过是用其作为"理想"这个主题的结束语，原文背诵，未做任何阐释。

_____

①马宗阳：《思想道德修养与法律基础终期考核作业》，江苏建筑职业技术学院，建工2010-6班。

第四章 道德与法律框架中的人生与人生价值

　　看见世界，并非洞察世事。洞察世事，并非心灵抵达。但是，首先要看见。感动，不是一种具有持久性的情感，一般情况下是一种缺少稳定性的瞬时情绪，将之衍生为一种稳定的情感，以至于在若干年后，你都能凭借对于事物理性的认知以及朴素的情感，而于粗砺的现实中保持自己内心的清醒与行为的端正，因而获得"端庄"的人生。

2012 年秋季学期授课手记

一、人:何以体现人"生"之价值

人生,乃宇宙中的一种事,冯友兰先生如是说。[1]　这种概括,真好。在我主讲的课程的教材上,规范化的表述是世界观、人生观以及二者之间的关系。认识人生,认识你自己,这是人生的一个大学问,也是人生的一件大事情。探求人生的究竟,即是人生哲学,李石岑先生在其 1926 年出版的《人生哲学》一书中化繁从简地如此概括"人生哲学"的内涵,他认为这个看似简略的定义,实则"所包最广而所望最奢"。[2]　哲学家,站在哲学的高度上参生悟死,在出世与入世之间做出各自的判断,并试图以各自对于人生深邃的思索来借给芸芸众生一双慧眼,看透大千世界与缤纷人生。但是,绝大多数人并没有因为哲学家的存在,并没有因为哲学家对于人生、人性深邃且异于常人的思索,而改变自己的人生,他们依旧我行我素地用自己的方式成就具体的自我,成为哲学家不屑关注的那些具体。看上去,人们更愿意按照自己的方式实践人生。

在讲述"领悟人生真谛,创造人生价值"的内容时,作为整个课程的教学重点,"人生价值"部分要将前面涉及的内容提升到一个较高的层面——人生哲学的层面上,来认识人生的真谛,它包含着人生价值、人生目的、人生态度等基本内容。我并没有将这部分内容直接定位为"人生哲学"来进行课程教学。"思想道德修养与法律基础",这门旨在进行思想道德教育以使大学生确立正确的人生观、价值观的课程,并没有在规范、严谨的哲学层面上建构其内容体系,以帮助学

---

①冯友兰:《觉解人生》,浙江人民出版社 1996 年版,第 1 页。
②李石岑:《人生哲学》,商务印书馆 1926 年版,第 10 页。

生获得透过纷繁复杂的现象、看清人生的本质的哲学方法，所包含的内容像压缩饼干，仅仅是纲领性的提炼。人的本质是什么？人生的目的又是什么？有限的人生如何体现人生的价值？在并非坦途的人生旅程中我们又如何面对人生中的种种不堪承受之重？拜金主义、享乐主义、极端个人主义、虚无主义，等等，这些范畴作为正确、科学的人生观的对立面，在教材中有所提及，但是仅仅是泛泛而论，做出了定性的判断，但是"为什么"做出这样判断，涉及甚少。比如"反对拜金主义的人生观"的教学内容，无论从当下社会的现状，还是从学生的认知水平、理论素质，都是一个需要重视的教学重点。教材内容极其简略，仅仅阐述了什么是"拜金主义"及"拜金主义"的危害。在谈到拜金主义的危害时，教材是这样表述的。

> 用拜金主义指导生活实践，并由此确立生活目的，其危害显而易见："神圣"的金钱成为人的存在和全部实践活动的目的，个体生命的意义就会如人们所评价的那样，"可怜的只剩下钱了"，人与人之间除了赤裸裸的利害关系、冷酷无情的金钱交易，再也没有其他的关系，人的尊严和情感被湮没在金钱的冰水之中。拜金主义是引发钱权交易、行贿受贿、贪赃枉法等丑恶现象的重要思想根源。

毫无疑问，这是极其概略的表述。教师面临的挑战，就是如何将之还原为生活、现象、具体，同时又需要从现实、具体提升到理论的高度以俯视现实，透观拜金主义的实质。最大的挑战还来自如何将这样一个要花费相当时间的教学过程压缩在尽量短的时间内完成。与高度凝练概括的风格有所区别的另外一种教材编写的方式，是用极其具体的方式来呈现一个具有一般性的观点，以至于理论到现象之间有巨大的落差。比如"反对享乐主义人生观"这个教学内容，教材上是这样表述的。

如果把享乐尤其是感官的享乐变成人生的唯一目的,作为一种"主义"去诠释人生的全部意义,则是对人的需要的一种偏狭理解,由此确立的人生目的是不正确的。比如,一些大学生用父母辛苦劳作挣来的血汗钱比阔气、摆排场,在消费上超出自己的承受能力,追逐名牌和奢侈品,有的甚至负债累累。这些错误的观念和行为,不仅危害大学生的健康成长,而且危害社会风气。因此,同学们一定要深刻认清我国的国情,摆脱享乐主义的陷阱,正确理解消费与节约的关系,确立健康文明的消费观念。

如果直接按照这样的内在逻辑进行教学,则面临着不够严谨的问题。第一,消费观,不能直接上升到人生观的高度,也不能将二者直接等同。第二,"一些大学生用父母辛苦劳作挣来的血汗钱比阔气、摆排场,在消费上超出自己的承受能力,追逐名牌和奢侈品,有的甚至负债累累",确实"危害大学生的健康成长",需要大学生反思,但有这种行为表现的大学生并不见得就将"享乐主义"作为人生目的的唯一目的,绝大多数学生可能仅仅是由于"虚荣",尚未将之上升到人生唯一追求的程度,所以"享乐主义"的这顶帽子戴在"比阔气"、"摆排场"、"追逐名牌"、"奢侈品"的个别大学生的头上,并不十分合适。况且,大学生尚在成长之中,人生观尚在形成。第三,"用父母辛苦劳作挣来的血汗钱比阔气、摆排场,在消费上超出自己的承受能力,追逐名牌和奢侈品,有的甚至负债累累",是"错误的观念和行为",那么是不是说家境富裕、不超出家庭的承受能力就不需要面临同样的道德评判呢?事实上,正是富裕阶层的消费观引领了"消费主义"的价值倾向。确实有思想成熟的学生向我提出过质疑:是不是只要有条件消费就可以无所顾忌满足自己的欲望呢?第四,"同学们一定要深刻认清我国的国情，摆脱享乐主义的陷阱，正确理解消费与节约的关系，确立健康文明的消费观念"，享乐主义是一种需要抵制的人生观，与国情没有直接关联，"成由节俭败由奢"的俗语已经清楚地说明了这个道理。

事实上，无论是用一些"名词"定性的方式，为社会现象、生活方式简单的贴上标签，或者仅仅罗列一些现象来对号入座，都不是一种严谨的教学态度，都不能达到使学生澄清内心以透观人生、把握自我的教学目的。我们向往借助教学帮助学生了解、甚至洞察人生的真相，这又是谈何容易。即便哲人，关于"人生真谛"的认知也往往是仁者见仁、智者见智，所见所持各不相同，甚至各自关于人生彻悟是完全相反的，这足以说明彻悟人生是一件并不容易的事情。

任何一种可以成为哲学的关于人生的追问与反思的思想或观点，都包含着其认识世界的独特视角，我们仅仅给其贴上正确或者错误的标签，而不能深入分析，其说服力是相对有限的。对于一门课时有限的公共基础课而言，也不能通过教学使学生可以站在哲人肩头、比照哲人的各种观点来打量人生，借助宽博的知识积累在众说纷纭的观点中求索真相。如果直接将教材的内容转述给学生，比如告诉学生"人生须认真"、"人生当务实"、"人生应乐观"、"人生要进取"，毫无疑问这些并非高深的学问，几乎是学生自做学生以来，甚至有"生"以来，他们的家长、老师都不厌其烦地强调过无数遍的"真理"。即便学生认同这些道理的正确性，但是也未必能以此来"端正"其人生态度、端正其人生。我们不能否认这些"老生常谈"对于人生的指导和塑造价值，但是作为一个思政理论课教师要清醒地认知到，并非教材上的这些内容具有颠扑不灭的价值指导意义，教学就会自然而然地具备了说服力、吸引力。当我们在教材上只能看到"人生须认真"、

"人生当务实"、"人生应乐观"、"人生要进取"来解释"积极进取的人生态度"的时候,我们需要从学生的角度来思考,他们想知道的一定不仅仅是你来告诉他——"人生须认真"、"人生当务实"、"人生应乐观"、"人生要进取"——这样简单的结论。他们或许不知道众多的上升到哲学高度的关于人生的众多思考,但是他们需要在本原的地方来思考"人"及人"生"的价值。他们需要接近哲学意味的思索追问。不仅如此,我希望他们思考的结论恰恰与教材的结论彼此吻合。我把他们领到人生的尽头,从死亡回溯人生的真谛。我希望这种方法是有效的。

　　首先,我从《列子·说符》中找到一个寓言故事,告诉他们透过现象,看到本质是一件并不容易的事情。杨布打狗,是"人生价值"这个主题的一个导入案例,替代了我此前一直使用的"俄狄浦斯"的传说。比较而言,俄狄浦斯的传说的故事性很强,且包含着学生所熟知的"斯芬克斯之谜",这一小部分的熟悉以及对于整个故事的陌生,使学生对于这个故事保持了极高的兴趣和关注。但是它的内涵可以做众多的解读,讨论会在很多环节上蔓延开来,耗费大量的时间。

　　我也曾用"赵氏孤儿"的故事,作为第三章的导入案例。选择它的初衷,是因为在复杂的人性背景中,凸显出的"大忠大义、舍生取义、不屈不挠、敢于献身"等品格的震撼人心的力量。在复杂的人性和多元的价值取舍的背景上凸显出来的"人"的品质,很容易激发学生们去思考"人生的真相"。

　　"人生的真相,即是具体的人生"①,冯友兰先生的这个观点,对于我如何讲授"人生价值""人生真谛"这个主题,有一种开解性的作

----

① 冯友兰:《一种人生观》,商务印书馆 1934 年版,第 4 页。

用。通过案例将抽象的"人生真相"还原为"具体的人生",在教师的帮助下让学生从"具体的人生"中抽象出"人生的真相",教师的"价值引导"与学生的"自主建构"相互作用,使常识的内容通过非常的方式让学生在案例资料创设的问题与情境中重新发现"常理",并认识到其所具备的恒常不变的价值。"不讲理"和"有理没讲好"是造成大学德育实效不高的两大问题。① 有理没讲好,在很多时候不是因为道理多么深奥,而是正好相反,是要一个具备一定的理性认知能力的大学生来面对"人之常理"。实践证明,常理能够讲出非常道,教学方法的变更至关重要。如何让学生"从具体的人生"中发现"人生的真相",则是教师在教学上面临的真正的挑战。

【案例资料】 杨布打狗

　　杨朱之弟曰布,衣素衣而出。天雨,解素衣,衣缁衣而反。其狗不知,迎而吠之。杨布怒,将扑之。杨朱曰:"子无扑矣!子亦犹是也。向者使汝狗白而往,黑而来,岂能无怪哉?"②

　　在2012年秋季学期,我在部分班级试着使用了更加简洁"杨布打狗"的寓言故事作为导入案例。这个寓言故事很短,出自《列子·说符》。通过这个寓言故事,我希望学生分享的是,人生非常重要的一点,是能够透过纷繁复杂的现象看到事物背后的本质。尤其是事关重大的问题。但是,看清人生的本质,并非是一件容易的事情。

　　杨朱的弟弟叫杨布,他穿着白色的衣服出门,遇到大雨,杨布便脱下了白色的衣服,穿着黑色的衣服回家。他家的狗没有认出杨布,冲着他叫唤,杨布很生气要打它。杨朱说:不要打狗。假如刚才狗离开的时候是白的,回来变成黑的,怎么能不奇怪

---

①檀传宝:《浪漫:自由与责任》,华东师范大学出版社2012年版,第13页。
②《列子》,中州古籍出版社2010年版,张长法,注译,第226页。

呢。这个故事的寓意在于不要以短浅的目光看到事物的表面而要看到其本质。同样,当朋友误解自己时,不要头脑发热,动怒发火,而应设身处地站在别人的角度去思考问题。事物千变万化,要理性地看待周围的事物。所谓理性地看待,不仅仅是看到的,而是应该理性地去分析它、看清他。①

人生的种种问题,穷尽到最后,不过是反思:人究竟是什么? 生由何来? 死又何往? 人生具有唯一性、不可逆性,哲学家对于"死"这个终结性的问题,给予超出一般的关注。"死亡虽说是生命的反题,但两者实在又是混在一起的。抬脚一步,既是生的跨出,也是死的迈进:一方面是由生而来的体会和欣赏,另一方面是由死而来的反观与把握。就仿佛夏多布里昂《墓中回忆录》这个标题所暗示的,死亡从空间和时间的维度对生命的完整性进行了勾勒。没有死亡,生命就是不完整的;没有死亡,生命就会变成一种无限的、近乎幻想的抽象物。"②但是,对于普通人而言,在其人生的绝大多数时候,人们并不会去思量"死"这个问题,而更愿意思考如何更好地"活",对"生"的关注远远超过对"死"的深思与慎思。无论如何"死"是一个终将到来的时刻,不需要人们花费太多的精力去思考它。但是,生死观则是人生观最为重要的组成部分,在人生的高度上俯视"死亡",它不仅仅是一个具体的人生过程的终结,在其个体的人生样式中这个过程往往蕴含着对其生命意义和价值的阐释。"当我们等着瞧生命的最后一刻的时候,不要说一个凡人是幸福的——在他还没有越过生命的界限,

①徐援超:《2012思想道德修养与法律基础期终考核作业》,江苏建筑职业技术学院,建安
　2010-1班。
②陈新汉:《哲学与人生:哲学概论新论》,上海人民出版社2010年版,第44页。

还没有得到痛苦的解脱之前"①,这是对谜一般的命运的感叹。德尔斐神庙的门楣上刻着的恰恰是"认识你自己",在俄狄浦斯的传说中,最受到哲人关注推崇的不是俄狄浦斯的命运,而是斯芬克斯之谜,其隐含的价值是引导人们去"认识自己"。"死亡使我们思考,强行将我们变成思想者,变成一种沉思的存在者"②,设想自己站在人生的终点处,反观人生,是一种非常的内心体验,我设计了从这个地方和学生们一起开始领悟人生。

【案例资料】 将生命当成一种租赁③

在韩国流行过一种"死一把"的活动,参与这个活动的人首先要进行一个以"生命的意义"为题的测试,留下肖像,写下遗嘱,然后穿上麻布做的寿衣躺进棺材里。体验者能在棺材中听到哭声,大约15分钟后,工作人员再打开棺材,体验活动结束。据主创人员介绍,设计这种"死一把"的体验活动,目的是为了让人们反省过去,珍惜现在,更好地面对未来。很多参与者都有类似的感触:"在棺材里,我非常非常害怕,想起了母亲和去世的亲友。现在我要创造一个没有遗憾的人生。"

国人有句俗话:不见棺材不落泪。只有真正面对死亡时,人的心态才会发生根本性的变化。生命有如某种租赁,只不过这种租赁有好有坏,有长有短,有悲有喜而已。

英国心理学家弗兰克·托里斯博士作过这样一次调查:如果意识到生命是一场租赁,你会对生活有些什么样的再认识呢?

---

① 索福克勒斯:《俄狄浦斯》,吉林摄影出版社 2001 年版,第 55 页。
② [西]费尔南多·萨瓦特尔:《哲学的邀请:人生的追问》,北京大学出版社 2007 年版,第 20 页。
③ 原文载于《北京纪事·纪实文摘》2008 年第 8 期。

"珍惜身边一切!"这是 35% 的参与者的共同体会。这种珍惜包括时间、身体、亲情……

"有了危机与压力!"这是 24% 的参与者的心态。站到了生命是一场租赁的高度去审视万物,谁在浪费生命,便一目了然;人间的恩恩怨怨,是是非非,则会如过眼云烟;前行的道路上,如何去粗取精,去伪存真,在有限的时间内将各种有价值的因素调节到位,科学经营,活出生命的艺术,亦会感到胸有成竹。

"处处按规则办事!"这是 26% 的参与者的感受。时刻牢记生命只有一次,人生便会少许多不必要的差错。时刻以轻松的姿态展现,视每一出游戏为一个过程,这个过程只是享受生活的一种手段,其本质是收获快乐。

另外的 15% 的参与者也从其他侧面表达了对生命的再认识。这个调查的结果虽然说明不了什么,但它激起了人们对生命意义的理性思考。古罗马诗人贺拉斯曾经说过:"每天都想象这是你最后的一天,尽情去体验与发展吧! 不期而遇的明天,将会带给你更多的惊喜与欢乐。"

其实,生命何尝不是如此,向天租用六十年,或许还有人可以续租,直到百年。可如果有一天,我们将与世界告别,会不会有太多遗憾,答案却是肯定的。一个无憾的人生,难难难! 但无论如何,都要享受生命的每一个快乐的过程,还有要珍惜身边的一切……

不仅在韩国,在台湾和武汉的一些高校,都有过类似的"体验死亡"的教育活动。"死一把"这种游戏,并不是我所喜欢的东西。无论如何,"死"不应该成为"游戏"的内容,将之游戏化是一种轻薄的行径。案例教学为主体的教学活动,教学的风格不仅受教师的教学能力影响，也因教师的个人偏好而呈现出个性的一面。我认为，作为有一定认知理性的个体采取如此直白的"游戏"方式去体验死亡领悟人生，其实是一种心智钝化的表现。对于大学生而言，更多的是需要在心灵中感悟生死之真谛，而非通过诸如此类的"游戏"直白的体验人生。因此，可以将这个"游戏"作为一个教学案例，它与教学内容直接相关，无需多少教学设计就是一个非常典型性的"有效案例"。事实上，学生确实对这个案例印象深刻。在终期考核作业中，有 92 位同学提到这个案例，大约占总人数的 24%，是关注度非常高的一个"有效案例"。

> "死一把"这个活动可以让我们认清自我，如果我们有做得不好的地方，我们以后还可以改进，等到了最后没有机会的时候，一切就都晚了。所以我们不能因为我们还年轻就挥霍我们仅有的青春，青春过了就不再回来。我们要珍惜现在的一切，亲人、朋友、时间、健康，用我们的一切来领悟人生的真谛，实现人生价值。[①]

"死一把"的活动，因其带有惊悚、诡异的特点，可以吸引一定数量的参与者。这个案例对于学生最大的价值，是更加直接地意识到人生的有限性，在生命终点上的内心模拟、体验"死亡"，使之更加有意识地"珍惜"人生。

"珍惜"这个词，是学生有关此案例的评价中，出现频率最高的一个词汇。讨论过这个案例，学生内心或多或少地都会有一些变化。我认为这些变化的共同之处，是在其内心深处会生长出一抹柔软，被各种欲望充塞着而日益荒漠化的内心，因为"感触"到生命的有限，而

[①]席楠：《2012 思想道德修养与法律基础期终考核作业》，江苏建筑职业技术学院，建工 2010-6 班。

直觉的去思考什么才是其人生中不可或缺的,什么才是生命中真正值得去珍惜、值得去追求的,除此之外的似乎变得不那么重要。这正是接下来讲授人生价值的主体教学内容时,需要学生严肃思考、选择,并形成理性的价值意向,以把握有限的人生的核心内容。换而言之,学生并非完全不懂得有关人生价值论的相关内容,需要通过教学确立的是学生"主体性"的介入相关的思考,并在诸多的可能与选择中加入"主体"的因素,即"我"应该怎样,"我"如何选择,"我"应该如何安身立命,而不是作为一个旁观者来对他者的人生说长论短。

年轻人,往往只看到"生",看到的"生"是那么的无边无际,想象中的一生似乎无所不能。韩国的"死一把"这个活动:"……人生何其短,有好多好多事要做,虽未经历'死一把'的游戏,但我想珍惜自己短暂的人生。"[①]"死一把"这个案例,尚不能将学生的认知水平由狭隘的自我体悟,突兀地提升到哲学认知高度,但是对于其内心的促动足以为接下来对于"人生真谛"的思索做了非常好的铺垫。

将生命当成一种租赁:将生命中的每一天当成生命的最后一天,将生命当成一种租赁,以经营的态度对待人生。人只有在死里逃生的时候,才会深刻地认识到时间、亲情、健康的重要性。现在的我们,要好好的利用时间,不要浪费每分每秒,要珍惜我们宝贵的青春,青春只有一次。要珍惜我们自己身边的每一位亲人,好好地去爱他们。自己的健康也要关心,因为身体是我们的本钱。[②]

① 钱柱:《2012 思想道德修养与法律基础期终考核作业》,江苏建筑职业技术学院,建工 2010-4 班。

② 封格:《2012 思想道德修养与法律基础期终考核作业》,江苏建筑职业技术学院,建工 2010-8 班。

死,是人生的落幕,是"生"的终结。死的样式、面向死亡的态度,是各有不同的。在一定的意义上说,死亡使一个人最终成为自己,成为一个面貌完整的人,成为各有不同的这类人或者那种人。如果说选用"死一把"这样的导入案例,目的在于引起学生对于课堂、对教学内容的关注,而学生的学习效果也在我的预料之中。"案例教学的主要问题是如何由学生对特定事例的迷恋导向具有普遍原理或思想体系。"[1]对于人生的诸多问题,学生或多或少地知道,但是并不会有太过深入的思考,他们的知识素养及人生阅历共同决定了这一点。对于接下来的教学案例的选择及相关的教学设计,我是基于"学生对于将要学的内容知之甚少"的假定进行设计的,在教学中鼓励学生对其现有的知识进行重组,鼓励他们循着问题做更加深刻的思考,以解决过往的学习经历中所未曾遇到过的问题。接下来,我选择了费尔南多·萨瓦特尔的《伦理学的邀请:做个好人》中所使用的一个案例,在更为宽阔的视角上,来讨论"死亡"赋予"人"的"意义和价值":"在什么意义上死亡使人真正成为人? 动物之有死和我们人类之有死是在同一个意义上吗?"[2]而非"死一把"的游戏中以自我为主体的内心模拟,对于"死一把"这样的游戏,其思维的深度最大也不过是"深感""自己"人生的有限,因而必须"珍惜"自己有限的人生,这并非是学生的思维能力有限,而是案例本身就框定了绝大多数学生的思维限度,案例自身的属性决定了它比较适合作为引导案例来使用。

---

[1]麦肯齐:《麦肯齐大学教育精要:高等院校教师的策略、研究和理论》,浙江大学出版社2005年版,第148页。

[2][西]费尔南多·萨瓦特尔:《哲学的邀请:人生的追问》,北京大学出版社2007年版,第21页。

【案例资料】 荷马为什么为赫克托耳吟唱①

在非洲,白蚁经常会建起几米高、硬的像石头一样的蚁巢,远远看上去显得特别壮观。由于没有其他昆虫用于防身的硬壳,身体柔软的白蚁就把蚁巢当做抵挡其他敌对的强壮蚁群的共同铠甲。但有时洪水泛滥或者大象出现(大象喜欢在蚁巢上磨牙),蚁巢就会倒塌。一旦出现这种情况,工蚁就会马上出动,迅速重建它们被破坏的堡垒。如果有庞大的敌对蚁群发动攻击,兵蚁们也会全部出动进行誓死抵抗。由于体型和武器都无力抗衡——进攻者会用他们强有力的颚横扫一切,兵蚁只能靠挂在它们身上来阻止其前进的脚步。反应迅速的工蚁重新建巢并将之关闭,但是这样一来,也把英勇的兵蚁给隔绝在门外了。

在《伊利亚特》里,荷马讲述了赫克托耳的故事。尽管这位这位特洛伊城最骁勇的战将心里明白,暴跳如雷的阿卡亚冠军比他强壮的多,并且很可能会杀掉自己,然而他仍然站在城墙上,坚定地等着阿喀琉斯的到来。他这样做就是为了履行自己的义务,将家人和臣民置于自己的保护之下。没有人怀疑赫克托耳是位大英雄,一位真正的勇士,但他的英勇,跟兵蚁们相比,难道不是同样的方式吗?可是他们已经演过并且还将继续上演千百万次的事迹,却从来没有一个荷马加以吟唱。【设问并讨论:难道赫克托耳所做的跟无名的小蚂蚁不是完全一样吗?为什么我们会觉得赫克托耳的行为比虫虫们的更加真诚而艰巨?这两种情况到底有什么不同呢?】

显然,将兵蚁与赫克托耳的行为做比较,在人与其他生物比较的视野上来思考人之所以为人的本质属性,学生们并没有多少先有的

---

① [西]费尔南多·萨瓦特尔:《伦理学的邀请:做个好人》,北京大学出版社 2008 年版,节选自"伦理学起源",题目为作者编加。

学习经历和思考,在知识视野和思维深度上都是相当有限的。费尔南多·萨瓦特尔将赫克托耳与兵蚁放在一起比较,不仅要提醒我们尽管人与人之外的其他生物都有一死,但是作为凝聚"一切社会关系的总和"的人,同样的生物历程却被赋予不同的意义和价值,人生无疑有众多的可能性,人需要在众多可能性中确立自己的人生意向和最终的选择,不同的人生意向和选择,则标注了人们不同的人生态度及价值追求。"兵蚁们必须去战斗、去负伤死亡,在这中间没有办法可以折中;赫克托耳迎战阿喀琉斯,却是出于自愿。兵蚁不能开溜、叛逃,不能起义、拒战,也不能让'别蚁'代替自己出征,大自然已经设定好了他们必须完成这项英勇的使命",赫克托耳则不:【追问并讨论:除了被"荷马使用史诗般的热情为赫克托耳到处传唱的""英雄行为"之外,赫克托耳是否还有别的选择? 这些可能的选择会给赫克托耳带来什么?】

他可以托词身体不适,可以假称精神不济。也许臣民们会认为他懦弱、无耻,或是问他想到了什么别的迎敌计划。但毫无疑问的是,他可以拒绝做一个英雄。不管大家对他施加了多么大的压力,他总是可以找到这样或者那样的借口,逃脱自身的责任。①【"最关键的是,他并非生下来就被'设定'为英雄,没有人会天生如此。"毫无疑问,人因其秉持的态度不同而有诸多的选择。诸如生死利义取舍这样的问题,无论做出何种选择都面临着外部世界对其所做出的价值评判。】

在终期考核作业中,有 12 位同学提到了"赫克托耳"或者非洲的白蚁,当然,这个案例我只在一部分班级试着与学生们分享讨论。从课堂的教学情况来看,将赫克托耳的"英雄"行为与"兵蚁"的本能直觉相比的视角,使没有多少人文学科训练、尤其是哲学思维训练的学

---

① [西]费尔南多·萨瓦特尔:《伦理学的邀请:做个好人》,北京大学出版社 2008 年版,第 5 页。

生们，倍感新奇并能深入思考，即便表述不够明确，但是他们基本上可以用不够规范的语言表述出费尔南多·萨瓦特尔先生对于这个问题进行思考的初衷。当我把费尔南多·萨瓦特尔先生的观点讲出来并表扬他们的时候，他们确实大受鼓励。

在我国传统文化中，作为传统社会精神命脉的儒家，其死亡观充满了"伦理"的味道。孔子讲"杀身成仁"，孟子讲"舍生取义"，大多数人的大多数死亡并不处于"求生"与"害仁"之间，舍生取义也不具备普遍性，因为大多数时候"取义"并不需要"舍身"。[①] 在更加民间、更加具备普世倾向的中国人的价值意向中，"死"的"好死"还是"不得好死"是人生之现世幸福的一个重要内容，死的"好"与"不好"与人生的幸福直接相连，"善终""好死"之"善"、之"好"，不仅是对死亡样式的描述，其本身也是构成人生之祸福的一个重要内容：能预知自己的死期，临命终时，没有遭到横祸，身体没有病痛，心里没有挂碍和烦恼，安详且自在地离开人间，这是善终，在极其久远的时代，是被作为人生最重要的"五福"的重要组成部分。"善终"之"善"蕴含着对人"生"之德性圆满的道德界定。通过生死观折射出来的人生价值观，并非经由个体的慎重思考与抉择就具备了合理性、合德性，甚至合法性。

个体的生死观是其人生观的重要组成部分。人生观的形成，是在社会实践的基础上主客观条件相互作用下所形成的，是一定社会历史条件的产物。"大学教学是一种政治活动，这既是从'政治'这个词的广义上来说的，也是从这个词的狭义上来说的。"[②]虽然对大学教学如何体现其"政治活动"的理解各有不同，但是西方学者也赞同

①郑晓江:《感悟生死》，中州古籍出版社 2007 年版，第 43 页。
②布鲁克菲尔德:《大学教师的技巧:论课堂教学中的方法、信任和回应》，浙江大学出版社 2005 年版，第 124 页。

大学教学所具备的"政治属性"。作为思想政治教育的"思想道德修养与法律基础"课，承担着不可推卸的"人生观""价值观"教育的责任。"人总是要死的，但死的意义有不同。中国古时候有个文学家叫做司马迁的说过：'人固有一死，或重于泰山，或轻于鸿毛。'为人民的利益而死，就比泰山还重；替法西斯卖力，替剥削人民和压迫人民的人去死，就比鸿毛还轻。"[①]"为人民服务"，这是以毛泽东为代表的老一辈革命家对于"革命的人生观"的概括。在讲课的过程中，我曾经提到从 1921 年中国共产党成立，到 1949 年新中国诞生，在册中共党员一共是 680 万，有 370 万人献出了生命。[②]【这两个数字令学生十分震动，提到这个数字的时候，我同时留下了两个问题让学生们去思考：370 万共产党员献身的价值是什么？或者说是什么样的信仰、什么样的事业使他们纵然献出生命，也在所不惜？】从容就义，纸上的这个词汇已经令人心生敬畏，我们不能设想那些先烈们如何用自己的生命演绎了这四个字的具体含义。"全世界的黑暗，都不足以影响一支蜡烛的光辉"，我在课堂上讲到了在电视剧《暗算》中，视死如归、为了革命的信仰而从容牺牲的钱之江的这句话，并由此讲起什么是革命者的"大无畏"精神，在终期考核作业中，有 19 位同学提到了电视剧《暗算》中的这句台词，并表达了他们对于先烈的敬畏之情。

【案例资料】 林觉民：与妻诀别书

意映卿卿如晤：

吾今以此书与汝永别矣！吾作此书，尚是人间一人，如看此书时，吾已成阴间一鬼。吾作此书，泪珠和笔墨齐下，不能竟书而欲搁笔！又恐汝不察吾衷，谓吾忍舍汝而死，谓吾不知汝之不

①《毛泽东选集》第三卷，人民出版社 1991 年版，第 1004 页。
②《建党伟业的三段论》，载于《南方周末》2011 年 6 月 17 日版。

欲吾死也,故遂忍悲为汝言之。

吾至爱汝,即此爱汝一念,使吾勇于就死也。吾自遇汝以来,常愿天下有情人都成眷属;然遍地腥膻,满街狼犬,称心快意,几家能够? 司马青衫,吾不能学太上之忘情也。语云:"仁者老吾老以及人之老,幼吾幼以及人之幼。"吾充吾爱汝之心,助天下人爱其所爱,所以敢先汝而死,不顾汝也。汝体吾此心,于啼泣之余,亦以天下人为念,当亦乐牺牲吾身与汝身之福利,为天下人谋永福也。汝其勿悲!

汝忆否? 四、五年前某夕,吾尝语曰:与其使我先死也,无宁汝先吾而死! 汝初闻言而怒;后经吾婉解,虽不谓吾言为是,而亦无辞相答。吾之意盖谓以汝之弱,必不能禁失吾之悲。吾先死,留苦与汝,吾心不忍,故宁请汝先死,吾担悲也。嗟夫! 谁知吾卒先汝而死乎!

吾真不能忘汝也! 回忆后街之屋,入门穿廊,过前后厅,又三、四折,有小厅,厅旁一室,为吾与汝双栖之所。初婚三、四个月,适冬之望日前后,窗外疏梅筛月影,依稀掩映。吾与汝并肩携手,低低切切,何事不语? 何情不诉? 及今思之,空余泪痕。又回忆六、七年前,吾之逃家复归也,汝泣告我:"望今后有远行,必以见告,我愿随君行。"吾亦既许汝矣。前十余日回家,即欲乘便以此行之事语汝,及与汝相对,又不能启口。且以汝之有身也,更恐不胜悲,故惟日日呼酒买醉。嗟夫! 当时余心之悲,盖不能以寸管形容之。

吾诚愿与汝相守以死。第以今日时势观之,天灾可以死,盗贼可死,瓜分之日可以死,奸官污吏虐民可以死,吾辈处今日之中国,无时无地不可以死,到那时使吾眼睁睁看汝死,或使汝眼睁睁看我死，吾能之乎？抑汝能之乎？即可不死，而离散不相见，徒使两地眼成穿而骨化石；试问古来几曾见破镜重圆？则较死为尤苦也。将奈之何！今日吾与汝幸双健，天下之人，不当死而死与不愿离而离者，不可数计；钟情如我辈者，能忍之乎？此吾所以敢率性就死不顾汝也。吾今死无余憾，国事成不成自有同志者在。依新已五岁，转眼成人，汝其善抚之，使之肖我。汝腹中之物，吾疑其女也；女必像汝，吾心甚慰。或又是男，则亦教其以父志为志，则我死后，尚有二意洞在也。甚幸！甚幸！吾家日后当甚贫；贫无所苦，清静过日而已。

吾今与汝无言矣！吾居九泉之下，遥闻汝哭声，当哭相和也。吾平日不信有鬼，今则又望其真有；今人又言心电感应有道，吾亦望其言是实。则吾之死，吾灵尚依依汝旁也，汝不必以无侣悲！

汝幸而偶我，又何不幸而生今日之中国！吾幸而得汝，又何不幸而生今日之中国，卒不忍独善其身！嗟夫！巾短情长，所未尽者尚有万千，汝可以模拟得之。吾今不能见汝矣！汝不能舍我，其时时于梦中得我乎！一恸！

辛末（亥）三月二十六夜四鼓　意洞手书

"在陈述问题的重要性时，你可以使用不带个人情感色彩的语言。但是如果你的陈述同时传达了你对问题的强烈兴趣或者感情，你的陈述将具备更大的感染力。"[①]，这样的材料本身就是打动我自己心灵的一种力量，我差不多可以背诵下来这封信。在叙述这封信的时候，我无疑是带着感情的诵读。毫无疑问，它打动了我的学生

①彼得·法林：《教学的乐趣：大学新教师实用指南》，华东师范大学出版社2009年版，第46页。

们。这封"百年情书"不乏爱意深情,恰恰是对于爱人的念念不舍的深情才使我们看到了这份更像是爱国宣言的"情书",它宣示着一个热血青年的家国观、爱情观,以及他用自己的生命来践行的自己的人生诉求。审讯林觉民的两广总督张鸣岐面对这个以行动诠释了什么是从容慷慨的年轻人,都不禁感叹"面貌如玉,肝肠如铁,心地光明如雪,真算得奇男子。"人生的任何一种选择,都是得失之间的一种取舍,尤其是面向重大的人生问题。这封信,包含了太多的人生价值讲授所需要的支撑要素,但是我只要我的学生完成如下三个方面的任务:

第一,请在信中划出可以表达林觉民对于妻子深爱之情的语句,并阅读。

第二,请在信中划出促使林觉民做出人生抉择的语句,并阅读。

第三,请用林觉民烈士对爱人的表白来解释什么是"崇高"。

人生价值,是整个教材的第三章内容,此前已经讲过"理想"、"爱国主义"两个关联性比较强的主题。为了检验学生对于过往教学的掌握程度,我在这里还设置了第四个问题,要求学生举出在课堂上讨论过的相关案例中,与林觉民一样用自己的行动和生命来为"崇高"做出解释的人,并概括在他们身上所折射出的"崇高"的具体内涵。学生是否能够顺利地完成这个学习任务,是对过往的教学成效的检视。通过"人生价值"这个内容,来将前面所讲过的主要内容贯穿起来。大学教师、尤其是文科的大学教师,喜欢一条线一直讲下去,一般不喜欢对过往的教学内容进行回顾,也不会布置太多的作业。事实上,找到恰到好处的方法来"温故",是促使学生"知新"的极其有效的方法,因而需要予以充分的重视。

我并没有把自己掌握的"有效的教学资料",全部放在课堂供大家讨论,而是要求学生通过作业自主检索到我"准备好的教学资料",来完成延伸性的学习任务,深化课堂教学的效果,并增强学生自我完成学习任务的能力。

我要求学生在课外查找林氏后人的情况,我确信无论他们用什么样的关键词来检索,都会检索到我"准备好的教学资料":"林觉民后人《与妻书》绝唱之后",并且会以此为主要素材来谈自己对于所收集到的相关资料的感受。表面上看,这个作业是一个开放性的学习任务,事实上它是基于充分的教学准备设置的题目,通过精确定位学生收集资料的方向来保证作业需要达到的教学效果。

对于思政理论课教学而言,如何设计课外作业,以固化并提升学生课堂学习的效果,是需要做出进一步探索的领域。一直以来,我们把太多的经历放在了方法论的探讨、体系的构建、意义的阐释等宏观、理论的层面,事实上我们如果在常规处多花一点精力,不仅会拓展教师自身对于课程性质、对于教学目的的领悟,也可以通过"小的改变"来改变学生对于课程的"先有印象"及"先有的学习体验"。比如,传统的课后作业的设置理念,是基于固化的知识的角度,用极其"直接"的方式来设置的。这样的学习任务,学生只需在教材上找到答案,原原本本地抄写在自己的作业上,就可以了。确切地讲,就是通过"复印"的模式实现"教材内容"的搬家,学生一般不会深入地思考问题,也不会因为要找到"答案"而具备通观教材的能力,因为只要对号入座就可以做到了。

在学习动机上,我们一定要知道,"推动学生学习的显然不单是学习成绩。比如说,他们还有在课堂教学中起作用的社会目标:他们想成为有社会责任感的人并与同学建立起亲密的社会关系。"[1]激发学生的社会责任感,使他们成为他们希望成为的具有社会责任感的人,当然是思政理论课教师不可忽视的责任,仅凭课堂的讲授是不足以完成这样的教学任务的。通过精心设计的作业,比如,要求学生查找林氏后人的情况,并分析林氏后人的生活样式、生命样式,是否符合林觉民烈士的生活愿景。学生要完成这个题目,不仅要收集相关的资料,还要对资料进行分析并表述"自己的观点",这需要他们回归到课堂内容找到他们需要的观点及支撑,当"人生价值""人生目的""人生态度"这样的关键词出现在其作业中的时候,当他们尝试用林觉民先生的视角来评价林家后人的当下的生活的时候,一定是在反思奉献与牺牲的"崇高价值",一定因为这样深入的思考,而对"崇高"与"献身"不仅怀有"敬畏",而且会用理性审视生命的价值,人生的价值。

【补充资料】　林觉民后人《与妻书》绝唱之后[2]

　　陈意映于抑郁中诞下次子,取名仲新。按林觉民在《与妻书》中的设想,又是一个男孩,"则教其以父志为志,则吾死后尚有二意洞在也,甚幸,甚幸"。两年后,陈意映终究郁郁而终,依新、仲新由林孝颖抚养。

　　按李厚威(林觉民故居暨福州辛亥革命纪念馆负责人)的考察,林家之家境,从此便应了《与妻书》中预言"吾家日后当甚贫"。林觉民说,贫无所苦,清静过日而已。"袁世凯复辟年间、北洋军阀年间,都没有补助发给林家老小,林孝颖应该就是靠积

---

[1]麦肯齐:《麦肯齐大学教育精要:高等院校教师的策略、研究和理论》,浙江大学出版社 2005 年版,第 93 页。

[2]原文载于《南都周刊》2011 年第 21 期,节选,有删减。

蓄度日，而之前变卖家产，积蓄肯定不多。"李厚威说。

林依新 9 岁夭折。遗腹子林仲新由祖父带大。民国政府成立后，生活支出与学费基本由民国政府承担。林仲新 30 年代入读上海光华大学，毕业后一度随林觉民旧交林森做事。在林森任抗日战争时国民政府主席的时期，担任过国民党基层官员。

林仲新娶过两任太太，第二任刘文业，是福建著名的民族工业大家族"电光刘"的后人。李厚威告诉记者，当年的福州号称只有三座塔，"白塔、乌塔，还有一座便是刘家的大烟囱"。林家和刘家在"文革"时并没有受到太大的打击，这让李厚威觉得有些不可思议。他把这归结为这家人"教养好、人好、非常非常低调"等因素的神奇合力。曾在国民政府做过小官的林仲新，1949年后还能担任共产党的干部。1957 年到 1968 年，林仲新一直担任漳州粮食局副局长，这是他最后一任官职。之后他退休，闭门，直到 1983 年去世。

李厚威和林仲新太太刘文业打过一两次交道，"非常好的一位女士，我们见过后，她每年都给林觉民博物馆写张贺年卡。"

但这几乎也是林家和李厚威维持联系的唯一方式。林觉民的孙子、孙女辈，李厚威"印象中只在 1991 年林觉民馆开馆仪式上见过"。林仲新的大儿子林天立"很有出息"，在北京航天材料研究所工作。

林仲新和刘文业还有两个女儿林兰和林婷。林婷随父亲当年，一直生活在漳州，继承的也是母亲早年在漳州市一家银行的位子。林兰则在福建某省行工作，异常低调。李厚威见过林兰一次，"眉眼气质，和照片上的林觉民像得不能再像。"

"林家人都倔。政协有活动,经常请林兰去。林兰一次都没去过。她说她家里人都不靠祖父的英名过日子。要了解林觉民,直接来故居参观好了。"

(2011年)5月29日,记者辗转找到了林兰。她考虑再三,还是推辞了采访。她告诉记者,这是全家的一致决定,"请允许我们有不说的权利,只作为普通人平凡地生活。"【"请允许我们有不说的权利,只作为普通人平凡地生活"。如果说林觉民烈士身上体现的是"为振兴中华而矢志不渝的崇高精神"令人缅怀敬畏。林氏后人的的生活意向同样值得尊敬。】

江泽民同志强调大学生要在实现人民群众利益的过程中实现自己的人生价值,他指出,"人的一生只能享受一次青春,当一个人在年轻时就把自己的人生与人民的事业紧密相连,他所创造的就是永恒的青春。"这是教材中对于"有价值"的人生的界定,即"走与人民群众相结合的道路"。我选择了"两弹一星"元勋的事迹,与学生讨论、分享如何理解"走与人民群众相结合的道路",这是教学中的一个难点,也是整个课程的核心教学目标。解决这个核心问题,需要在此前案例分析的基础上,在知识层面确切把握人生价值、人生目的及人生态度的基本内涵以及相互关系,并能认识到关于人生价值观的认知与实践所呈现的丰富的人生层面。在此基础上,正面讲授"与祖国共命运"、"与人民齐奋进"的具备"崇高"境界的人生价值观。在一个重视自我、尊重自我的时代,更需要我们认识到个人需要与社会需要相互统一、享受个人权利与承担社会责任相互统一的重要性,不仅要避免在追求个性和自我的过程中,滑向极端功利主义、极端个人主义的泥潭,而且要确立对于以利他、奉献为基本维度的人生价值追求与实践的行为导向。

【案例资料】 在表彰为研制"两弹一星"作出突出贡献的科技专家大会上的讲话①

同志们:

三十五年前的深秋季节,在我们祖国的上空,一声春雷般的巨响向世界庄严宣告:中国人民依靠自己的力量胜利地掌握了核技术。二十九年前的晚春时分,在浩瀚无垠的宇空,一曲嘹亮的《东方红》又向世界庄严宣告:中国人民胜利地掌握了人造卫星的空间技术。从此,我国"两弹一星"事业不断取得辉煌的发展。这极大地鼓舞了中国人民的志气,振奋了中华民族的精神,为增强我国的科技实力特别是国防实力,奠定我国在国际舞台上的重要地位,作出了不可磨灭的巨大贡献。

在举国上下喜迎新中国成立五十周年之际,党中央、国务院、中央军委在这里召开大会,隆重表彰为我国"两弹一星"事业作出突出贡献的科技专家,并授予他们"两弹一星功勋奖章",希望全国各族人民学习和发扬他们为祖国和人民的崇高的刻苦钻研精神、开拓创新精神和拼搏奉献精神,继续努力奋斗,满怀豪情地把建设有中国特色社会主义事业全面推向二十一世纪。

我代表党中央、国务院、中央军委,向荣获"两弹一星功勋奖章"的科技专家,表示衷心的祝贺!向为"两弹一星"事业作出贡献的所有科学家、科研人员、工程技术人员,广大干部、工人和解放军指战员,表示诚挚的慰问!向全力支持"两弹一星"事业发展的全国各族人民,致以崇高的敬意!

此时此刻,我们特别要向毛泽东同志、邓小平同志等老一辈党和国家领导人,向已经过世的为"两弹一星"事业作出卓越贡献的老一代科学家和领导者、组织者,向在研制过程中献出了宝贵生命的烈士们,表示最深切的怀念。他们的英名和功绩,将永远与"两弹一星"事业的丰功伟绩融为一体,记载在中华民族的光辉史册上。

我们要永远记住那火热的战斗岁月,永远记住那光荣的历史足印:一九六四年十月十六日,我国第一颗原子弹爆炸成功;一九六六年十月二十七日,我国第一颗装有核弹头的地地导弹飞行爆炸成功;一九六七年六月十七日,我国第一颗氢弹空爆

---

① 江泽民《人民日报》的讲话载于 1999 年 09 月 19 日第 1 版。这是我课堂教学中使用的最长的一个教学素材,它可以将爱国主义、理想主义、集体主义、社会主义价值观教育融汇在"两弹一星"精神中,在一个浮躁功利的时代,使学生在伟大的历史、不朽的事件中思索自己的人生目的及人生定位。

试验成功;一九七〇年四月二十四日,我国第一颗人造卫星发射成功。这是中国人民在攀登现代科技高峰的征途中创造的非凡的人间奇迹。

我国"两弹一星"事业的伟大成就,令全世界为之赞叹。在新中国波澜壮阔的发展历程中,五、六十年代是极不寻常的时期。当时,面对严峻的国际形势,为了抵御帝国主义的武力威胁和打破大国的核讹诈、核垄断,尽快增强国防实力,保卫和平,党中央和毛泽东同志审时度势,高瞻远瞩,集思广益,运筹帷幄,果断决定研制"两弹一星",重点突破国防尖端技术,作出了对人民共和国的发展和安全具有重大战略意义的英明决策。经过几代人的不懈努力,现在我国已成为少数独立掌握核技术和空间技术的国家之一,并在某些关键技术领域走在世界前列。邓小平同志深刻地指出:"如果六十年代以来中国没有原子弹、氢弹,没有发射卫星,中国就不能叫有重要影响的大国,就没有现在这样的国际地位。这些东西反映一个民族的能力,也是一个民族、一个国家兴旺发达的标志。"

"两弹一星"事业的发展,不仅使我国的国防实力发生了质的飞跃,而且广泛带动了我国科技事业的发展,促进了我国的社会主义建设,造就了一支能吃苦、能攻关、能创新、能协作的科技队伍,极大地增强了全国人民开拓前进、奋发图强的信心和力量。"两弹一星"的伟业,是新中国建设成就的重要象征,是中华民族的荣耀与骄傲,也是人类文明史上的一个勇攀科技高峰的空前壮举。

我国在物质技术基础十分薄弱的条件下,成功地研制出"两弹一星",为我们实现技术发展的跨越创造了宝贵的经验。这些经验主要是:

第一,坚持党的统一领导,充分发挥我国社会主义制度的政治优势。毛泽东同志曾多次亲自主持会议,成立了以周恩来同志为主任的专门委员会。经过缜密研究,中央制定了一系列重大方针、原则和政策措施。在党的统一领导下,全国"一盘棋",集中攻关。二十六个部委、二十多个省区市、一千多家单位的精兵强将和优势力量大力协同,表现了社会主义中国攻克尖端科技难关的伟大创造力量。实践证明,具有战略意义的国家重大经济、科技建设项目,必须加强党的统一领导,必须根据国家发展的现实要求和长远目标,结合我国物质技术的实际条件,科学论证,不失时机地作出决策,而目标和任务一经确定,又必须充分发挥我们的政治优势,一抓到底,务求必胜。

第二,坚持自力更生,自主创新。在当时的国际条件下,"两弹一星"事业只能依靠我们自己的力量来进行。广大研制工作者充分发挥聪明才智,敢于创新、善于创新。他们攻破了几千个重大的技术难关,制造了几十万台件设备、仪器、仪表。他们知难而进,奋力求新,不仅使研制工作在较短时期内连续取得重大成功,而且有力地保证了我国独立地掌握国防和航天的尖端技术。实践证明,自力更生、自主创新,是我们真正在世界高科技领域占有一席之地的重要基石。尖端技术不可能从国外直接拿来,即使有的一时可以从国外引进,但如果我们不能进行有效的学习、消化和新的创造,最终还是会受制于人。唯有自己掌握核心技术,拥有自主知识产权,才能将祖国的发展与安全的命运牢牢掌握在我们手中。同时,要善于抓住一切可以抓住的机遇,有选择有重点地引进国外关键技术,把自主创新与必要引进有机结合起来。

第三,坚持有所为、有所不为,集中力量打"歼灭战"。"两弹一星",所以能够对增强我们的综合国力发挥重大作用,关键在于它的成功使我国在一些重大尖端技术领域取得了历史性的突破,进入了世界前列。"两弹一星"的研制工作者始终注意选准攻关的重点方向,把有限的人力、物力、财力集中起来,优化组合,形成合力,重点取得突破。实践证明,在物质技术基础比较落后的条件下发展科技事业,必须坚持有所为、有所不为的原则,集中力量发展那些一旦突破就能对经济发展和国防建设产生重大带动作用的关键科学技术,这样才更有利于赢得时间,缩小同发达国家的差距,并且首先在一些重点领域力争尽快进入世界高新科技发展的前沿阵地。

第四,坚持尊重知识,尊重人才。"两弹一星"事业,汇集了我国一大批杰出的科学家、科研人员、工程技术人员和管理工作者。党和国家充分信任和大胆使用来自各个方面的科技专家,委以重任,充分发挥他们的积极性、主动性和创造性。同时,在艰苦的研制工作中,培养和造就了年轻一代的科技人才。"两弹一星"事业的成功,这支骨干队伍功不可没。实践证明,科学技术的竞争,关键是知识和人才的竞争,是开发和创新能力的竞争。要在科学技术的研究开发中取得重大突破,必须有一大批能够掌握和驾驭高新技术的高素质科技专家。有了人才优势,又能充分发挥社会主义制度的优越性,就完全可以更快更好地把我国科学技术搞上去。

第五,坚持科学管理,始终抓住质量和效益。"两弹一星"事业,技术密集,系统复杂,综合性强,广泛运用了系统工程、并行工程和矩阵式管理等现代管理理论与方法,建立了协调、高效的组织指挥和调度系统,从而提高了整体效益,走出了一条投入少、效益高的发展尖端科技的路子。"两弹一星"的研制工作者,始终把质量放在第一位,坚持做到严肃认真,周到细致,稳妥可靠,万无一失。实践证明,越是关系国民经济命脉和国防安全的重大科技与建设项目,越要实施严格的科学管理,始终注重质量管理;越是高科技,越要加强管理,讲求质量和效益,这样才能取得成功。

伟大的事业,产生伟大的精神。在为"两弹一星"事业进行的奋斗中,广大研制工作者培育和发扬了一种崇高的精神,这就是热爱祖国、无私奉献,自力更生、艰苦奋斗,大力协同、勇于登攀的"两弹一星"精神。

"两弹一星"研制者们高举爱国主义的旗帜,怀着强烈的报国之志,自觉把个人的理想与祖国的命运紧紧联系在一起,把个人的志向与民族的振兴紧紧联系在一起。许多功成名就、才华横溢的科学家放弃国外优厚的条件,义无反顾地回到祖国。许多研制工作者甘当无名英雄,隐姓埋名,默默奉献,有的甚至献出了宝贵的生命。他们用自己的热血和生命,写就了一部为祖国为人民鞠躬尽瘁、死而后已的壮丽史诗。

"两弹一星"的研制工作者们,是一支特别能吃苦、特别能战斗的队伍。他们在茫茫无际的戈壁荒原,在人烟稀少的深山峡谷,风餐露宿,不辞辛劳,克服了各种难以想象的艰难险阻,经受住了生命极限的考验。他们运用有限的科研和试验手段,依靠科学,顽强拼搏,发愤图强,锐意创新,突破了一个个技术难关。他们所具有的惊人毅力和勇气,显示了中华民族在自力更生的基础上自立于世界民族之林的坚强决心和能力。

在研制"两弹一星"的伟大历程中,全国各地区、各部门,成千上万的科学技术人员、工程技术人员、后勤保障人员,团结协作,群策群力,汇成了向现代科技高峰前进的浩浩荡荡的队伍。广大研制工作者求真务实,大胆创新,突破了一系列关键技术,使我国科研能力实现了质的飞跃。他们用自己的业绩,为中华民族几千年的文明创造史书写了新的光彩夺目的篇章。

"两弹一星"精神,是爱国主义、集体主义、社会主义精神和科学精神的活生生的体现,是中国人民在二十世纪为中华民族创造的新的宝贵精神财富。我们要继续发扬光大这一伟大精神,使之成为全国各族人民在现代化建设道路上奋勇开拓的巨大推进力量。

江泽民同志在表彰研制"两弹一星"作出突出贡献的科技专家大会上的讲话是我们使用的篇幅最长的教学素材。对于"两弹一星"学生并不陌生,但也并非清楚了解其艰辛的研制历程及重大意义。在2012年秋季的教学中,我第一次使用了这篇讲话,并要求学生详细了解一位研制"两弹一星"的功勋科学家,并阐释其所具备的"两弹一星"精神。在过往的终期考核作业中,有相当数量的同学提到了"两弹一星"的元勋们,他们可以用极其简单的话语表达其对于这些科学家们的敬畏。2012 年秋季学期的终期考核作业中,有一部分同学关注到 23 位获得"两弹一星"功勋奖章的科学家当中,有 21 为是留学归国的科学家。邓稼先先生的个案有 22 个人提到,大约占总数的 5.7%,整个 20 世纪 50 年代,大批旅居美国、欧洲和日本的知识分子,响应号召——"回去,为了新中国的建设事业"。截至 20 世纪 60 年代中期,共有 2 500 多名海外专家、学者和留学人员回国,他们中的大多数成了科研、工业、国防等领域的骨干中坚。对于中国而言,我们不能没有钱学森、邓稼先这样的科学家,正是这样的科学家们、正是千千万万的这样的人构成了中华民族的脊梁。

"两弹一星"研制者们高举爱国主义的旗帜,怀着强烈的报国之志,自觉把个人的理想与祖国的命运紧紧联系在一起,把个人的志向与民族的振兴紧紧联系在一起。许多功成名就、才华横溢的科学家放弃国外优厚的条件,义无反顾地回到祖国。在讲课的过程中,我特别强调了"义无反顾"这个词汇,这是对这些科学家真实的人生履历的抽象,比如学生所熟知的钱学森先生,"1947 年 2 月,年仅 36 岁的钱学森成为麻省理工学院最年轻的正教授,也是终身教授。这是令人朝思暮想的职位,不仅决定了优厚的待遇和舒适的工作、生活,而且他在美国前途无量。"[1]"许多研制工作者甘当无名英雄,隐姓埋名,默默奉献,有的甚至献出了宝贵的生命。他们用自己的热血和生命,写就了一部为祖国为人民鞠躬尽瘁、死而后已的壮丽史诗。"[2]这

---

①柏万良:《创造奇迹的人们》,湖北教育出版社 2001 年版,第 179 页。
②柏万良:《创造奇迹的人们》,湖北教育出版社 2001 年版,第 354 页。

是江泽民同志在表彰为研制"两弹一星"作出突出贡献的科技专家大会上的讲话中给出的评价。"热爱祖国,献身科学,是'两弹一星'元勋们的共同特征。……这 23 位科学家的爱国主义不是'盲目的爱国主义'而是'科学的爱国主义'。他们的爱国主义是开放的、理性的,他们不仅清楚民族的缺陷和劣根性,也清楚民族落后的根源和落后的程度,更清楚国外的现状和优势。他们爱国不是爱到无知和疯狂的地步,痛恨侵略者不是恨到拒绝学习对方长处的地步。他们睁眼看世界,理性辨是非,处于逆境不气馁,处于顺境不骄傲。这使他们的爱国主义理想落到了实处,结出了不朽的果实。"①在这个教学内容的讲述过程中,"科学的爱国主义"内容,不仅是人生价值之社会价值与个人价值相互关系的阐述,也能在人生价值观的学习中,深刻思考爱国主义主题中"理性""忠诚"的爱国的内涵,因而这个内容具有贯通前后内容的价值。

为"两弹一星"研制作出突出贡献的科学家们,将个人的理想与祖国的命运结合在一起,完全可以担得起"两弹一星"元勋这样的国家荣誉。一个人可能科学成就巨大,但是在人生意向确立和选择上,如果仅仅诉求个体价值的实现,更多的是从自己人生得失的角度上权衡利弊,即便其科学成就巨大而令人敬佩,就人生境界而言也和生活中的芸芸众生没有什么区别。当然,我们敬畏那些或成就斐然、或默默奉献"为祖国为人民鞠躬尽瘁"的科学家,以及成千上万的科学技术人员、工程技术人员、后勤保障人员,当然对于做出无害于人、有利于己的人生选择的人,也要保持我们谨慎的理解和尊重。上述观点或多或少的在学生的作业中有所表现,这让人十分欣慰。懂得敬

---

① 柏万良:《创造奇迹的人们》,湖北教育出版社 2001 年版,第 354 页。

畏崇高，也要学会尊重平凡，而不是单纯地以道义的名义来绑架他人，这是一种非常可贵的认知理性，能够客观公允地对他人的行为做出价值判断，是确立正确的人生价值观的一个重要组成部分。

二、道德与法律：构筑人生骨架的基本维度

在"思想道德修养与法律基础"这门课的教学过程中，我一直在思考，到底什么才是这门课程的骨架？人生观、价值观、爱国主义、理想、恋爱婚姻、择业创业、公共生活，等等，在这些看上去并没有严格的逻辑关联的教学内容之间，是否可以有一条逻辑轴心将之贯穿起来？

客观地讲，法律基础部分的教学一直令我十分纠结。就教学内容而言，法律基础部分由高度压缩的知识性的"压缩饼干"构成。就其高度压缩的教材内容而言，是无法完成"知法守法"的目标诉求的；在实际的授课过程中，如果完全按照教材的逻辑结构来讲授，必须要将"压缩饼干"还原为相对丰满的知识性讲授的课堂教学，即便这个课程有 60 个学时的安排，也无法完成这种"知识性"的讲授，这是令许多任课教师十分头疼的地方。

事实上，"法律基础"部分的教学目标定位，是面向非法律专业的普通的大学生进行法律教育，以提升其"知法""守法"的基本的公民素质。在教学实践中，确切地说，是在"法律基础"部分的教学困境，促使我一直在思考这些困扰教学的问题并试图找到解决的办法。对于非法律专业的大学生而言，对于一般的普通公民而言，最终的法律素质是基于对法律权威认同的基础之上，具备的法律思维能力和坚定的法律信仰，因此"知法"之"法"，并非是狭隘的对于基本的"法律知识"的认知，而是对于"法治""法律精神"、"法律权威""法律信仰"

的理性认知。无论如何，我们不能在极短的时间内令学生精通法律，哪怕是对"法律知识基础"的精通也十分困难。而且，学生凭着对"压缩饼干"式的知识了解，是不足以在根本上提升一个人的法律意识的。那么，在极其有限的教学时间中，可以做到的又是什么呢？我们可以试着做到，让学生了解"法治"的价值及我国"法治建设的历程"，在法律的视阈中懂得"权利"与"权力"的关系，法治社会的完善不仅需要确立公民的法律意识及素质，也需要依法执政、依法行政能力的提升。一个具备法治理性的公民，不因法治尚待完善而动摇对于其法律的信仰，能够看到法治是一个不断完善的历程，看到我国法治建设的巨大成就，能够用法律的思维方式来认识人生及社会，并安身立命。"法律基础教育"的最终诉求，事实上不是让学生了解一点知识性的"皮毛"，而是能够做到，即便一个人不精通法律，但是其内心对于法律的价值充满敬畏，对于我国法制建设的完善深怀信心，即成为一个具备法律信仰的公民。

道德与法律，是一个人安身立命的经纬。道德与法律，从外部的视角来看，是规范生活及生命样式的社会规范，从内部视角来看，道德与法律本身就是人的生活、生命的不可或缺的构成部分。

个体的道德素质和法律素养，是基本的人生素质。无论道德要求，还是法律规范，最终发挥作用需要诉诸内心对于社会规范的敬畏。知止，而后有定，定而后能静，静而后能安，安而后能虑，虑而后能得，修养之道的关键在于对行为的合德合法的边界有清醒的认知，并能把握自我，心向往之，行而成善。

天欲其亡，必令其狂；利令智昏，鼠目寸光。做事要恪守本分，不能轻狂；没有清醒的头脑和长远的眼光，人生的路也不会久远。①

"本分"两个字用得最好。在人生历程中,本分就是毁誉之间、得失之间、成败之间、甚至生死之间,最为重要的安全地带。在终期考核试卷中,共有 38 位同学提到"天欲其亡,必令其狂;利令智昏,鼠目寸光"这段话,占总数的 9.9%。站在高处,珍惜名利,保持清醒,不要利令智昏,要知道合德、合法、合适的位置在哪里,要知道获得现在的位置,是多么的不容易。要知道位高坠重,要知道自己该做什么不该做什么,要记得自己一路走来的初衷,所谓知止不殆。

在讲授道德与法律的内涵的时候,我讲到了"德"与"法"的词源意义,试图在最本原的地方领悟道德与法律的真谛。领悟我们文化的卓越而恒久的生命力及其魅力。事实上,这个讲法不仅丰富了学生对于"德"和"法"的认知,同时也令学生对于我国人民卓越的文化禀赋有了具体的认知。比如,我们所书写的汉字,因为熟悉而忽略这种文字的伟大与深邃,世界上古老的文字都已失传,"唯有以甲骨文为开端的方块汉字流传至今,保持着生生不息的活力","汉字是世界上正在使用的最古老的文字"。② 据说,曾任印度总理的尼赫鲁曾对他的女儿说过:"世界上有一个伟大的国家,她的每个字,都是一首优美的诗,一幅美丽的画,你要好好学习。我说的这个国家就是中国。"③这个国家,就是我们伟大的祖国。这样,学生不仅是接受关于"道德"的一般理论,关于"法律"的基本内涵的教育,也是极其重要的爱国主义教育,据此他们可以把那些熟悉到不经由思考就可以讲出

---

①彭青:《思想道德修养与法律基础终期考核作业》,江苏建筑职业技术学院,建工 2010-7 班。

②赵桂新:《汉字的文化底蕴》,黑龙江人民出版社 2009 年版,第 3、4 页。

③孔刃非:《汉字创造心理学》,线装书局 2008 年版,第 42 页。

来的——将"悠久的文化""灿烂的文明"作为自己"爱国的理由"、作为我们的祖国为什么可爱的论据,还原为感性的认知。这是一个从抽象到具体的认知过程,对于其爱国主义理性的最终形成,无疑是至关重要的。

德 甲骨文作 、 ,金文 、 、 。"[1] 从结构上,甲骨文中的"德"由彳、目和竖三部分组成。彳是"行"的半边,罗振玉认为"古从'行'之字,或省其右作彳,或省其左作亍"。罗振玉认为彳"象四达之衢,人之所行也"。"目",即眼睛,甲骨文中的"德"字,应该是"目视于途"的意思,在西周金文时期,"德"由"一目"变成了"十目",下面还出现了一颗"心","德"字的字意逐渐凸显了伦理的意蕴,用来指美好的事物,引申为政治道德之遵从民意。[2] 《说文解字》中,德"这个字在心部":"外得于人,内得于己也",段玉对于许慎的这两句话的解释是:"内得于己,谓身心所自得也;外得于人,谓惠泽使人得之。"[3]

彳,甲骨文 ,《诗经·周南·卷耳》:"嗟我怀人,寘彼周行。"周行,即十字路口。在金文与甲骨文中,凡与"行"为形符的字,大都与道路的意义有关。[4] 今天我们使用的"道德"这个词的含义,与甲骨文、金文时代的含义,是有所不同的。但是,我们看到"德"这个字从无到有,以及在其字形演变的过程,字形的演变与其意义的变迁是相互伴生的。但是,恰恰是甲骨文、金文中的这个"德"字,用如此质朴

---

[1] 《说文解字今释》,岳麓书社1997年版,第264页。
[2] 任俊华、李朝辉:《"德"字新考》,载于《学习时报》2011年4月25日,第16版。
[3] 赵桂新:《汉字的文化底蕴》,黑龙江人民出版社2009年版,第189、190页。
[4] 余国庆:《说文导论》,安徽教育出版社1995年版,第200页。

的方式,却表达了这样抽象和深邃的内涵,这是一个民族心灵的深度,以一种极其简约的方式表达了如此深刻的人生见解。"汉字保存着无比丰富的文化遗产":"通过汉字我们可见3000多年前头的社会状况,听见2000多年前的百家争鸣;通过汉字我们可以读到周朝各国的民歌,爱国诗人屈原的骚赋,伟大的历史学家司马迁的著作,乃至于唐诗、宋词、元曲,数量之多是任何一个人一辈子都读不完的。汉字替农民保存下来古代的实用天文学;汉字替我们的医生保存下来古代的针灸术和其他医术。[①]"这是一件多么美妙、多么了不起的事情。学生们看到甲骨文中的这个"德"字的时候,他们猜测到了"四达之衢",他们认为我们的祖先一定是在告诉我们"十字路口"需要选择,需要"▱",且"▱"上那一"丨",是要人"正道直行",而这一切令他们十分震惊:他们认为这已经蕴含着"道德"这种社会规范"横亘古今"的最基本的含义,而人能够"正道直行"取决于内心的这只"心目",奇异的是这颗"心"在金文时代就长出来了。

在文化之河的源头,在最为朴素的"道德"的内涵中,看到在本质上道德并非一种外在于人的约束,而是源于内心的自我规范的力量。尽管,在不同的时代、不同文化中,道德的内容是有所不同甚至截然相反的,但是道德最为朴素本质的内涵,却包含在甲骨文、金文时代诞生的这个极其古老的汉字之中。

追溯"德"的词源衍变,可以将道德之一般理论的教学内容自然而然地贯穿进来,并使课程讲授呈现出强烈的"文化气息"。在终期考核作业中,有10位同学写出"德"字的甲骨文、金文的写法(图七)[②],占总

---

① 傅东华:《汉字》,上海教育出版社1984年版,第4页。
② 董晓娟:《思想道德维修与法律基础终期考核作业》,江苏建筑职业技术学院,建工2010-5班。

人数的 2.6%，有 23 个同学没有写这个字，但是对这个字的产生及意义的变迁，表达了自己的敬畏。两个数字相加，大约有 8.6% 的学生对这个教学内容表示了特别的关注。

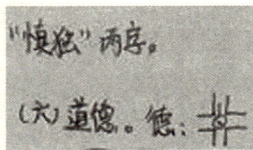

图七

我采用同样的方法，从"法""律"的词源意义上，来追溯横亘古今、具有一般性的"法的精神"，作为讲授"法律基础部分"的开始。

【教学资料】　法的词源与词义①

"法"的古体字写成"灋"，由水、廌、去三部分组成。它"究竟成字于何时，尚难确考。但西周金文已有此字，其广泛使用则在春秋战国之交。"中国历史上最早的法叫做"刑"，据《说文解字》载："灋，刑也。平之如水，故从水"。"平之如水"，凸显了古代社会人们所理解的法的基本精神，是对"公平"的追求。尽管在我国传统社会，"灋"强调的是"刑"，而非现代意义的"法"。"廌"又名解廌、獬豸。相传是一种独角神兽，善于明辨是非。《说文》讲："廌，解廌，兽也，似牛，一角。古者决讼，令触不直者。"王充在《论衡》中也指出"廌""性知有罪，有罪触，无罪则不触"，我国历代执法者皆以獬豸为冠，因此会有以獬豸冠代指执法严明的官吏的使用方法。可见，明辨是非曲直，决断罪与非罪以主张正义、追求公平，是"法"最为质朴的内涵之一。

在《说文解字注》中，有"律者，所以范天下之不一而归于一，

---

① 注：此部分教学内容根据以下资料整理：王天木：《法理学精要》，人民法院出版社 2000 年版，"法和法律的词义"；孙国华：《马克思主义法理学研究：关于法的概念和本质》，群众出版社 2007 年版，"法的词源及词义"；韩明德：《法理学》，郑州大学出版社 2004 年版，"法、法律的词义"；张国华：《中国法律思想史纲》，甘肃人民出版社 1984 年版，"杜预、刘颂、张斐的律论"，以及我的同事蒋玉玲老师所做的相关资料整理。

故曰均布也"的说法。均布，是古代调整音律工具，以正六音，木制，长七尺。"律"是具有普遍约束力的"规范"，以调音工具来解释"律"的内涵，强调的是"律"所具有的规范人们行为的功能和作用，同时也强调处罚罪犯的轻重标准要统一平衡，所谓"律，累也，累人心使不得放肆也"、"律以正罪名，令以存事制"。使人们意识到要基于是非曲直的标准约束自我的行为，懂得什么是合法的、什么是不合法的。

在我国古代，"法"与"律"是分开使用的。法指代国家判断人们行为之是非曲直的标准，强调平、正、直，及公正裁判之意。律强调"人人必须遵守"。最早将"法"与"律"联在一起起使用的是春秋时期的管仲，他说："法律政令者，吏民规矩绳墨也"。在我国，把"法""律"作为独立的合成词联起来来使用，是在 19 世纪末 20 世纪初的清末民初向西方学习的过程中，由日本输入我国的。

从汉字"法"的构造我们可以看出，现代法治的"平等"、"公平"、"正义"等基本要义都包含其中。在敬佩先人智慧的同时，我希望学生能够更加深刻地领悟到法律精神的价值。在终期考核作业中，有 90 位同学写出"法"的古体写法（图八①），并简述了他们对于法律之本质精神的理解，占总人数的 23.4%，这是受关注度非常高的一个教学内容。

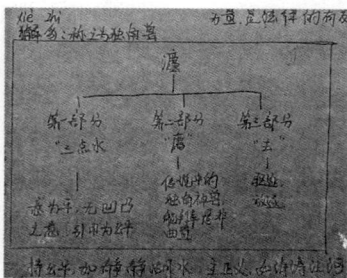

图八

---

①孙念：《思想道德修养与法律基础终期考核作业》，江苏建筑职业技术学院，建工 2010-8 班。

三、做一个理性的忠诚爱国者

爱国主义,一直以来是我比较钟爱的教学内容。每次讲授这个内容的时候,我觉得自己不像是在讲课,而是在分享我对"爱国主义"的理解。由于教学促使我不断地思考,每次讲完这个内容,我自己对于爱国主义的理解,对于作为中华民族之精神命脉的爱国主义的理解都会有所深化。当我能够清楚地与学生们分享那些困扰他们的关于爱国的诸多现实问题的透彻理解的时候,毫无疑问我与我的学生在一起成长。

爱国,是一个蕴含着"伟大"品质的词汇,我们可能需要倾尽自己所有、甚至生命来为"爱国"这个词汇的内涵做出具体的注释。爱国,又是一个极其平凡的词汇,"天下兴亡,匹夫有责",它的内涵可以通过每个人的行为阐释出来。但是,爱国,在本质上是超越自我功利诉求的利他主义的行为,因此,即便是凡夫俗子能力有限的微薄之举,也具备着无可争议的高尚的品性。爱国,是一种神圣的情感,它往往令人血脉贲张。爱国不仅仅是一种情感,它是一种法律责任,也是一种政治理性。

因此,"爱国主义",不是一枚可以随便张贴的标签。一般而言,绝大多数人会主观直觉地认定爱国离激情最近,事实上,这恰恰是爱国主义教育需要首先澄清的:爱国首先是一种理性。在爱国情怀确立的过程中,首要的任务是明确到底什么是爱国,辨别贴着"爱国"标签的种种言行是否具备真正的爱国本质。

2012年秋季学期,为了讲述"爱国主义"这个主题,我花费了远远超越以往的大量的时间与精力,去思考教授的视角与深度,要更加细致、深入、全面地审视所有的教学案例及教学内容,以确定哪些用于 2012 年秋季学期的课堂教学会取得更好的教学效果。彼时,学生们大多沉浸在钓鱼岛问题触发的爱国激情中,爱国主义教育比任何时候都显得迫切而必要。在爱国主义主题的导入案例上,我选择了不同以往的案例进行导入,没有使用与日本相关的材料,而是从第二次世界大战德法两国在贡比涅签订停战谈判的历史事件,切入爱国主义教育的主题。

【案例资料】　法国投降谈判现场解说词①

1940 年 6 月初,纳粹德国侵占比利时、荷兰之后,闪击法国。6 月 5 日巴黎陷落,当时政府已因为势单力薄向德国祈求议和。希特勒为洗雪第一次世界大战时德国战败的耻辱,提出停火谈判必须在上次大战德国代表签字投降的同一地点举行。【设问并讨论:请注意希特勒"洗雪第一次世界大战德国战败的耻辱",提出停火谈判必须在上次大战德国代表签字投降的同一地点举行。设想我们恰好是其时的德国公民,我们对于德国的"胜利"以及希特勒的做法,或做何评价?】6 月 21 日下午,德法停火谈判在希特勒指定的地点进行。

这是《芝加哥先驱报》驻巴黎记者威廉·舍勒应美国哥伦比亚广播公司之约,现场直播谈判实况的解说词。

威廉·舍勒正在法国贡比涅向纽约 CBS 呼叫。CBS 特约记者威廉·舍勒现在开始播音。

我们正在贡比涅城以北 4 英里、巴黎城以北 45 英里处的林间空地上,通过麦克风向各位报告现场新闻。今天下午德国时间 3 点 30 分,在离我们几步远的一辆客车车厢里,法国和德国开始谈判,以结束两国之间当前的战争。这节车厢,这是 1918

---

① 文池:《世界上最伟大的演说词》,郑州大学出版社 2007 年版,法国投降谈判现场解说词,有删减。

年 11 月 11 日那个寒冷的早晨,第一次世界大战各交战国签停战协定的地方。今天下午,在贡比涅美丽的林地里,我们亲眼看到时光如何倒退,历史如何倒退! 今天同 22 年前的那一天相比,形成了鲜明的对照! 甚至连天气也完全相反。今天这里风和日丽,是 6 月间巴黎附近的典型气候。

我们站在这里,目睹阿道夫·希特勒、戈林元帅和德国其他领导人今天下午向法国使节提出停战条件。此时此刻,人们很难想象,就在贡比涅这块小小的林间空地上,也就是我们正在直播的地方,1918 年 11 月 11 日凌晨 5 时,那个寒冷的早晨,在这里签订一个停战协定。那节车厢——那是富赫元帅的专用车厢——离我们不过几码远。它所在的位置,同 22 年前那个阴沉的早晨分毫不差。"唯一的"——这个"唯一"非同小可——区别是,在当年法国元帅富赫就坐的椅子上,希特勒端坐在那里;22 年前,希特勒是个无声无息的伍长。就在记者向各位报告新闻的时候,在这个上次大战遗留下来的古里古怪的车厢中,另一个停战协定正在谈判中,其目的也是使法德两个世代仇敌的武装敌对行动得以结束。所不同的是,一切都颠倒过来了。透过车厢的窗户,我们看到,这一次是希特勒提出停战条件。历史经常发生颠倒的现象。然而,像这次一样,在同一个地方发生颠倒,却十分罕见。德国提出停战条件,是由德国最高司令部代表冯·凯塔尔上将向法国代表宣读的;在这个文件的前言中,德国元首声称,他选中贡比涅这个地方来谈判停战,不过是为了"纠正一个错误",而绝不是为了报复。【请注意希特勒声称,在德法签署一战停战协定的同样地点,当时的战败方德国与现下的战败者法国签订停战条件,不过是"为了纠正一个错误"。】

3 时 15 分,在 1918 年签订停战协定的同一个地方,谈判开始了,希特勒在他的使节陪同下出现了。在离我们二百码贡比涅林间空地的那一头,有一座法国人树立的阿尔萨斯—洛林纪念碑。就在这个纪念碑的前面,希特勒下了汽车。这个著名的用雕像装饰起来的纪念碑上挂满了德国军旗,因而你看不到雕像,也无法读碑文。第一次世界大战结束后,记者曾多次看过这个纪念碑——毫无疑问,许多听众也见过它,碑上雕着一把剑,这是协约国的象征,这把剑插进一只鹰的胸部,这只鹰,代表昔日的德意志帝国。雕像下面是纪念碑,它正面的铭文是:"献给英勇的法国士兵——祖国和正义的保卫者,阿尔萨斯—洛林的解放者。"【1918 年 11 月 11 日凌晨,德国代表在巴黎以北的贡比涅森林签署了停战协定。上午 11 时,贡比涅森林鸣放礼炮 101 响,标志着长达四年的第一次世界大战结束。①法国人赋予了其士兵以"解放者"的名义,他们是"祖国和正义的保护者",毫无疑问,这些士兵的行为在法国人眼中,具备爱国主义的本质。】

在望远镜中,我们看到了元首(注:希特勒,下同)在纪念碑前停留下来,用眼光扫了一下雕像,并向印有"卍"字标志的德国军旗致敬,接着,他缓步向我们这个方向走来,向着林间空地上这个著名的车厢走了过来,他的表情似乎很严肃,冷若冰霜。【也有目击者声称,希特勒的脸上"冒着鄙视、慷慨、仇恨、复仇和凯旋的烈火"。】②

然而,当他首次向着 1918 年决定德国命运的地方走过来的时候,步履有些跳跃。正是因为希特勒,德国的命运才在同一个地方发生了逆转。【设问:站在当时的角度,如何理解"逆转"一词的具体含义?在当下的角度,我们如何评价希特勒实现的这次"逆转"的本质?】各位听众!请允许我翻开我的笔记本——今天下午我不时地记笔记。好,现

---

① 徐忠良:《二十世纪重大军事会议》,山西人民出版社 2000 年版,第 9 页。
② 张钊:《被遗忘的浩劫:第一次世界大战》,山东画报出版社 2003 年版,第 324 页。

在,希特勒走到贡比涅林地出口,在这里,过去签订过一个停战协定,现在,一个新的停战协定即将诞生。他停下脚步,慢慢打量周围的一切。这个出口是圆形的,半径约 200 英尺,向前面展开一片空地,很像一个公园。出口的边缘部分被柏树环绕着,后面是榆树和橡树。22 年来,这个林地一直是法国人的圣地之一。

各位听众,希特勒止步了,把周围的情况打量了一下。他的身后是德国其他代表,其中包括手握权杖的戈林元帅。戈林元帅身穿德国空军的蓝色制服。希特勒穿的双兜灰制服,左胸兜上挂着纳粹的十字徽章。

……

现在是 3 时 18 分。希特勒的统帅旗在林间空地出口中间部位的一个旗杆上冉冉升起。就在旗杆旁,有一方大理石,大约有 3 英尺高。希特勒在其文武官员陪同下,走到那块石头前,开始读石头上的大写字母铭文。元首慢条斯理地读着,记者相信,不少听众知道铭文的内容是这样的:"公元 1918 年 11 月 11 日,德意志帝国的嚣张气焰,在这个地方被它所企图奴役的自由人民所扼制。"希特勒在读这段话,戈林也在读,所有的德国人都在 6 月的阳光下站着,读这段话。记者一直注视着希特勒的面部表情,但是看不到任何变化。最后,希特勒领着他的文武官员到 50 英尺开外的一块小一些的大理石旁。这是 1918 年 11 月 8 日到 11 日期间,停放德国使节居住车厢旁的石碑,刻有简短的铭文:"德国代表"。记者注意到,这块大理石放在两条锈迹斑斑的铁轨中间,这段铁路,还保持着 22 年前的样子。现在的时间是 3 时 23 分,德国领导人一行迈着大步朝着当年签订停战协定的那节车厢走过去。这节车厢,原先并不在这里。沿着那条生了锈的铁路走 75 英尺,有一处小小的博物馆,昨天下午,德国方面派来一队工兵,把这节车厢向着相反的方向,不多不少推了 75 英尺,推到当年签订停战协定的地方。今天下午,希特勒一行来到这儿后,在 6 月的阳光照耀下闲聊了一会儿——大约有两分钟,然后,希特勒和戈林等人走进车厢。透过玻璃窗,车厢里的情况尽收眼底。

希特勒先生走进去,在当年富赫元帅就坐的地方坐下,戈林和凯塔尔分坐在他两旁……面对希特勒那一边的座位都空着,法国人现在还没有来。各位听众! 现在是 3 时 30 分,法国代表团走下汽车。……法国人的眼光迅速瞥了一下盖满"卍"字旗下的阿尔萨斯—洛林纪念碑。……对于法国人来说,现在是一个严重的时刻,这些法国使节的表情严肃,表明他们意识到了肩上的重担。他们个个态度严肃,表情是悲伤中带着庄重。他们快步来到车厢前,来接他们的是两名德国军官。德国人举手敬礼,法国人还礼。这时的气氛,用欧洲人的话来说,是"对头的",但是,我们注意到,双方没有握手,听众们能够想象,这意味着什么。

历史性的时刻终于到来了。我的手表是 3 时 32 分。法国人走进了富赫元帅的布尔曼式车厢。双方举手行礼。凯塔尔宣读停火条件的前言部分。法国人紧张地听着,表情冷漠,如大理石像。希特勒和戈林盯着绿色的桌面。这出历史戏剧的这一幕大约进行了 12 分钟。现在希特勒站起来了,他伸出右臂向法国人致敬,然后走出这起居间。走在后面的是戈林等。法国人继续留在这老式卧车里,凯塔尔将军同他们在一起留下来,向他们宣读具体的停战条件。车厢外，希特勒一行又走到阿尔萨斯—洛林纪念碑前。当他们从仪仗队前通过时，军乐队奏起了德国国歌《德意志高于一切》。

这一历史事件，前后只用了一刻钟。

这是爱国主义这个主题的导入案例。我没有向学生提出问题，而是要学生模拟老师的之前的提问方式向老师提出问题。他们提到了如下问题：

希特勒为什么选择在贡比涅附近的林间空地上来与法国签订停战条件？

如果法国人镌刻在阿尔萨斯—洛林纪念碑上的"献给英勇的法国士兵——祖国和正义的保卫者，阿尔萨斯—洛林的解放者"铭文无可争议的话，希特勒的行为又作何理解？

如果希特勒选中贡比涅这个地方进行谈判停战来"纠正一个错误"是无可争议的话，那么法国人镌刻在纪念碑上的"献给英勇的法国士兵——祖国和正义的保卫者，阿尔萨斯—洛林的解放者"铭文，是否就不再具备"爱国"和"正义"的属性了呢？

不仅如此，他们猜到了我选择这个案例的初衷：

是不是所有贴着爱国主义标签的情感、思想、行为，都具备爱国主义的属性？

就教学的实际情况来看，不同的班级反映是有所不同的。提出问题的视角、层次也有非常大的不同。当然，他们显然不能猜测到我的全部初衷，比如，

希特勒的"复仇和凯旋"对于德国及德国人民而言，是胜利的开端还是磨难的延续？

设想你生活在彼时的德国，你是否能够清醒地洞察你的国

家正在发生着什么？如果你看清希特勒及纳粹的实质,你是否可以为了祖国而具备先声、先驱、甚至成为先烈的勇气?

在"思想道德修养与法律基础"课所有的教学内容当中,爱国主义部分是我讲授的最为精彩的内容之一。"讲课,就是要在学生的已有的知识与教学内容之间架起一座桥梁。各种比喻、实证、证明和演示则是这座桥梁的基本组成部分。因而讲课的主要作用就是提供有意义的组织。"[1]"有意义的组织",是教学风格、教学成效的最为重要的促成因素。同样的教学材料,由于不同的组织方式,会呈现不同的教学效果。可以达到同样教学目的的教学材料,同样不能随意地使用,根据教学对象的不同、根据具体的教学生态的差异,应该有目的的对教学材料进行组织、整合,以适应教学对象,或者在特殊的教学生态中保证优质的教学效果的达成。"有意义的组织",是一个富于创造性的工作。正是"组织"能力的不同,不同的教师则构建了带有个体属性的具体的"课堂"的内涵。

爱国主义这个主题,教师很容易讲得出彩、引人入胜,但是不一定讲出大学爱国主义教学的深度与理性。如果教学仅仅漂浮在现象的列举、情感的触动上,可以纵横捭阖,甚至仪态万千,学生甚至会因为教师如此"精彩"的讲授,而内心澎湃热血沸腾。但是,作为人生观的一个重要组成部分的爱国观的确立,使学生仅具有情感或者情绪的触发是远远不够的。不仅如此,这样一种表面上看十分丰满、十分精彩的教学,对于高校的爱国主义教育而言,反而可能是教学绩效不高、教育贫乏的一个重要表现,也是大学教育低龄化、幼稚化症候的具体表现之一。

---

[1]麦肯齐:《麦肯齐大学教育精要:高等院校教师的策略、研究和理论》,浙江大学出版社2005年版,第43页。

　　大学生到底需要什么样的爱国主义教育？大学的爱国主义教育到底应该达成什么样的教学目标？或者说,大学生在大学课堂上再度接受了爱国主义教育后,他们的爱国情怀、爱国理性及行动能力,是否有所变化、会有什么样的变化？且这种变化是否能与我们的教学预期达成一致？在当下,影响学生理性的爱国观的形成的现实问题,又有哪些？教师是否能够有效能地通过教学活动来解开困扰学生的这些疑惑？诸如此类问题的思考解决,是决定爱国主义部分的教学成效的重要内容。事实上,有相当数量的教师,不会思考上述问题,其教学要么完全复制教材的内容,把文字版变成课堂上的有声版;要么完全撇开教材、也撇开学生关于爱国的先有经验及现实困惑,完全沉浸在自我陶醉式的自说自话中。

　　大学爱国主义教育,需要将学生基于感性碎片或者空洞的抽象的非理性认知层面,提升到理性认知的层面,使之成为一个具备爱国主义理性的行动主义者,而做一个理性的忠诚的爱国者,仅有"忠诚"是远远不够的。如无理性的秉持,"忠诚"很有可能是悲剧的根源,而不具备光荣的注解。我思考清楚这个问题,是在被日本政府旌表为"昭和烈女"的井上千代子的事例的研究与思索中,最终豁然开朗的,这令我的爱国主义的讲授发生了质的变化,从浮在现象层面的就事论事、就现象说现象的水平式教学,转变为可以提升学生认知理性的有深度的教学。在 2007 年的时候,我曾经把井上千代子之死与陈天华之死、与秋瑾的壮烈就义、与赵一曼的英勇牺牲做比较,在所有被冠以"爱国的名义的死亡"中,甄别什么样的牺牲才具备爱国主义的本质属性,什么样的死亡虽然被贴上了神圣的爱国主义的标签、甚至自己也沉浸在为国献身的壮烈情怀中,而其行为却不具备爱国主义的本质属性。引导学生深入思考:爱国不仅仅是一腔热情和热血,还是对于人的政治理性的直接考验。在 2012 年秋季学期,出于慎重的考虑,在很多班级我没有提到以自杀的方式"激励"自己丈夫"为国圣战"的井上千代子。但是,学生超乎寻常的需要爱国主义教育,需要成为一个具备爱国主义理性的忠诚的爱国者,前有未有的需要对其自身的爱国观念及行为进行反思。我选择了希特勒在贡比涅森林中进行德法停战谈判,以"纠正一个错误"的案例,来触发学生对"爱国主义"这个可能"歧义丛生"的词汇的内涵以及诸多贴着"爱国主义"标签的行为进行反思,以深化其对于爱国、爱国主义的理解。

"爱国",不是一个凭借直觉和经验就可以轻松定义的概念,尽管人们普遍自信自己清楚爱国的内涵并十分爱国。在知识性不是十分突出的"思品课"教学中,很少需要对于某个概念进行深入的解析。爱国主义,则是一个需要教师完整、准确的来分析、讲授的概念。其中,特别需要强调的是,爱国主义中"国"的基本内涵,它不仅指父母之邦、祖先之邦,这是我们需要一往情深的挚爱不已的"祖国",对于中华民族而言,爱国还是我们一以贯之的民族精神的核心。同时,爱国之"国"还有一个重要的内涵,是指作为政治实体的"国家",这是爱国主义教育的一个教学重点、也是教学难点,不仅决定着学生对于爱国主义内涵的全面、完整的把握,还直接决定接下来"做忠诚的爱国者"的内容的讲授。后者,恰恰是爱国主义教育的落脚点,也是爱国主义教育的核心教学目标。

对于祖国的爱,是亘古未变一以贯之的,比如大好山河、骨肉同胞、历史文化等等,这是学生已有的知识及经验可以把握并认同的层面。但是爱"国家",不仅需要道德理性,更需要的是一种政治理性。爱国主义之"国家"之爱,是具体的历史的。比如,自 1840 年以来一直到 1949 年新中国建立,一百多年的时间是中华民族发展历程中最为惊心动魄的历史时期。这一时期无数的仁人志士前赴后继以求推翻帝国主义、封建主义、官僚资本主义的统治,这种献身与牺牲是爱国主义内涵的最伟大的阐释。当下的爱国主义的内涵,是对于"祖国"与"国家"二位一体的热爱,即"爱国与爱社会主义"相互统一,这是对于一个爱国者最为基本的要求。更为重要的是,在全球化的趋势下,坚持爱社会主义与爱国的相互统一的爱国观的确立与坚守,也是一个爱国者的政治理性的最为重要的表现。

成为一个具备政治理性的爱国者,需要深刻认识爱国与爱社会主义的一致性。在这个问题的讲授上,我结合"毛泽东思想和中国特色社会主义理论体系概论"的相关内容(图九),做史论结合的正面讲授,旨在树立学生理性的历史观的基础上,从中国近现代史的角度,让学生在理论的高度上认识到社会主义道路是无数仁人志士、革命先烈艰苦卓绝的理论实践、社会实践、革命实践的结果,对于当下以及未来之中国意义重大而深远,不能动摇也不容动摇。当下的年轻人,生活在一个社会开放、观点多元的时代,愈是在这种情况下,年轻人的政治理性和社会主义信仰就愈加重要。

【案例资料】 苏联解体的前因后果:乱在何来①

动笔之始,我还得提起现在说来已经是六十年前的文件——那就是美国中央情报局局长艾伦·杜勒斯当着杜鲁门总统在国际关系委员会发表的一篇长篇演说。1945年,他就已经明确提出了瓦解苏联的目的、任务和手段:

战争就要结束,一切都会有办法弄妥,都会安排好。我们将倾其所有,拿出所有的黄金,全部物质力量。把人们塑造成我们

①尼古拉·伊万诺维奇·雷日科夫:《大国悲剧——苏联解体的前因后果》,新华出版社2008年版,第1-2页。

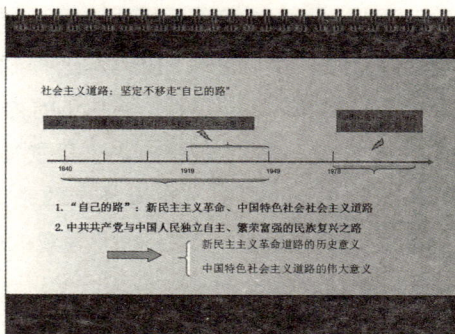

图九

需要的样子,让他们听我们的。

人的脑子,人的意识,是会变的。只要把脑子弄乱,我们就能不知不觉改变人们的价值观念,并迫使他们相信一种经过偷换的价值观念。用什么办法来做? 我们一定要在俄罗斯内部找到同意我们思想意识的人,找到我们的同盟军。

一场就其规模而言无与伦比的悲剧——一个最不屈的人民遭到毁灭的悲剧——将会一幕接一幕地上演,他们的自我意识将无可挽回地走向消亡。比方说,我们将从文学和艺术中逐渐抹去他们的社会存在,我们将训练那些艺术家,打消他们想表现或者研究那些发生在人民群众深层的过程的兴趣。文学,戏剧,电影——一切都将表现和歌颂人类最卑劣的情感。我们将使用一切办法去支持和抬举一批所谓的艺术家,让他们往人类的意识中灌输性崇拜、暴力崇拜、暴虐狂崇拜、背叛行为崇拜,总之是对一切不道德行为的崇拜。在国家管理中,我们要制造混乱和无所适从……

我们将不知不觉地,但积极地和经常不断地促进官员们的恣意妄为,让他们贪贿无度,丧失原则。官僚主义和拖沓推诿将被视为善举,而诚信和正派将被人耻笑,变成人人所不齿和不合时宜的东西。无赖和无耻、欺骗和谎言、酗酒和吸毒、人防人赛过惧怕野兽、羞耻之心的缺失、叛卖、民族主义和民族仇恨,首先是对俄罗斯人民的仇恨——我们将以高超的手法,在不知不觉间把这一切都神圣化,让它绽放出绚丽之花……只有少数人,极少数人,才能感觉到或者认识到究竟发生了什么。但是我们会把这些人置于孤立无援的境地,把它们变成众人耻笑的对象;我们会找到毁谤他们的办法,宣布他们是社会渣滓。我们要把布尔什维克主义的根挖出来,把精神道德的基础庸俗化并加以清除。我们将以这种方法一代接一代地动摇和破坏列宁主义的狂热。我们要从青少年抓起,要把主要的赌注压在青年身上,要让它变质、发霉、腐烂。我们要把他们变成无耻之徒、庸人和世界主义者。我们一定要做到。

四十年后,一切果然发生。西方,特别是美国,消灭苏维埃国家的目标果然实现。不过,我当然绝不会以为,这样一个大国的悲剧性解体能够仅仅发生在外部因素的影响之下。如果内部没有一个完全奉行苏联的敌人所树立的目标的"第五纵队",只靠外部力量,谁也不能把我们的国家怎么样。这只要回想一下俄罗斯千百年来的历史,包括卫国战争那悲惨的时光和最后的胜利结局,就可以一目了然。

苏联解体的悲剧,以及给其国家带来的影响,需要我们进一步反思如何坚定社会主义信仰,确立并保持清醒的政治理性对于中华民族伟大历史复兴的重大意义。事实上,绝大多数学生对于苏联及苏联解体的认知是极其有限的,在他们看来,苏联不过是一个历史名词。苏联的历史及其解体的历史悲剧,蕴含着太多需要我们反思的内容,也具有极其重要的课程价值。在课堂教学中,仅仅能够提纲挈领的描述事件的大致轮廓,而无法全面深入的呈现这个历史过程的全貌。艾伦·杜勒斯的讲话,是一个十分重要的教学素材,至少可以引起学生的关注与思考。但是课堂上能够做到的这些还远远不够,还需要学生在课后完成大量的阅读和思考。我向他们推荐了《大国悲剧》、《警惕历史虚无主义思潮》等图书(图十),并要求学生带着如下问题去阅读:

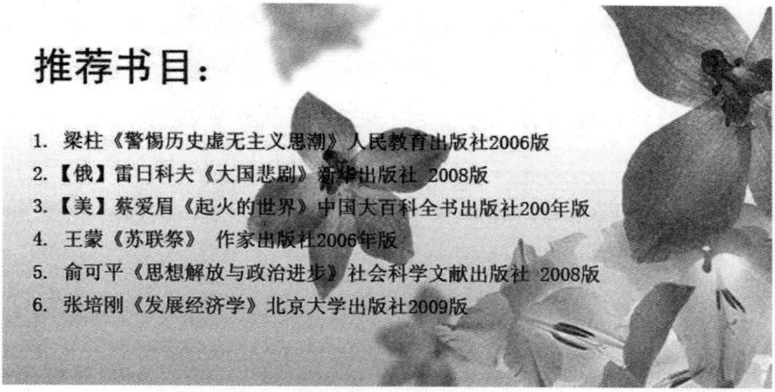

推荐书目:

1. 梁柱《警惕历史虚无主义思潮》人民教育出版社2006版
2. 【俄】雷日科夫《大国悲剧》新华出版社 2008版
3. 【美】蔡爱眉《起火的世界》中国大百科全书出版社200年版
4. 王蒙《苏联祭》 作家出版社2006年版
5. 俞可平《思想解放与政治进步》社会科学文献出版社 2008版
6. 张培刚《发展经济学》北京大学出版社2009版

图十

① 苏联为什么没有在十四国武装干涉、经济极度困难的时期解体?

② 苏联为什么没有在德国法西斯军队大举入侵的时期屈服?

③ 苏联为什么没有在二战之后满目疮痍、经济受到极大破坏的时候解体?

④ 苏联为什么会在成为世界第二经济强国,经济、军事可

与美国抗衡的时期解体？

⑤ 苏联解体的前因后果：乱自何来？

爱国主义理性的确立，不是一个空洞抽象的概念，它包含着清醒的民族文化自觉，包含着对于社会主义制度的坚定信仰，不因为缺陷或不足的存在而丧失对其的坚守，也不因为外部因素的赞成或者抨击、支持或者反对，作为何是何非、何去何从的判断与选择的理由。在爱国主义问题上能够持有理性，一个不可或缺的部分是，如何在经济全球化的时代保持爱国主义的理性，"各美其美，美人之美；美美与共，天下大同"虽然是对一个太过浪漫、美好的想象的表述，但是可以作为处理这个教学内容的基本方向，它很好地阐释了在经济全球化的时代"我们"如何与外部世界相容共处，"我们"又如何自处。

四、道德与法律框架中的爱情人生

一个"政治老师"讲爱情，总是会被想象成说教，能有什么可以期待的？能有什么值得期待的呢？如何将关于爱情的"说教"转换为关于爱情的"领悟"：我们共同的领悟，是我面临的一个非常大的挑战。在过去的几十年的岁月中，随着社会生活的变迁，价值观念的转变，大学生恋爱，由被禁止、被限制，到不提倡、不限制，到当下多元化的社会生态中，大学生不仅张扬着恋爱，自我地恋爱，并把恋爱作为大学生生活的一个不可或缺的组成部分，我行我素不管不顾地恋着爱着分分合合合合分分，尽管最终劳燕分飞的多，终成眷属的少。

在极其个性自我的爱情行为中，他们是否懂得爱情在生命高度上、在一生的视阈中，而非单纯的大学这样一个时段的价值，在"小三""二奶"这样的词汇成为高频词汇的世态中，在"性"日益与欲望接近而与道德疏离的时代，在一个物质主义盛行的时代，爱情的底线到底在哪里? 在日益不靠谱的爱情关系中,我们是否还要固守对于爱情的美好与忠贞的向往? 这些问题,讲清楚并非易事。但是又是必须讲清楚的问题,这是理性的爱情观确立的前提,而理性的爱情观是爱情幸福的观念基石。

在洪流一般的世界里,人们空前地张扬自我,但是我们在生活的洪流中又是如此的貌小而微不足道,大多数时候,我们无法左右我们的生活,但是我们不能因此而遮蔽自己对于自己理想生活的向往,更不应该放弃对理想生活的执著努力。所以,关于爱情,我执著于推开一扇窗,让学生们可以于"生活的世界"中看见"美好的爱情"。美,首先不是一个诉诸感官的美学概念,所谓"白富美"之"白"、之"美","高富帅"之"高"、之"帅",而是关于和谐的一个范畴,"好"首先是一个道德的伦理性判断。是的,爱情,不仅要"美"而且要"好",或者说爱情要因为"好"才能"美"。

【案例资料】 杜氏的《炭廖歌》

春秋时期,楚人百里奚,家境贫寒,30 岁娶妻杜氏,生有一子。百里奚经常长吁短叹,感叹自己没有施展抱负的机会。杜氏极有见识,卸下门闩炖了家里下蛋的母鸡,为百里奚践行。此一去,经年累月。百里奚颠沛流离,直到秦穆公用五张公羊皮将他换到秦国。百里奚功成名就,多年未见且音信未通的年迈而贫贱的老妻,自称洗衣妇并通音律,站在堂前,为大宴宾客的百里奚拂弦而歌:

百里奚,五羊皮。忆别时,烹伏雌,炊廖廖。今日富贵忘我为?

她唱的是,百里奚呵五羊皮,还忆当年贫寒时,野菜糙米不得食,劈门闩烧母鸡,如今富贵了,还忆当年贫寒妻! 三十余年的颠沛流离可以动摇多少山盟海誓而屈从于坚硬的生活，天壤之别的身份差异可以令多少深情厚谊，都在功利的目的下不值一提。每次在课堂面对着一张张青春蓬勃的面孔，讲这段情感讲到这曲《扊扅歌》，我都会不由自主地动情，在学生们的眼睛里我看到同样的感动。“学生在评论教师讲课时，所描述的‘美好’听课经历是教师不仅仅用观点吸引他们——教师的语调、教师对课程的投入、教师的激情。”①。我的一位学生在其终期考核作业（图十一）中谈到了她的感受，恰好印证了这一点。

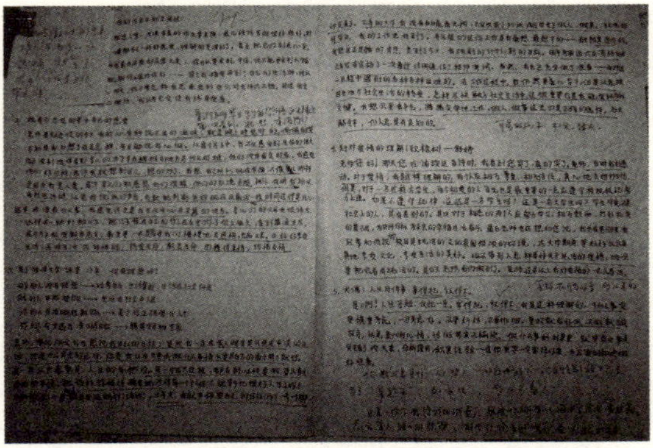

图十一

> 那天您在朗诵这首诗时，我看到您哭了，真的哭了。老师，当时我好感动。对于爱情，我是这样理解的，两个人应该相互尊重、相互信任，真心地呵护对方。对于一名在校的大学生，首先最重要的一点应该遵守校规校纪，努力上进。……其次，相恋的两个人应该努力学习相互鼓励，打好扎实的基础，为共同目标为

①彼得·法林：《教学的乐趣：大学新教师实用指南》，华东师范大学出版社 2009 年版，第 45 页。

未来的幸福生活奋斗。最后，老师我还想和您说，我也有男朋友。我经常和他说，大学校园是纯洁的、文化氛围很浓的环境，在大学期间要认认真真地享受文化，享受生活的美好。咱不管别人怎样看待纯洁的爱情，咱一定要把它看成是纯洁的。是的，老师，我们做到了。

"教师是有影响的榜样，教师的行为之所以重要，不仅它起了价值观的榜样作用，而且教师能够创造有利于价值观表现的环境。"[1]我知道这位同学讲的"纯洁"的确切内涵——事实上，她是在表达对于婚前、婚外性的看法。在一个价值多元化的时代，在爱情与性这件事情上，有诸多的个人选择。在诸多的选择中，我特别强调了，就爱情的一般性而言，爱情的最为圆满可靠的归宿是婚姻。爱情、婚姻、性爱三位一体的统一，是幸福人生的一个重要条件，也是其不可或缺的组成部分。爱情，被赋予了太多的想象。我希望我的学生们能够守住一份真实而真诚的爱情，希望他们在这个十分浮躁功利的爱情年代，能够懂得爱情最为珍贵和本真的东西，拥有美好的爱情和婚姻。"从 2000 年到 2010 年，结婚登记数由 848.50 万对，增加至 1241.00 万对，增长了 46.26％。离婚由 121.29 万对增加至 267.80 万对，增长了 120.79％万对。2010 年离婚的夫妻中，从年龄结构看，22～35 岁是离婚主力军。36～50 岁的婚姻相对平稳，50 岁以上离婚率又迅速上扬。"[2]影响婚姻稳定性的因素很多，但是自我的道德操守、责任意识是影响婚姻稳定的重要因素，其中婚前性、婚外性是

---

① 麦肯齐：《麦肯齐大学教育精要：高等院校教师的策略、研究和理论》，浙江大学出版社 2005 年版，第 220 页。

② 安国启、邓希泉：《新世纪中国青年发展报告 2000—2010》，载于《中国青年政治研究》 2012 年第 4 期。

爱情与婚姻面临的最大挑战。

【案例资料】　婚外怀孕导致的离婚案①

王某(男)与张某(女)于 2005 年 11 月结婚。次年 2 月,在检查身体时,王某发现张某已怀孕 5 个月。在王某的一再追问下,张某承认婚前与前男友曾发生性关系并导致怀孕。王某认为张某欺骗了自己,向人民法院提起诉讼,要求解除与张某的婚姻关系,张某不同意离婚。

在法律部分教学中所使用的众多案例中,我特别钟情的是这个小案例。一般会花相当的时间来讨论它。之所以如此,是这个案例极其典型地呈现了婚姻爱情关系中的道德与法律关系,以及道德和法律作用范围及方式的差异。2012 年秋季学期的教学中,我把这个案例从"法律基础"中的"道德与法律的关系"部分,调整到婚姻爱情部分讲授,改变了以往教学中,过于倾向爱情的情感属性,提醒学生爱情与婚姻具备个人属性,但是必须认识到,爱情与婚姻的社会属性、伦理属性。完美的爱情与婚姻是对道德行为的报偿。在爱与性的问题上,我们不轻易否定其他的选择,但是,"等待花开"是一种值得赞赏的婚恋观、性爱观,"等待花开"是"美好"的。"等待"不仅是一个过程,也是一种结果,更是在日益轻质化的时代的一种稳重的人生态度。我倾尽我的所能,希望我的学生能够在日后的人生历程中确立一种"稳重"的人生状态。

"美好",凸显的不是"美学"价值,在这里表征的是一种"伦理学"的意义,是用个体的行为阐释带有永恒性的"适中""适宜"的人生应然的"善"的含义,是因为"好"而"美"。作为以男生为主的教学班级,

①赵炜:《思想道德与法律基础案例教学教师应用手册》,中国矿业大学出版社 2009 年版,第 242 页。

我特别强调了"作为男人，要有拒斥（诱惑）的能力"[1]，很多时候，即便可以确定摆在你面前的婚外的感情是爱情，也要知道无论在道德上、还是在法律上，自己是不具备获得爱和给予爱的身份前提的。爱情是有所有关系的，婚姻则不仅是情感关系，同时也是法律关系和道德关系。敬畏婚姻、敬畏爱情，事实上是对自己人生的一种敬畏，是对于自己人生幸福的一种呵护。在诸多的爱情与婚姻的伦理规范中，我特别强调了"唯一性"的价值，如果具备了令彼此成为彼此生命中的唯一的人生能力，是人生最为重要的爱的能力。关于爱情的唯一性的讲解与讨论，有 33 位同学在其终期考核作业中提到，占总人数的 8.59%，而几乎所有的学生，都在其终期考核作业中提到了"爱情"这个主题的学习收获。

　　课堂上学到的了解的实在太多。我准备从爱情开始小讲几句。因为老师曾多次认真反复地谈过这个问题，显然老师对这个问题看得十分之重。老师说过，在我们这个年龄阶段，爱情是一场最美好的盛宴，但千万不要因为它的迟迟未到而去随便找个人找段感情来寄托，因为那样（极有可能）会伤了自己，并伤了别人，并且（甚至）伤的体无完肤，有时候姗姗来迟的感情才最美，时间刚刚好，没有早一步，也没有晚一步，就那样遇见，那也不要逃避，好好珍惜这段来之不易（的感情）。[2]

　　"教学既是一项智力活动，也是一项社会活动。每个学期学生都带着新问题来上学，刺激我们产生新的看法。课堂提供了不断变化

[1]宋仁虎：《思想道德修养与法律基础终期考核作业》，江苏建筑职业技术学院，建工 2010-6 班。
[2]黄越：《思想道德修养与法律基础终期考核作业》，江苏建筑职业技术学院，建工 2010-3 班。

的人际交往动力。逐渐了解和喜欢上,每一个新的群体,为我们提供了一种源源不断的满足和激励。听到以前的学生热情地说起我们如何改变了他们的生活,尤其让我们觉得得到了回报。"①这不是我所刻意追求的,但是却是我十分向往的。

---

①麦肯齐:《麦肯齐大学教育精要:高等院校教师的策略、研究和理论》,浙江大学出版社2005年版,第231页。

结语：我们，如何说再见

　　毕业，就在眼前了。之后，你将要"单枪匹马，经历人生的沟坎与起伏，寻找自己的光荣与梦想"。无论如何请记住：平淡时，请呵护平凡的幸福；非凡时，请把持内心的单纯与质朴。请做一个可以获得幸福的人而幸福。请做一个可以给予幸福的人而幸福。

2012 年秋季学期授课笔记

一、人生，确实是一种修行

对于一个"政治老师"而言，"教学相长"有着更为丰富的内涵。

作为教师，我不仅能够分享学生们成长的历程，我也看到自己的人生，因为教授这门课程而发生着变化。

因为所教授的课程的缘故，我必须对诸多的人生问题，进行远远超越于常人的思考，目的明确地广泛阅读，注视着平凡抑或非常的正在进行着的生活，充满激情且条理清晰地上课。久而久之，自己的人生样态因为这种职业因素的塑造，而变得素朴而正直，温暖而不乏激情，向往但不苛求，执著但不执迷，我清醒意识到这一点的时候，觉得十分庆幸且美好。

旁观者清，容易做到。把人生当做课程，讲给学生，我可以努力讲得透彻。当然，我也有当局者迷的时候。

摔倒了，不要急着站起来——先蹲一会儿，看一下周围。摔倒了并不可怕，最怕的是，摔倒了之后，还不知道自己为什么摔倒。人生难免有不如意的事，马到成功一帆风顺更多的时候是美好的祝愿。失败乃是正常的事，我们要经得起失败。失败怕什么？总结自己为什么失败，从头再来。不过在此之前，要先看一下，看看自己，为什么失败。也看看周围，如何导致了自己的失败。

这段话，确实是我在反思自己的经历时悟出的一个道理。讲给学生们的时候，他们表示接受并赞同。有一次我自己的 QQ 日志中，显示了一下自己很糟糕的心情，学生用这句话来开导他们的老师。看到的那一刻，我的内心一下柳暗花明了。我很是欣慰，这已然成为学生们面对人生的种种绕不开的不堪、窘境的态度，这不就是我想看到的那些于复杂的人世中能够保持一份淡定、从容的我的学生吗？

令我感动的是,他们教会了我自己原本"熟知"的道理,从他们那里再次遇到这些道理时,我知道自己的人生也在成熟,在变得丰满。

二、我们,如何说再见

_____同 学:

毕业,就在眼前了。之后,你将要"单枪匹马,经历人生的沟坎与起伏,寻找自己的光荣与梦想"。无论如何请记住:平淡时,请呵护平凡的幸福;非凡时,请把持内心的单纯与质朴。

请做一个可以获得幸福的人而幸福。请做一个可以给予幸福的人而幸福。

这是你的最后一个课程作业,请仔细阅读戴志勇先生的《不能设想没有梦的人生》,并思考。

你的老师:赵 炜

2012 年 11 月

不能设想没有梦的人生①

——《南方周末》戴志勇(有删减)

又到毕业季。照相,喝酒,交论文;签约,告别,开始新的历程。不管你是否已术业有专攻,是否做好了充分的职业准备,有没有谈过一场刻骨铭心的恋爱,现在,你已经再一次站在大学的门槛上。与几年前不同的是,这一次你是面向社会。从此,你要单枪匹马,经历人生的沟坎与起伏,寻求自己的光荣和梦想。光荣并不容易抵达……

你依然是在繁荣的中国寻找一份工作。但繁荣之下,隐忧也在增长。对求职者而言,公务员队伍已过于庞大;国企福利相对较好,但终归要受到更严厉的规制;民企,尤其是中小民企的经营风险正在增加;全球 500 强的门槛却未见降低……你对未来的预期,理应更谨慎。

但这毕竟还是繁荣的中国,一个正处于剧烈转型期的中国。权力、财富和影响力的格局初步成型,但更公平、更符合正义的规则也在悄然诞生与成长。从政治秩序趋于正常到经济的市场化,第一波制度红利或已达到顶峰。但革新远未到头,随着开放度

---

① 戴志勇:《不能设想没有梦的人生——致 2012 届大学毕业生》,载于《南方周末》2012 年 6 月 1 日版。

的提高,潜藏的社会、经济、文化与政治发展空间还很巨大。只要你有梦想,敢于为梦想孜孜不倦,中国的点滴进步就会与你的这份工作建立起相关性,繁荣就会为你敞开一道门——哪怕,刚开始只是一道窄窄的门缝。

其实,梦想本身就是一扇门,它使未来参与你的当下,使五年后的你与现在的你紧密相连。梦想构成你生命最重要的一个维度,它为你定向,赋予你每日的琐碎生活以整体感和意义感。没有梦想的人,只能原地打转,或等待老天垂怜。

梦想未必要非常崇高。如中南民族大学毕业生宿舍楼上略带自嘲的条幅所写,"力争三年高富帅",现代社会的基本规则是自利利人,谁说通过合法途径发财致富不是一种强大梦想?梦想也不一定就得世俗,如做人文与社科研究的人立志要"打通中西马"。甚至,梦想也不是非要多么远大:有不少人都"不愿做英雄,而愿做那个坐在路边为英雄鼓掌的人"——有时,这样的梦想更接近生活的本质。除了天性恬淡,它还要定力与智慧。随着年岁增长,愿这梦想逐渐深化为你对人生的洞彻。顺应良善天性自然发展的人,总是能散发属于自己的光辉。财富与名望更多的只是梦想的自然结果,而远非梦想本身,个别情况下,它们甚至构成对梦想的阻碍。……梦想必定植根于低处和近处。大多数毕业生都将进入一家企业或"单位"。你往往要最早到,最晚走,虽然只是小兵,但看上去却忙得像刚创业的老板。无论如何,只要有梦想的指引,你会将每件跟工作相关的手边小事做到尽可能好,这不仅是一种工作伦理,也是一种生活态度。清教徒将一切尘世的辛勤劳作都归于荣耀神,你不一定有这种信仰,但每个人都会在与同事朋友的交往中体现自己的价值与光芒。

周末或节假日,你或许还需为自己设定计划,持续充电。如果说大学教育在你脚底做了一个粗略的支架,从现在起,你可能要用更多精力来将这支架做得牢固厚实。离开大学,更有价值的学习才刚刚启程,因为你的梦想也才刚刚启程。自然,知识不仅来自书本,相反,你往往要从大学课堂上的各种理论与教条中走出来,至少得为它们灌注鲜活的生命力。无论做企业、进政府还是做社会公益,从书本走向现实,去更深刻地理解人、了解人的需求,才能设计更有创意的产品,做更有价值的策划,从而将改善带给更多人。

其实,所有职业都只是深度切入社会与人生的一条通道。在任何一条通道里,我们都将与这个时代,与人性冷暖正面遭遇。你最需要做的,是找到最适合自己的那条路。我们未必都能像盖茨、乔布斯、尤纳斯那样改变世界,但我们至少可以改变自己的生活,让每一天充满意义。

失去梦想的人生支离破碎,令人难以忍受。而最终极的梦想,就是辨认和听从自己内心的声音,度过富有意义的一生。

这学期的思修课（《思想道德修养与法律基础》）是所有学科中最精彩的课程，并不是内容多么有趣，而是让人深思，印象深刻的内容有很多：爱情、亲情、道德、法律等等。而让我最有感触的还是那两封信，即使整个大学没有得到任何东西，有这两封信，我也觉得足够了，因为它对我一生有益。[①]

这是一个令人欣慰的评价。并非十全十美，但对于自己这学期的教学工作我自己也很满意。从最初的惴惴不安，不敢确信是否能让行将毕业的学生们，在我的"政治课"课堂上能够有不同寻常的学习经历，并对人生有所影响。到学习结束时，我和学生对彼此都十分满意，他们的学习效果令我变得自信许多。

学校，是蕴含着巨大善恶潜能的地方，这是一个十分令我震惊的观点。作为一个教师，不能知道、也不能决定，我将要与什么样的学生在课堂上相遇。在我们彼此相遇的时刻，学生都有带着自己的过往生活的印记，已然成为一个独立的个体。我能够决定的只是自己面向教学持何种态度。

2012 年 11 月 15 日上午，是建工 2010-1、2 班的课。这次课是我本学期的最后一次课堂教学，也就是最后一次课。15 日的早晨，我从我们学校的西大门进来，彼时，阳光明晃晃地洒满校园，洒在那些带着薄霜的树叶上。崔恺先生设计的新图书馆，脚手架已经全部拆

①江兵：《思想道德修养与法律基础》终期考核作业，江苏建筑职业技术学院，建工 2010-2 班。江兵同学讲的"两封信"，一封指第一节课上发给同学们的"梁继璋先生给儿子的信"，这封信奠定了一种非常良好的师生之间的"教""学"关系的基础，建立了学生对于老师的信任以及对于老师的"教"的善意期待；第二封信，戴志勇先生发表于《南方周末》的"不能设想没有梦想的人生"，表达了他对于 2012 年的大学毕业生的关注和祝愿，事实上表达了他对于这些年轻人的人生的期待。我把这些封信，作为整个教学的结束，同时开始期待他们的未来。

除，清水混凝土那种内敛着的朴素气质让它在秋日的早晨，看上去大气而端庄。

2012 年 11 月 16 日，星期五的下午，我们的课程，在教二楼的 402 教室结束。窗外的法桐的叶子如同色彩斑斓的旗帜一般在初冬的微风里摇曳，风姿无限。阳光照耀在黄色、红色以及介于黄色和红色之间的那些叶子上，颜色是有温度的，因为你可以在那些叶片上看到闪烁着的"温暖"。这是他们大学期间的最后一次考试了。他们在 8 开的纸上，孜孜不

图十二

倦地书写着，书写着学习的收获以及对人生的思索。我知道，课堂记录下来的不过是一些条目、关键词之类的东西，现在他们要将这些抽象的条目、关键词，变成大段的文字，我十分希望经由这个过程、这种转换，课堂上的那些讲述可以成为你们自己的思想进而成为人生的智慧，而不是单纯的知识或者卷面上的成绩。

今天是 2012 年 11 月 16 日，即最后一次思政课（即"思品课"）了，也是这么多年的学习生涯的一个终结了。过不久就要走向社会，面临生活中的种种困难与压力，但是我还是不想走进去，毕竟象牙塔的生活还是保持着一种特有的情感，让我们魂牵梦萦。

说实话，思政课是我三年来听得最认真的一次课了。没有旷课。没有睡觉。同时，也有点后悔（遗憾），为什么在我们的最后一年的第一学期给我们讲这课呢，也许早点讲，我可能比现在有更多的积累更加优秀。记忆中，讲课（印象）最深刻的就是那

句话:人,可以白手起家,但不可手无寸铁。[①]

现在,在这里奋笔疾书的学生们,在 2021 年的时候,刚好三十出头的年纪——三十而立,正好赶上我们"民族复兴"的大好时候;2049年的时候,他们刚好六十岁左右,差不多退休。毫无疑问,他们将成为"强国"梦想变成现实的中坚力量,也是成果的直接分享者。

祝福他们。

祝福我们伟大的祖国。

---

① 周瑶池:《2012 思想道德修养与法律基础期终考核作业》,江苏建筑职业技术学院,建安 2010-1 班。

附录一　谢谢你们记得这些话

　　谢谢你们记得这些我确实说过、复述过的话，"思想道德修养与法律基础"课的教师不能只知道人生，而不懂得人生。人生需要领悟，无论是你们还是我。人生的领悟是一个过程，这一点，我和你们是一样的。很多道理，其实我们一直都是知道的，一语顿悟，可能会令我们一下子懂得我们原来知道那些道理。这，无疑是一个非常奇妙的过程。

　　1. 摔倒了先不要站起来。先蹲一会儿——看看周围，看看自己，为什么摔倒。

　　2. 爱情，一定要执著，但是绝对不可以执迷。

　　3. 你问我爱你有多深，要看你对我有多真。

　　4. "全世界的黑暗，都不足以影响一支蜡烛的光辉。"

　　5. "强不爱以为爱，是人世间最痛苦的事。"

　　6. 平淡时请呵护平凡的幸福；非凡时，请把持内心的单纯与质朴。

　　7. 请做一个可以获得幸福而幸福的人，请做一个可以给予幸福而幸福的人。

　　8. 天欲其亡，必令其狂；利令智昏，鼠目寸光。

　　9. 祸莫大于无足，福莫厚于知止。

　　10. 抓住，是一种能力。放下，是一种智慧。

　　11. 有时候，拿起来是一种担当，放下则是一种逃避；有时候，拿起来是一种狭隘，而放下则是一种器量。

12. "饿了能吃，困了能睡，是一种境界。"

13. 完美的爱，就是将满天的风雪雷电化为绚烂的彩虹。

14. 女人，一定要有独立的事业、独立的人格、独立的生活。

15. "可以白手起家，绝对不可以手无寸铁。"

16. 眷属天成是福气，好说好散是运气。福气要珍惜，惜福的人才得福。运气要把握，不能成为彼此今生的唯一，那就退一步留给双方重新幸福的天地。

17. 纵其心，追名逐利而不知返，必为盗贼、为禽兽。

18. 慢慢走，欣赏啊。

附录二 《思想道德修养与法律基础》 阅读书目及经典欣赏^①

2012～2013 学年第一学期

一、影视作品

＊绪　　论　《迁徙的鸟》、《幸福的面包》。

＊第一章　《风声》、《超级女特工》、《暗算》、《立春》、《钢的琴》。

＊第二章　《建国大业》、《建党大业》、《辛亥革命》、《百年情书》。

＊第三章　《隐形翅膀》、《钱学森》、《赵氏孤儿》。

＊第四章　《杨善洲》、《美丽的大脚》。

＊第五章　《离开雷锋的日子》。

＊第六章　《最爱》、《飞越老人院》。

＊第七章　《秋菊打官司》、《马背上的法庭》。

＊第八章　《十二怒汉》、《法官老张轶事之审牛记》。

二、推荐书目

1. 史铁生：《病隙碎笔》，人民文学出版社。

　★推荐理由：生命阐释生命的文字。

2. 夏坚勇：《湮没的辉煌》，上海书店出版社。

　★推荐理由：优雅而不失深邃的历史大散文。

3. 毕淑敏：《风不能把阳光打败》，中国青年出版社。

---

① 　注："思想道德修养"部分由赵炜老师推荐，"法律基础"部分由蒋玉玲老师推荐。

★推荐理由:每篇都可以上《读者》的女性散文。

4. 李零:《丧家狗——我读〈论语〉》,山西人民出版社。

　　★推荐理由:读论语,描画孔子的面目,探寻圣人的内心。

5. 覃彪喜:《读大学,究竟读什么》,南方日报出版社。

　　★推荐理由:不可不看、不可都信。

6. 梁柱:《警惕历史虚无主义思潮》,人民教育出版社。

　　★推荐理由:多维视角中确立清醒的历史观。

7. 雷日科夫:《大国悲剧》,新华出版社。

　　★推荐理由:告诉你悲剧的根源。

8. 王蒙:《苏联祭》,作家出版社。

　　★推荐理由:博览方能明智,苏联祭。

9. [美]蔡爱眉:《起火的世界》,中国大百科全书出版社。

　　★推荐理由:让你看到西方输出自由、市场的另一种结果。

10. 费孝通:《乡土中国 生育制度》,北京大学出版社。

　　★推荐理由:蕴含着温暖情感的学术之作。

11. 鲁思·本尼迪克特:《菊与刀》,商务印书馆。

　　★推荐理由:一部经得起岁月的透观之作。如果你只读一本。试图了解日本的书,就是《菊与刀》。

12. [西]费尔南多·萨瓦特尔:《伦理学的邀请:做个好人》,北京大学出版社。

　　★推荐理由:语言平实,道理深刻。慢慢读,想想就会知道"为什么做一个好人"。

13. 亚当·斯密:《道德情操论》,商务印书馆。

　　★推荐理由:让你了解市场经济的另一张面孔。注意:请选择商务印书馆版本。

14. 萨缪·尔亨廷顿:《文明的冲突与世界秩序的重建》,新华出版社。

　　★推荐理由:总有一句话、一个段落让你豁然开朗。

15. 张卫平:《那门是窄的》,清华大学出版社。

　　★推荐理由:演讲·讲座实录,风趣幽默而不失深邃。

16. 冯象:《木腿正义》,北京大学出版社。

　　★推荐理由:游刃于法律和社会之间,对法律个案层层剥离,既立意深远,又视界宽广。

17. 伯尔曼:《法律与宗教》,中国政法大学出版社。

　　★推荐理由:写得精彩,译得也精彩。探索法律背后的精神。

18. 〔美〕保罗·伯格曼、迈克尔·艾斯默:《影像中的正义:从电影故事看美国法律文化》,海南出版社。

　　★推荐理由:精彩纷呈,发人深省、回肠荡气,不仅带给你观赏的乐趣,还让你感受事实的真相和其间的正义。

19. 余灵灵、罗林平:《苏格拉底的最后日子》,上海三联书店。

　　★推荐理由:苏格拉底用行动向我们诠释法律的权威——法律若不被遵守,就形同虚设。

20. 刘星:《西窗法雨》,法律出版社。

　　★推荐理由:法律与文学完美的结合,以亲切家常、平和幽默的手法漫谈西方法律文化。

21. 王大潮:《星空点灯》,中国文联出版社。

　　★推荐理由:将文学与法律联姻,将故事与规则融通。

　　"法律是故事,是我们昨天的故事;法律是知识,是今天如何行事的知识;法律是梦想,是我们对明天的梦想。"

22. (美)约翰.麦.赞恩:《法律的故事》,江苏人民出版社。

★推荐理由:行云流水般的措辞,深刻的哲学体悟,字里行间闪烁智慧光芒。

参考书目

[1] [法]路易·勒格朗.今日道德教育[M].北京:教育科学出版社,2009.

[2] [美]彼得·法林.教学的乐趣:大学新教师实用指南[M].上海:华东师范大学出版社,2009.

[3] [美]布鲁克菲尔德.大学教师的技巧:论课堂教学中的方法、信任和回应[M].杭州:浙江大学出版社,2005.

[4] [美]布鲁克菲尔德.讨论式教学法:实现民主课堂的方法与技巧[M].北京:中国轻工业出版社,2002.

[5] [美]吉拉尔德·科瑞.大学生最不能逃避的课[M].北京:群言出版社,2003.

[6] [美]加里·D·鲍里奇.有效教学方法[M].南京:江苏教育出版社,2002.

[7] [美]卡伦·博林.在学校中培养品德:品德教育实践导引[M].北京:教育科学出版社,2012.

[8] [美]肯·贝恩.如何成为卓越的大学教师[M].北京:北京大学出版2007.

[9] [美]迈克尔·普洛瑟.理解教与学:高校教学策略[M].北京:北京大学出版社,2007.

[10] [美]麦肯齐.麦肯齐大学教育精要:高等院校教师的策略、研究和理论[M].杭州:浙江大学出版社,2005.

[11] [美]威廉·F·派纳.理解课程:历史与当代课程话语研究导论[M].北京:教育科学出版社,2003.

[12] 边和平.思想道德修养与法律基础教案设计[M].徐州:中国矿业大学出

版社,2008.

[13] 边和平.思想道德修养与法律基础教学案例与课外实践[M].徐州:中国矿业大学出版社,2008.

[14] 曹辉.道德教育与人的经济生活[M].杭州:浙江教育出版社,2009.

[15] 董小燕.比较德育研究[M].杭州:浙江大学出版社,2000.

[16] 何为民.仰望幸福 勇气与梦想[M].北京:中国经济出版社,2010.

[17] 梁周敏.案例编写与案例教学[M].郑州:河南人民出版社,2007.

[18] 刘铁芳.走向生活的教学哲学[M].长沙:湖南师范大学出版社,2005.

[19] 孙宽宁.课程理解的理想与现实:一种教师自我关怀的视角[M].济南:山东人民出版社,2010.

[20] 檀传宝.德育的力量[M].上海:华东师范大学出版社,2012.

[21] 檀传宝.公民教育引论[M].北京:人民出版社,2011.

[22] 檀传宝.浪漫:自由与责任[M].上海:华东师范大学出版社,2012.

[23] 檀传宝.学校德育诊断案例研究[M].北京:教育科学出版社,2012.

[24] 唐汉卫.大学生活:困惑与反思[M].济南:山东人民出版社,2010.

[25] 王锡林.思想道德修养与法律基础教学研究[M].昆明:云南民族出版社,2008.

[26] 韦正翔.有清华学生这样学习马克思主义[M].北京:中国社会科学出版社,2011.

[27] 阎钢.领悟人生[M].成都:四川大学出版社,1997.

[28] 杨仁寿.法学方法论[M].北京:中国政法大学出版社,1999.

[29] 赵炜.思想道德修养与法律基础案例教学教师应用手册[M].徐州:中国矿业大学出版社,2009.

[30] 赵炜.思想道德修养与法律基础案例教学学生应用手册[M].徐州:中国矿业大学出版社,2009.

[31] 周作斌.教学理论与实践研究[M].西安:陕西人民出版社,2007.

后记：教学其实是一种生命样式

关于这本书，我需要做以下说明：

第一，我不是仅仅想写一本教研专著。这本书缘起于日常教学感悟。看上去，就是一些平凡琐碎的记录。恰恰在这些看似琐碎的记录中，蕴含着对成功的教学实践的领悟，对于所教授的内容在价值层面上的认同。无论多么光鲜的教学方法，不经由教学实践都不能说具有应用性的价值。所以面向"操作"、以学生为印证的教学手记，是一本研究专著。

第二，我不是仅仅想讲授案例。希冀通过案例将"教材内容"有效地转换为"教学内容"。学生不仅仅面向生动具体、面向案例本身，而是让他们透过案例"看见"生活，透过课堂认识社会，透过当下领悟人生。

第三，我不是仅仅想呈现学生的作业。我要在纷繁多样的作业、体会、感言中捕捉学生对于理念、对于规则、对于人生、对于社会、对于人本身等等诸多的教学内容的认知和感受，揣摩学生的认同是否能够达成事先对他们所做出的"承诺"和判断。

第四，我不是仅仅想关注那些成功的教学。成功的教学是每个教师所追求和向往的，我同样在向成功的道路上前行。我同样重视那些不很成功、甚至失败的教学经历，将这些经历和心路呈现出来，视之为一个提升的起点、一种前进的压力。

在教学研究普遍迷恋范畴、理念、理论的大氛围中，微观的个案研究可能微不足道,但同样有着不容忽视的价值。《远见幸福:实践视阈中的思想道德修养与法律基础课程理解》,只是一个微观的课程教学实践个案,但又不仅仅是一个可以复制的样式。应当强调的是,在课程的授课过程中,并非基于一种教学方法就可以完成所有的教学任务,我也只是将"有用"的部分内容捡拾出来,当然不是我教学的全部。

我不试图成为一名理论研究者,我青睐我的教学活动。我愿意通过讲课去探究那些在理论上被论证的具备现实可行性的教学方法,将之由理论的可能变为现实的可操作性。这,无疑需要很好的定力以及坚强的隐忍。

经验上讲,科研的板凳还不算凉,执著于教学才是真正地坐在冷板凳上。我对有效的教学孜孜以求,更多的基于师者的内心,与名利无关,与良知相连。

赵　炜
2013 年暮春时节于积翠寓所